吉林省"十三五"期间
农村微观经济数据汇编

晏 明 杨 威 马冠南 主编

中国农业科学技术出版社

图书在版编目（CIP）数据

吉林省"十三五"期间农村微观经济数据汇编/晏明，杨威，马冠南主编.--北京：中国农业科学技术出版社，2023.7
ISBN 978-7-5116-6339-9

Ⅰ.①吉⋯　Ⅱ.①晏⋯ ②杨⋯ ③马⋯　Ⅲ.①农业经济－经济统计－统计数据－汇编－吉林　Ⅳ.①F327.34

中国国家版本馆 CIP 数据核字（2023）第 122480 号

责任编辑　史咏竹
责任校对　马广洋
责任印制　姜义伟　王思文

出 版 者	中国农业科学技术出版社
	北京市中关村南大街 12 号　邮编 100081
电　　话	（010）82105169（出版中心）　（010）82109702（发行部）
	（010）82109709（读者服务部）
传　　真	（010）82105169
网　　址	https://castp.caas.cn
经 销 者	各地新华书店
印 刷 者	北京建宏印刷有限公司
开　　本	210mm×297mm　1/16
印　　张	17　　　彩插　2 面
字　　数	435 千字
版　　次	2023 年 7 月第 1 版　2023 年 7 月第 1 次印刷
定　　价	128.00 元

版权所有·翻印必究

《吉林省"十三五"期间农村微观经济数据汇编》编写人员

主　　编	晏　明　　杨　威　　马冠南
副 主 编	丁春雨　　李　勇　　谷金英　　张晓娇
编写人员	（按姓氏笔画排序）

卜凡军　　马明秋　　王　丁　　吕　榕
刘东烨　　刘思奇　　闫　石　　孙田喆
杜文明　　李　莹　　李海涛　　杨　琳
杨晓梅　　邹思佳　　张　波　　张　磊
张丽娜　　陈志长　　赵志鹏　　袁铁英
徐世坤　　徐柏琪　　黄国峰　　曹秀兰
曹鸿鹏　　常金丽　　彭为志　　蔡立东
潘立红

前　　言

吉林省农业资源与农业区划研究所成立于 1980 年，隶属于吉林省农业农村厅，是吉林省唯一以农业资源与农业区划研究为主的农业综合研究单位。建所以来，紧紧围绕农业和农村经济工作，开展农业区域发展战略以及农业、农村热点问题的研究，为吉林省农业发展宏观决策提供了科学有效的支持。

中国农业科学院农业经济与发展研究所从 2011 年开始实施中国农村微观经济数据库建设，2012 年开始进行数据调查。吉林省农业资源与农业区划研究所承担了吉林省农村微观经济数据的调查任务。通过常年固定采集农村微观经济数据，建立了完整连续的吉林省农村微观经济数据库，并已整理出版了《吉林省"十二五"期间农村微观数据汇编》。吉林省农村微观经济数据库调查内容以农户数据为主，辅以行政村经济发展数据。数据采集通过填写农户调查表和行政村调查表的方式进行。其中，农户调查表主要包括农户家庭基本情况、农户家庭生产情况、农户家庭收支情况、其他（不能量化的指标）四部分，涉及数据指标 344 个；行政村调查表主要包括行政村基本情况、行政村经济发展、行政村村庄治理、行政村社会发展、行政村生态建设五部分，涉及数据指标 307 个。

吉林省农村微观经济数据库是根据吉林省农村经济发展情况，针对吉林省东部、中部、西部不同自然区域农村经济发展特点，选取了延边朝鲜族自治州敦化市、辽源市东丰县、白城市通榆县 3 个市（县），每个市（县）选择 3 个乡（镇）（分别是敦化市沙河沿镇、翰章乡和黄泥河镇，东丰县横道河镇、南屯基镇和沙河镇，通榆县乌兰花镇、什花道乡和双岗镇），每个乡（镇）选择 3 个行政村，每个行政村选取 20 户农户进行问卷调查，总计涉及相对稳定的农户 540 户。

本书对"十三五"期间的吉林省农村微观经济数据库的数据分别按照年份和乡（镇）取均值进行汇编，主要包括两部分内容，第一部分是农户统计，第二部分是村级层面的汇总。吉林省农村微观经济数据库的相关指标与国家统计局的相关指标存在一定口径上的差异，抽样方式也存在一定差异，两者无法进行直接对比。此外，部分无法量化的指标未纳入本书。

编　者

2023 年 3 月

目 录

第一部分　2016—2020 年农户统计

1　2016—2020 年全部样本的农户统计 ·· 3
　1.1　农户家庭基本情况 ··· 3
　1.2　农户家庭生产情况 ··· 7
　1.3　农户家庭收支情况 ·· 15

2　2020 年分乡镇样本的农户统计 ·· 25
　2.1　农户家庭基本情况 ·· 25
　2.2　农户家庭生产情况 ·· 30
　2.3　农户家庭收支情况 ·· 38

3　2019 年分乡镇样本的农户统计 ·· 50
　3.1　农户家庭基本情况 ·· 50
　3.2　农户家庭生产情况 ·· 55
　3.3　农户家庭收支情况 ·· 63

4　2018 年分乡镇样本的农户统计 ·· 76
　4.1　农户家庭基本情况 ·· 76
　4.2　农户家庭生产情况 ·· 80
　4.3　农户家庭收支情况 ·· 89

5　2017 年分乡镇样本的农户统计 ··· 102
　5.1　农户家庭基本情况 ··· 102
　5.2　农户家庭生产情况 ··· 107
　5.3　农户家庭收支情况 ··· 115

6　2016 年分乡镇样本的农户统计 ··· 128
　6.1　农户家庭基本情况 ··· 128
　6.2　农户家庭生产情况 ··· 133
　6.3　农户家庭收支情况 ··· 142

第二部分　2016—2020 年村庄统计

7　2016—2020 年全部样本的村庄统计 ·· 157
　7.1　行政村基本情况 ·· 157

- 7.2 行政村经济发展 ……………………………………………………………… 160
- 7.3 行政村村庄治理 ……………………………………………………………… 165
- 7.4 行政村社会发展 ……………………………………………………………… 166
- 7.5 行政村生态建设 ……………………………………………………………… 168

8 2020 年分乡镇样本的村庄统计 ……………………………………………… 171
- 8.1 行政村基本情况 ……………………………………………………………… 171
- 8.2 行政村经济发展 ……………………………………………………………… 175
- 8.3 行政村村庄治理 ……………………………………………………………… 182
- 8.4 行政村社会发展 ……………………………………………………………… 184
- 8.5 行政村生态建设 ……………………………………………………………… 186

9 2019 年分乡镇样本的村庄统计 ……………………………………………… 190
- 9.1 行政村基本情况 ……………………………………………………………… 190
- 9.2 行政村经济发展 ……………………………………………………………… 194
- 9.3 行政村村庄治理 ……………………………………………………………… 201
- 9.4 行政村社会发展 ……………………………………………………………… 203
- 9.5 行政村生态建设 ……………………………………………………………… 205

10 2018 年分乡镇样本的村庄统计 ……………………………………………… 208
- 10.1 行政村基本情况 ……………………………………………………………… 208
- 10.2 行政村经济发展 ……………………………………………………………… 212
- 10.3 行政村村庄治理 ……………………………………………………………… 219
- 10.4 行政村社会发展 ……………………………………………………………… 221
- 10.5 行政村生态建设 ……………………………………………………………… 223

11 2017 年分乡镇样本的村庄统计 ……………………………………………… 227
- 11.1 行政村基本情况 ……………………………………………………………… 227
- 11.2 行政村经济发展 ……………………………………………………………… 231
- 11.3 行政村村庄治理 ……………………………………………………………… 238
- 11.4 行政村社会发展 ……………………………………………………………… 240
- 11.5 行政村生态建设 ……………………………………………………………… 242

12 2016 年分乡镇样本的村庄统计 ……………………………………………… 245
- 12.1 行政村基本情况 ……………………………………………………………… 245
- 12.2 行政村经济发展 ……………………………………………………………… 249
- 12.3 行政村村庄治理 ……………………………………………………………… 256
- 12.4 行政村社会发展 ……………………………………………………………… 258
- 12.5 行政村生态建设 ……………………………………………………………… 260

第一部分
2016—2020 年农户统计

1

2016—2020 年全部样本的农户统计

1.1 农户家庭基本情况

1.1.1 家庭成员基本特征

指标名称	单位	2016 年	2017 年	2018 年	2019 年	2020 年
年龄	周岁	52.66	53.64	54.54	55.66	56.34
受教育年限	年	7.86	7.91	7.82	7.80	8.01
本年累计在家居住时间	月	11.59	11.28	11.21	11.57	11.66
本年务工天数	天	62.37	50.49	68.86	70.98	70.92
本年如有务工，平均月工资	元	1643.63	1427.09	1415.21	1663.56	1951.94
本年全家报销的医疗费用（含新农合、商业保险等）	元	541.27	531.59	619.76	367.06	606.14

1.1.2 土地、家庭信贷及其他情况

1.1.2.1 土地情况

指标名称	单位	2016 年	2017 年	2018 年	2019 年	2020 年
承包的土地面积（即依法承包村集体的土地面积）	亩①	20.33	19.67	20.40	20.16	20.10
耕地面积	亩	18.81	19.03	19.11	19.46	18.59
园地面积	亩	0.02	0.04	0.07	0.09	0.07
林地面积	亩	0.27	0.21	0.26	0.26	0.22
草地面积	亩	17.63	11.25	12.80	14.96	12.14
荒山、荒沟、荒丘、荒滩面积	亩	0.00	1.75	1.02	1.52	1.57

① 1 亩≈667 米²，15 亩=1 公顷，全书同。

(续表)

指标名称	单位	2016年	2017年	2018年	2019年	2020年
未计入承包地的耕地面积（如自留地、开荒地）	亩	4.31	4.78	5.00	4.06	5.58
撂荒的耕地面积	亩	0.00	2.33	1.50	1.68	2.50
承包的耕地面积	亩	17.50	19.7	14.58	16.31	15.00
本年转出耕地的面积	亩	13.83	16.89	15.88	19.05	19.95
本年转出耕地的收入（含实物折价）	元/（亩·年）	631.25	251.79	216.86	453.92	355.01
本年转入耕地的面积	亩	34.57	36.98	36.59	47.19	51.83
本年转入耕地的支出（含实物折价）	元/（亩·年）	349.53	247.73	223.18	336.52	229.16
本年经营耕地面积（即实际耕种面积）	亩	34.09	34.84	37.34	35.84	35.58
其中：＜1亩耕地的块数	块	2.60	2.79	3.23	4.88	3.57
1（含）～3亩耕地的块数	块	2.52	2.87	2.67	2.87	3.19
3（含）～5亩耕地的块数	块	2.37	2.38	2.59	3.01	2.94
≥5亩耕地的块数	块	2.68	2.71	3.07	2.82	2.89
其中：水田面积	亩	13.50	11.15	11.91	10.50	11.53
水浇地面积	亩	17.73	11.33	24.48	16.40	11.35
旱地面积	亩	33.29	33.85	34.32	33.78	33.87
本年经营温室大棚面积	亩	12.66	8.33	8.78	10.08	10.95
本年经营园地面积	亩	1.95	0.57	1.70	0.50	4.17
其中：果园面积	亩			0.50	0.40	1.00
茶园面积	亩		0.00	0.50		
桑园面积	亩			3.75		
本年经营林地面积	亩	16.38	12.20	55.15	27.14	45.68
本年经营草地面积	亩	23.75	14.89	28.50	23.92	29.00
其中：天然草地面积	亩	30.83	30.00	28.85	33.75	27.60
本年经营水面面积	亩		0.00	5.50	2.50	
其中：海水养殖面积	亩			0.00		
淡水养殖面积	亩			0.00	1.25	

1.1.2.2　家庭存款、贷款及投资

指标名称	单位	2016年	2017年	2018年	2019年	2020年
年底家庭银行存款总额	元	26450.23	22578.20	22435.35	27830.36	28585.50
年底家中存有现金金额	元	5699.17	4082.76	5516.84	7169.70	6274.69

(续表)

指标名称	单位	2016年	2017年	2018年	2019年	2020年
年底家庭持有的全部对外投资	元	2750.00		2500.00	2437.29	2352.08
其中：持有股票、基金、债券等证券类投资	元		100.00			
对企业、合作社等投入的股权类投资	元	8000.00	5000.00		2500.00	5000.00
本年全年家庭外借出去的金额	元	9388.89	9056.52	8676.47	9744.67	15380.21
家庭借给别人的钱到年底还没有收回的金额	元	7950.00	7005.00	11583.33	10254.18	16715.14
年底家庭所欠外债金额	元	24724.14	24134.33	31543.10	42723.10	48072.41
这些外债有多少来自银行、信用社等正规金融机构	元	22818.18	28350.00	30793.31	37927.56	31644.43
其中：年利率	%	0.89	2.51	1.60	2.14	1.66
这些外债有多少来自民间借贷机构（如农村资金互助社）	元	0.00	300.00	1180.00	1271.13	1500.00
其中：年利率	%	0.06	0.00	0.02	0.02	0.00
这些外债有多少来自亲戚朋友等私人关系	元	17000.00	17167.74	22184.21	28833.37	25438.89
其中：年利率	%		0.00	0.00	0.00	0.00

1.1.2.3 其他

指标名称	单位	2016年	2017年	2018年	2019年	2020年
取饮用水往返一次需多长时间	分钟	1.61	0.81	1.46	1.31	0.94
如果购买了农业保险，支付了多少保费	元	152.21	160.41	164.66	286.04	327.33

1.1.3 住房、生产性固定资产和耐用消费品

指标名称	单位	2016年	2017年	2018年	2019年	2020年
年底在本村住房面积	米^2	78.26	75.63	88.13	80.82	83.19
年底在城镇住房面积	米^2	68.56	67.50		44.20	46.58
生产性用房面积（如烤烟房、生产车间、仓库等）	米^2	39.49	41.40		60.92	77.31
拖拉机	台	1.09	1.14	1.00	1.20	1.30
三轮摩托车	台	0.98	0.96	1.00	1.71	1.03
机引农具	台	1.36	1.17	1.00	1.74	1.31
畜引农具	台	0.88	0.79	1.00	1.00	1.00
喷雾器、喷雾机	个	1.23	1.24	1.00	1.39	1.36
风车	架	0.00				1.33
手推车、板车、三轮车、四轮车	辆	1.03	1.10	1.00	1.04	1.28

（续表）

指标名称	单位	2016 年	2017 年	2018 年	2019 年	2020 年
打稻（谷）机	台	1.00	1.00		0.80	1.00
脱粒机	台	1.00	1.00		1.14	1.00
抽水机	台	1.00	1.00	1.00	1.37	1.32
电动机	台	0.96	1.00		1.34	1.23
柴油机	台	1.00	1.00	1.00	1.16	1.45
加工机械	台		1.00		1.00	1.25
船	只					
粉碎机	台	1.00	1.00		1.00	1.00
木工多用机	台				1.00	1.00
温室大棚	米²	443.33	202.24		112.40	108.82
牛、羊等牲畜养殖场	米²	67.12	58.52	95.00	151.45	132.97
生猪养殖场	米²	20.77	19.75	150.00	18.94	41.98
鸡、鸭、鹅等禽类养殖场	米²	9.52	11.95	10.00	17.21	17.58
兔子、貂等特种养殖场	米²					
鱼塘	米²					
缝纫机	台	1.00	1.00		1.00	1.00
电冰箱、空调	台	1.05	1.07	1.00	1.06	1.08
电视卫星接收器	台	1.00	0.99	1.00	1.03	1.03
收音机、VCD、DVD	台	1.00	1.00		0.92	1.20
组合音响	套	1.00	1.00		0.67	1.25
电话座机、手机	部	2.22	2.23	2.13	2.27	2.33
电饭锅、微波炉、压力锅、电磁炉	个	1.19	1.21	1.00	1.39	1.22
抽油烟机	台	1.00	1.00	.	0.99	1.02
彩色电视机	台	1.07	1.09	1.14	1.15	1.07
沼气灶、炉子	台	1.00	1.04	1.00	1.00	1.06
照相机	台	0.88	1.00		0.75	1.00
摄像机	台					
吸尘器	台					
自行车	辆	1.08	1.03	1.00	1.06	1.10
电动车	辆	1.03	1.08	1.00	1.02	1.13
摩托车	辆	1.01	1.02	1.00	1.04	1.03

(续表)

指标名称	单位	2016年	2017年	2018年	2019年	2020年
小汽车	辆	1.00	1.00	0.00	1.03	1.02
电脑	台	1.00	1.00	1.00	1.01	1.00
洗衣机	台	1.00	1.00	1.00	1.27	1.05
电风扇、电暖气	台	1.02	1.08	1.00	1.27	1.07
热水器	个	1.00	1.00		1.00	1.03
太阳能设备	台	1.00	1.00		1.06	1.01
床、炕	个	1.69	1.56	2.00	1.56	1.68
柜子、碗柜、衣柜	个	1.90	1.62	1.67	1.74	1.89
写字台、桌子	个	1.04	1.12	1.00	1.29	1.53
箱子	只	1.25	1.57	0.50	1.65	1.08
椅子、沙发	个	3.08	1.69	2.00	3.09	2.78
压面机	台	1.00	1.00		1.27	

1.2 农户家庭生产情况

1.2.1 种植业

1.2.1.1 稻谷

（1）稻谷生产及销售情况

指标名称	单位	2016年	2017年	2018年	2019年	2020年
年初库存	千克	283.98	89.38	292.45	235.31	264.21
播种面积	亩	6.19	6.01	5.28	6.03	8.08
当年产量	千克	3242.97	2808.28	2393.05	2991.38	3585.13
因灾减产	千克	240.00	209.52	285.36	260.48	336.01
获得农业保险赔偿金额	元	242.00	133.33	190.91	130.15	113.89
自食或送人数量	千克	382.54	479.11	440.19	590.72	592.49
用于饲料数量	千克	135.00	124.12	80.00	150.00	160.00
总销售量	千克	3207.71	2834.37	2726.28	2842.82	3898.02
总销售收入	元	9253.07	7576.39	7427.46	7807.15	13235.58
留种自用	千克	200.00	299.29	300.00	379.91	366.67
年底库存	千克	360.93	373.33	386.11	367.44	414.52

（续表）

指标名称	单位	2016 年	2017 年	2018 年	2019 年	2020 年
本年副产品收入	元	101.25	431.67	200.00	473.33	333.33
翌年预计播种面积	亩	5.41	5.19	4.29	5.38	6.37

（2）稻谷成本投入

指标名称	单位	2016 年	2017 年	2018 年	2019 年	2020 年
种子、秧苗数量	千克	134.40	87.44	111.12	125.46	185.76
种子、秧苗金额	元	736.28	743.37	817.33	700.17	870.22
化肥施用量	千克	559.82	864.37	452.54	755.16	668.17
化肥金额	元	1423.37	3345.92	1352.18	1891.68	2032.94
自产有机肥价值	元	0.00	300.00		333.83	
外购有机肥金额	元	0.00	1793.56	1205.00	1400.22	
农药、除草剂费	元	335.20	335.18	359.04	382.58	325.32
农膜费	元	347.50	357.62	341.47	429.76	390.11
排灌费	元	346.20	280.87	419.63	403.90	329.23
机械费	元	1596.26	2044.80	1480.51	1478.57	1614.17
土地租赁费（含实物折价）	元/年	12039.33	5890.83	16037.78	8333.33	3937.25
自家投入劳动力数量	工日	29.75	45.73	43.49	41.90	44.53
雇工数量	工日	5.25	17.33	10.20	24.50	11.00
雇工平均价格	元/工日	192.15	142.14	112.86	131.25	165.00
运输仓储费	元	125.00	200.00	148.33	216.67	225.00
贷款利息	元	40.00	0.00		0.00	
保险费支出	元	111.49	37.00	56.99	71.34	34.46
其他费用	元	241.25	593.13		377.06	152.50

1.2.1.2 大豆

（1）大豆生产及销售情况

指标名称	单位	2016 年	2017 年	2018 年	2019 年	2020 年
年初库存	千克		176.04	67.60	75.00	55.00
播种面积	亩	36.55	24.01	20.84	14.42	11.73
当年产量	千克	2709.53	3199.66	4299.89	3071.88	2127.43
因灾减产	千克	687.14	866.31	874.74	566.67	808.60

(续表)

指标名称	单位	2016年	2017年	2018年	2019年	2020年
获得农业保险赔偿金额	元	54.17	631.26	401.54	252.00	824.05
自食或送人数量	千克	41.88	642.78	343.10	225.00	428.52
用于饲料数量	千克	210.09	987.44	1276.80	1500.00	1505.56
总销售量	千克	2023.82	3206.79	4321.28	2917.19	2605.42
总销售收入	元	7218.29	8264.80	11244.43	9766.41	9452.75
留种自用	千克	180.95	1525.00	85.00	133.33	
年底库存	千克	228.33	1275.00	2220.91	62.50	3157.22
本年副产品收入	元	167.46	1500.00	2550.00	12000.00	2000.00
翌年预计播种面积	亩	14.92	22.97	20.67	9.06	9.00

（2）大豆成本投入

指标名称	单位	2016年	2017年	2018年	2019年	2020年
种子、秧苗数量	千克	78.37	75.37	76.71	52.25	56.88
种子、秧苗金额	元	635.84	553.03	693.90	647.24	736.77
化肥施用量	千克	580.37	625.70	553.48	637.54	576.64
化肥金额	元	1455.41	1818.32	1638.08	1865.19	2241.48
自产有机肥价值	元	593.75	1150.00	100.00	625.00	
外购有机肥金额	元	250.00	670.00	2060.33	6125.00	
农药、除草剂费	元	261.03	367.29	344.14	373.39	374.50
农膜费	元				1035.00	100.00
排灌费	元		150.00	112.50	300.00	
机械费	元	670.38	570.60	517.81	834.30	967.15
土地租赁费（含实物折价）	元/年	4996.66	4025.00	8991.67	4741.67	2400.00
自家投入劳动力数量	工日	17.56	20.73	42.65	33.90	40.44
雇工数量	工日	10.61	4.50	10.14	10.40	10.00
雇工平均价格	元/工日	143.33	170.00	133.64	170.00	150.00
运输仓储费	元	375.00	600.00	300.00	445.00	
贷款利息	元	40.00	350.00	1000.00		
保险费支出	元	152.13	109.21	108.17	78.46	253.26
其他费用	元	457.56	779.95	356.07	1.89	520.00

1.2.1.3 玉米

(1) 玉米生产及销售情况

指标名称	单位	2016年	2017年	2018年	2019年	2020年
年初库存	千克	289.37	216.47	244.70	231.38	249.41
播种面积	亩	20.24	18.00	17.98	25.73	32.70
当年产量	千克	11626.31	9645.85	10037.97	15591.80	19299.97
因灾减产	千克	837.12	998.99	1322.89	2302.50	3720.87
获得农业保险赔偿金额	元	208.08	203.92	200.89	308.67	1053.51
自食或送人数量	千克	147.94	228.29	285.71	317.54	396.67
用于饲料数量	千克	823.74	945.61	1097.79	1168.02	838.10
总销售量	千克	13286.51	9827.71	10570.70	15626.41	19671.00
总销售收入	元	16315.17	14823.83	15002.26	22131.97	26800.00
留种自用	千克	16.67	80.56	128.33	78.17	55.56
年底库存	千克	798.63	1179.37	922.99	1343.17	1197.21
本年副产品收入	元	172.69	233.09	366.67	381.11	201.00
翌年预计播种面积	亩	19.18	17.88	17.97	25.64	29.24

(2) 玉米成本投入

指标名称	单位	2016年	2017年	2018年	2019年	2020年
种子、秧苗数量	千克	45.05	38.78	41.88	45.23	45.67
种子、秧苗金额	元	1108.15	998.76	1005.12	1432.41	1528.62
化肥施用量	千克	990.41	837.70	911.58	959.19	974.02
化肥金额	元	2701.63	2410.31	2662.91	2839.28	2850.41
自产有机肥价值	元	444.44	718.18	771.71	767.78	549.63
外购有机肥金额	元	476.67	613.50	555.13	743.00	573.33
农药、除草剂费	元	353.42	312.51	345.98	381.86	381.54
农膜费	元	365.33	115.00	377.78	420.28	343.75
排灌费	元	701.19	837.64	1293.85	619.86	1028.19
机械费	元	1086.18	910.98	1132.56	1275.09	1668.78
土地租赁费（含实物折价）	元/年	3367.64	2953.48	3048.95	3552.14	3484.82
自家投入劳动力数量	工日	47.74	45.04	49.24	46.14	49.64
雇工数量	工日	11.49	6.41	12.38	13.66	20.55
雇工平均价格	元/工日	105.48	108.55	112.05	118.57	107.86

(续表)

指标名称	单位	2016 年	2017 年	2018 年	2019 年	2020 年
运输仓储费	元	475.24	386.21	488.24	457.50	391.67
贷款利息	元	585.00	566.67	500.38	558.33	550.00
保险费支出	元	93.56	99.27	110.63	96.22	94.83
其他费用	元	443.01	564.12	531.62	465.37	477.18

1.2.2 畜牧业

1.2.2.1 生猪

（1）生猪生产及销售情况

指标名称	单位	2016 年	2017 年	2018 年	2019 年	2020 年
年底存栏数量	头	0.00	3.00	15.67	1.60	10.67
年底能繁母畜存栏数量	头	0.00	0.47	0.67	1.33	1.75
新生、新购数量	头	10.00	3.35	5.33	2.00	10.50
出栏或产量	头	10.00	9.75	78.00	12.50	13.00
因灾减产或死亡数量	头		4.00		4.00	3.00
获得农业保险赔偿金额	元					
自食或送人数量	千克	3.00	1.00	2.00	1.33	
总销售收入	元	28000.00	7257.14	15000.00	10500.17	10800.00
仔（中）畜销售收入	元		26400.00			
平均出栏活重或单产	千克/头	20.00	135.00	120.00	130.17	125.00
副产品收入	元					
翌年计划生产数量	头		17.33	20.00	14.50	20.00

（2）生猪成本投入

指标名称	单位	2016 年	2017 年	2018 年	2019 年	2020 年
仔畜自繁数量	头	0.50	2.44	4.00	1.00	4.50
仔畜外购数量	头	3.67	1.55	0.60	2.63	2.00
仔畜外购金额	元	566.67	209.33	300.00	475.67	410.00
饲料外购数量	千克		693.08		666.67	750.00
饲料外购金额	元		2446.00	20620.00	2433.33	2700.00
饲料自产数量	千克	2000.00	700.00	2300.00	2022.22	2525.00
饲料自产折价金额	元	4833.33	2000.00	966.67	3111.11	5000.00

（续表）

指标名称	单位	2016 年	2017 年	2018 年	2019 年	2020 年
防疫及兽药金额	元	400.00	425.00	600.00	450.00	500.00
水电费	元	1000.00	280.00	250.00	406.67	500.00
自家投入劳动力数量	工日	100.00	241.67	215.00	234.17	302.50
雇工数量	工日			1.00		
雇工平均价格	元/工日					
场地租赁费（包括实物折价）	元/年					
贷款利息	元					
保险费支出	元					
其他费用	元		500.00	200.00		

1.2.2.2 肉牛

（1）肉牛生产及销售情况

指标名称	单位	2016 年	2017 年	2018 年	2019 年	2020 年
年底存栏数量	头	7.81	8.53	4.61	8.58	8.24
年底能繁母畜存栏数量	头	4.19	5.00	3.63	5.18	5.30
新生、新购数量	头	3.90	3.47	1.92	4.74	5.56
出栏或产量	头	6.05	4.65	5.29	4.92	4.69
因灾减产或死亡数量	头	2.50	2.25	2.00	2.50	2.47
获得农业保险赔偿金额	元	48.00	0.00	90.00		
自食或送人数量	千克	0.00	0.00	1.00	2.00	3.67
总销售收入	元	26216.67	26125.00	22750.00	33575.00	32340.74
仔（中）畜销售收入	元	16000.00	11500.00	20500.13	19000.00	15388.89
平均出栏活重或单产	千克/头	225.00	298.00	160.60	170.67	251.20
副产品收入	元			105.00		
翌年计划生产数量	头	15.87	13.00	10.67	10.20	9.40

（2）肉牛成本投入

指标名称	单位	2016 年	2017 年	2018 年	2019 年	2020 年
仔畜自繁数量	头	4.17	4.26	3.54	4.25	5.58
仔畜外购数量	头	1.81	1.47	1.16	1.05	1.70
仔畜外购金额	元	1379.31	2388.24	1012.08	2000.00	2870.00

(续表)

指标名称	单位	2016年	2017年	2018年	2019年	2020年
饲料外购数量	千克	3570.00	950.00	2073.00	3208.33	4721.25
饲料外购金额	元	1940.00	3788.89	2660.00	3564.29	4255.40
饲料自产数量	千克	1985.17	2861.28	2478.64	3350.00	3863.39
饲料自产折价金额	元	2413.60	3927.81	3310.00	3869.44	3657.87
防疫及兽药金额	元	656.82	608.33	600.00	740.00	654.40
水电费	元	271.54	373.00	307.14	432.25	443.17
自家投入劳动力数量	工日	130.91	232.69	238.67	228.57	294.10
雇工数量	工日	300.00	360.00		219.17	120.00
雇工平均价格	元/工日		60.00			90.00
场地租赁费（包括实物折价）	元/年					
贷款利息	元	4000.00				
保险费支出	元			400.00	400.00	433.33
其他费用	元	395.00	672.50	500.00	645.00	550.00

1.2.2.3 肉羊

（1）肉羊生产及销售情况

指标名称	单位	2016年	2017年	2018年	2019年	2020年
年底存栏数量	只	46.00	76.63	59.29	46.07	56.00
年底能繁母畜存栏数量	只	33.17	36.25	21.13	37.60	34.19
新生、新购数量	只	28.33	71.43	11.57	30.40	38.50
出栏或产量	只	37.17	52.20	43.00	40.67	43.67
因灾减产或死亡数量	只	5.67	8.17		5.25	6.40
获得农业保险赔偿金额	元	0.00				
自食或送人数量	千克	1.00	12.50	6.50	11.00	
总销售收入	元	18800.00	30000.00	33500.00	29666.67	34075.00
仔（中）畜销售收入	元	4500.00	9000.50	50000.00	24875.00	32708.33
平均出栏活重或单产	千克/只	50.00	24.00	36.67	46.25	38.80
副产品收入	元	500.00			656.50	600.00
翌年计划生产数量	只	55.00	65.00	156.67	43.33	60.00

(2) 肉羊成本投入

指标名称	单位	2016 年	2017 年	2018 年	2019 年	2020 年
仔畜自繁数量	只	45.83	58.71	18.71	35.50	52.50
仔畜外购数量	只	3.00	0.00	2.00	5.00	3.50
仔畜外购金额	元	2500.00	0.00	12.50	5333.33	4500.00
饲料外购数量	千克	2433.33	1850.00	8500.00	1633.33	1093.75
饲料外购金额	元	10600.00	5760.33	6425.00	5650.00	6431.25
饲料自产数量	千克	3916.67	4500.00	6783.33	7025.00	6850.00
饲料自产折价金额	元	1520.00	4880.00	4036.00	4683.33	4450.00
防疫及兽药金额	元	807.50	1200.00	1166.67	1200.00	1115.00
水电费	元	630.00	420.00	430.00	460.00	420.00
自家投入劳动力数量	工日	267.33	217.14	236.00	194.69	225.25
雇工数量	工日	100.00				100.00
雇工平均价格	元/工日	120.00				80.00
场地租赁费（包括实物折价）	元/年	500.00				
贷款利息	元	2000.00		3000.00	2000.00	
保险费支出	元					
其他费用	元	266.67	1300.00	500.00	1750.00	1500.00

1.2.2.4 肉鸡

(1) 肉鸡生产及销售情况

指标名称	单位	2016 年	2017 年	2018 年	2019 年	2020 年
年底存栏数量	只	21.00	20.40	10.00	27.50	20.00
年底能繁母禽存栏数量	只	5.00	3.80	10.00	5.00	15.00
新生、新购数量	只	6.67	0.40	0.00	2.50	4.00
出栏或产量	只	16.00	2.00		22.00	
因灾减产或死亡数量	只	5.00	18.00		1.75	
获得农业保险赔偿金额	元					
自食或送人数量	只	14.00	16.50		9.63	
总销售收入	元	790.00			820.00	
禽苗销售收入	元					
平均出栏活重或单产	千克/只	4.50			3.00	
副产品收入	元	790.00				
翌年计划生产数量	只	30.00			60.00	

（2）肉鸡成本投入

指标名称	单位	2016 年	2017 年	2018 年	2019 年	2020 年
禽苗自繁数量	只	0.00	0.00	15.71	5.33	10.00
禽苗外购数量	只	21.50	23.00	2.86	22.00	20.00
禽苗外购金额	元	165.00	216.67	5.71	130.83	140.00
饲料外购数量	千克		200.00	250.00	165.00	150.00
饲料外购金额	元		260.00	460.00	260.00	250.00
饲料自产数量	千克	300.00		250.00	300.00	280.00
饲料自产折价金额	元	360.00	250.00	800.00	312.50	290.00
防疫及兽药金额	元	27.00	213.33		192.00	100.00
水电费	元	30.00	30.00	200.00	44.50	150.00
自家投入劳动力数量	工日	19.50	150.00	26.00	40.00	102.50
雇工数量	工日					
雇工平均价格	元/工日					
场地租赁费（包括实物折价）	元/年					
贷款利息	元					
保险费支出	元					
其他费用	元					

1.3 农户家庭收支情况

1.3.1 农户家庭收入

指标名称	单位	2016 年	2017 年	2018 年	2019 年	2020 年
出售家庭资产收入（如房子、机械、家电等）	元	3.52	0.00	38.46	36.69	48.56
县域内农业务工收入	元	761.59	8976.53	12045.25	16505.45	20206.18
县域内工业、建筑业、采矿业打工收入	元	1431.06	14380.56	16662.16	25547.46	27187.04
县域内交通运输业、邮电业打工收入	元	11514.29	5000.00	9850.00	9559.52	14733.33
县域内批发和零售贸易、餐饮业打工收入	元	14691.25	16454.55	14775.00	16019.05	16828.57
县域内社会服务业、文教卫生业打工收入	元	18269.23	17000.00	14094.12	23056.67	23493.07
县域外农业务工收入	元	6000.00	7000.00	17400.00	8904.76	9000.00
县域外工业、建筑业、采矿业打工收入	元	19195.00	25682.35	29090.91	38661.07	41169.94
县域外交通运输业、邮电业打工收入	元	24000.00	16000.00	7500.00	20000.00	22200.00

（续表）

指标名称	单位	2016年	2017年	2018年	2019年	2020年
县域外批发和零售贸易、餐饮业打工收入	元	20500.00	21600.00		23130.95	25584.72
县域外社会服务业、文教卫生业打工收入	元	16500.00	22733.33	26000.00	22946.67	27450.00
利息	元	1000.00	676.11	914.29	1826.67	1318.57
股息	元					
土地征用补偿金额	元	2000.00		1800.00	4500.00	5600.00
土地出租租金	元	2480.00	2608.78	2942.76	2994.61	3085.18
房屋租赁收入	元					
机械设备租赁收入	元					
从村集体分得福利收入	元		300.00		500.00	
种粮补贴（包括粮食直接补贴、粮食作物良种补贴、农业生产资料综合补贴和农机具购置补贴）	元	2240.46	2078.24	2052.59	2843.79	2348.19
非粮食类农作物良种补贴	元	350.56	700.00		355.00	275.00
畜牧业补贴	元					
渔业补贴	元					
林业补贴（不包括退耕还林还草）	元			100.00		
退耕还林还草补偿	元	329.41	393.33	298.57	300.00	360.00
草原生态补贴	元	176.67	1000.00	500.00		
救济金、救灾款	元					
无偿扶贫款	元					
抚恤金	元					
低保金	元	1993.46	1789.64	1774.67	1708.07	1788.42
退休金	元	1680.00	947.38	1352.00	1767.49	1849.05
合作社利润返还	元					
社会保障收入	元	2300.00	1200.00			
其中：农村新型合作医疗报销	元	807.33	1252.84	1292.48	1211.71	1297.36
农村养老保险年金	元	1372.15	1285.92	1458.07	1704.33	2101.96
城镇医疗保险报销	元					
城镇养老保险年金	元	11250.00	1850.00	9433.33	2457.78	1733.33
棋牌娱乐收入（如亏损，用负数表示）	元	500.00	533.33		500.00	566.67
人情礼收入	元	3400.00	6037.50	3978.57	4200.00	6700.00
彩礼、陪嫁	元			1200.00	1500.00	1700.00

(续表)

指标名称	单位	2016年	2017年	2018年	2019年	2020年
商业保险赔付	元				.	
家庭非常住人口寄回或带回、亲友赠送金额	元	1884.62	3672.73	1500.00	4733.33	3033.33
新农村建设建房补贴	元		4900.00		5464.65	5500.00

1.3.2 农户家庭收入（分行业）

指标名称	单位	2016年	2017年	2018年	2019年	2020年
农业生产服务总收入	元	27179.56	23638.09	30623.11	29676.41	33905.91
林业总收入	元	0.00	0.00	0.00	0.00	0.00
工业总收入	元	0.00	0.00	0.00	0.00	0.00
建筑业总收入	元	9275.00	10266.67	11666.67	10562.50	10450.00
交通运输业、邮电业总收入	元	11285.71	11740.00	14800.00	11500.00	12000.00
批发和零售贸易、餐饮业总收入	元	25700.00	26116.67	17714.29	20600.00	18233.33
社会服务业总收入	元	1500.00	2000.00	7000.00	10191.67	12333.33
文教卫生业总收入	元					

1.3.3 农户家庭经营支出、生产性固定资产支出和税费支出

指标名称	单位	2016年	2017年	2018年	2019年	2020年
农业生产服务支出	元	8147.28	8614.35	7898.86	9619.25	9582.35
林业支出	元	0.00	0.00	0.00	0.00	0.00
工业生产支出	元	0.00	0.00	0.00	0.00	0.00
建筑业生产支出	元	206.00	245.31	240.00	241.63	245.00
交通运输业、邮电业支出	元	829.24	894.63	815.88	894.96	866.67
批发和零售贸易、餐饮业支出	元	1288.07	626.91	1295.81	1148.61	1333.33
社会服务业支出	元	65.22	19.23	17.86	37.89	36.00
文教卫生业支出	元	1220.00	1391.25	1482.53	1466.67	1500.00
其他家庭经营费用支出	元	2618.95	2781.67	2565.18	2402.22	2332.73
建造和购置生产性固定资产的费用支出	元	967.20	931.00	820.97	972.00	
生产性固定资产折旧（使用年限15年）	元	879.09	1100.20	788.76	738.89	
第一产业纳税（农业、林业、畜牧业和渔业）	元	0.00	96.15	0.00		
第二产业纳税（工业和建筑业）	元	0.00	0.00	0.00		

(续表)

指标名称	单位	2016 年	2017 年	2018 年	2019 年	2020 年
第三产业纳税（商业和服务业）	元	0.00	0.00	0.00		
"一事一议"筹资	元	10.44	18.00	18.19	18.00	
其他各项集资收费	元	0.00	0.00	0.00		

1.3.4 农户家庭食品消费数量及支出

1.3.4.1 农户家庭全年食品购买数量（不含自产自用）

指标名称	单位	2016 年	2017 年	2018 年	2019 年	2020 年
面粉	千克	101.57	93.31	100.11	118.58	98.48
大米	千克	159.83	159.24	159.52	184.17	170.77
玉米面	千克	40.36	29.59	42.54	45.96	55.21
小米	千克	24.98	19.80	20.44	19.81	20.55
高粱米	千克		0.00	0.00	26.00	10.00
其他谷物及其制品（荞麦、燕麦、大麦、糜子、黍子、薏仁、籽粒苋等，谷物制品折粮计算）	千克	9.62	6.91	9.38	9.80	9.00
薯类（甘薯、马铃薯、木薯、芋类等，不包括菜用）	千克	72.42	68.50	68.74	99.09	78.93
粮食复制品（利用原粮加工而成的食品，如挂面、年糕等，但不包括用粮食加工成的豆油、豆腐、粉条、酒等）	千克	16.75	18.94	16.45	17.79	17.20
大豆	千克	15.33	16.08	18.29	16.54	17.89
杂豆（绿豆、红豆、蚕豆、豌豆、豇豆、扁豆、黑豆等）	千克	12.15	7.26	8.45	6.81	7.19
豆制品（各种豆腐、豆腐干/皮/丝、千张、素鸡、腐竹、豆浆粉、豆浆、豆奶、豆腐脑等）	千克	22.22	20.82	23.07	29.77	29.43
植物性食用油（花生油、芝麻油、菜籽油、豆油、茶油、棉籽油等）	千克	38.89	37.63	36.78	39.87	41.63
动物性食用油（猪油、牛油、羊油等）	千克	27.45	20.77	21.74	26.30	28.49
猪肉及其制品	千克	45.30	44.85	48.83	46.86	51.34
牛肉及其制品	千克	9.67	8.80	10.21	17.16	15.25
羊肉及其制品	千克	8.12	6.81	10.35	19.43	18.40
鸡肉及其制品	千克	15.43	15.09	15.15	22.51	16.86
其他禽肉及其制品（鸭、鹅、鹌鹑、鸽、麻雀、火鸡等）	千克	14.88	8.88	13.61	15.99	13.38
其他肉类及其制品（狗肉、驴肉、马肉、蛇肉、兔肉、鹿肉、蛙肉等，但不包括鱼、虾等水产品）	千克	7.96	6.29	7.16	7.68	7.29
畜禽下水（内脏）及其制品	千克	6.27	3.75	5.17	6.83	6.00

(续表)

指标名称	单位	2016 年	2017 年	2018 年	2019 年	2020 年
鸡蛋及其制品	千克	23.21	24.66	28.33	31.44	26.85
鸭蛋及其制品	千克	10.93	8.18	8.62	7.29	7.94
其他蛋类及其制品（鹅蛋、鹌鹑蛋、鸽蛋等）	千克	5.00	2.50	3.00	3.25	3.50
鲜奶（牛奶、羊奶等）	千克	19.28	14.18	15.69	19.88	16.77
奶制品（酥油、奶粉、酸奶、炼乳、可可奶、麦乳精等）	千克	12.15	8.42	19.44	16.09	16.63
鱼类及其制品	千克	19.92	18.28	21.29	23.31	20.07
虾蟹类及其制品	千克	3.96	4.28	5.72	7.44	7.65
其他水产品及其制品	千克	7.06	5.95	7.17	5.50	7.67
蔬菜及菜制品（鲜菜、干菜，以及腌菜、榨菜、泡菜、酱菜等各类菜制品和蔬菜罐头，蔬菜和菜制品按鲜菜数量进行统计）	千克	107.27	100.15	108.15	110.12	117.73
水果及水果制品（各类鲜食水果、果用瓜、果干、蜜饯及水果罐头等）	千克	46.65	39.35	49.08	49.23	52.58
坚果及果仁制品（核桃、板栗、开心果、榛子、杏仁等坚果、果仁及其制品）	千克	9.61	9.96	12.11	12.91	12.21
卷烟（盒装）	盒	172.92	201.14	217.32	221.53	222.26
烟丝、烟叶等其他烟	千克	7.91	6.63	6.52	6.52	5.65
酒类（白酒、黄酒、啤酒、果酒等）	千克	51.22	41.96	51.23	65.64	69.75
食糖（白糖、红糖、冰糖、方糖等，不包括糖果、糖精）	千克	6.54	6.91	7.49	6.66	7.73
蜂蜜	千克	3.88	3.50	4.78	5.29	4.35
茶叶	千克	2.96	2.60	2.71	3.39	4.91
其他饮料（瓶/桶装水、碳酸类、果汁类、冲泡类等除酒、茶外的各种固/液体饮料，以及雪糕等冷饮）	千克	24.49	24.92	32.42	29.25	26.46
调味品	千克	14.30	14.76	12.81	15.60	13.30

1.3.4.2 农户家庭全年食品购买金额（不含自产自用）

指标名称	单位	2016 年	2017 年	2018 年	2019 年	2020 年
面粉	元	389.34	373.20	373.04	385.48	382.86
大米	元	790.26	721.45	796.03	763.58	762.58
玉米面	元	80.44	83.89	79.97	85.81	85.90
小米	元	125.57	120.17	114.32	123.38	126.97
高粱米	元	0.00	0.00	0.00	180.00	83.33

(续表)

指标名称	单位	2016年	2017年	2018年	2019年	2020年
其他谷物及其制品（荞麦、燕麦、大麦、糜子、黍子、薏仁、籽粒苋等，谷物制品折粮计算）	元	14.82	11.88	14.44	14.25	15.00
薯类（甘薯、马铃薯、木薯、芋类等，不包括菜用）	元	144.99	129.72	127.92	127.11	154.95
粮食复制品（利用原粮加工而成的食品，如挂面、年糕等，但不包括用粮食加工成的豆油、豆腐、粉条、酒等）	元	96.85	94.16	100.21	115.29	120.43
大豆	元	70.95	70.93	77.32	71.35	77.01
杂豆（绿豆、红豆、蚕豆、豌豆、豇豆、扁豆、黑豆等）	元	51.02	44.49	47.03	49.63	48.61
豆制品（各种豆腐、豆腐干/皮/丝、千张、素鸡、腐竹、豆浆粉、豆浆、豆奶、豆腐脑等）	元	163.16	145.24	146.09	185.47	192.53
植物性食用油（花生油、芝麻油、菜籽油、豆油、茶油、棉籽油等）	元	377.59	358.73	367.35	464.76	457.28
动物性食用油（猪油、牛油、羊油等）	元	243.64	291.75	254.38	218.40	284.91
猪肉及其制品	元	894.97	884.98	915.16	947.66	986.10
牛肉及其制品	元	347.39	356.94	377.63	317.91	359.80
羊肉及其制品	元	175.32	187.58	222.72	205.53	214.54
鸡肉及其制品	元	238.42	223.31	226.13	224.54	240.63
其他禽肉及其制品（鸭、鹅、鹌鹑、鸽、麻雀、火鸡等）	元	79.78	69.55	66.16	73.35	71.25
其他肉类及其制品（狗肉、驴肉、马肉、蛇肉、兔肉、鹿肉、蛙肉等，但不包括鱼、虾等水产品）	元	48.78	56.58	61.23	57.50	62.92
畜禽下水（内脏）及其制品	元	17.64	25.04	23.99	19.58	20.00
鸡蛋及其制品	元	189.64	187.70	194.54	193.33	196.03
鸭蛋及其制品	元	43.96	41.83	59.76	42.33	47.00
其他蛋类及其制品（鹅蛋、鹌鹑蛋、鸽蛋等）	元	0.90	2.78	4.06	5.00	5.20
鲜奶（牛奶、羊奶等）	元	125.02	108.40	135.54	142.37	125.06
奶制品（酥油、奶粉、酸奶、炼乳、可可奶、麦乳精等）	元	56.98	65.83	77.97	83.64	90.88
鱼类及其制品	元	244.62	236.39	243.04	313.31	270.13
虾蟹类及其制品	元	42.91	47.33	65.59	42.22	52.00
其他水产品及其制品	元	16.03	25.79	30.30	25.00	28.00
蔬菜及菜制品（鲜菜、干菜，以及腌菜、榨菜、泡菜、酱菜等各类菜制品和蔬菜罐头，蔬菜和菜制品按鲜菜数量进行统计）	元	479.23	468.12	477.89	457.00	461.36
水果及水果制品（各类鲜食水果、果用瓜、果干、蜜饯及水果罐头等）	元	304.40	272.61	284.44	275.16	289.19
坚果及果仁制品（核桃、板栗、开心果、榛子、杏仁等坚果、果仁及其制品）	元	101.91	99.55	85.67	103.04	102.78

(续表)

指标名称	单位	2016 年	2017 年	2018 年	2019 年	2020 年
卷烟（盒装）	元	1189.02	1235.59	1381.19	1331.85	1420.22
烟丝、烟叶等其他烟	元	62.37	78.82	69.20	66.42	67.14
酒类（白酒、黄酒、啤酒、果酒等）	元	441.59	441.61	434.95	424.03	469.24
食糖（白糖、红糖、冰糖、方糖等，不包括糖果、糖精）	元	70.77	60.21	68.23	65.87	63.27
蜂蜜	元	55.89	58.87	63.05	57.14	63.81
茶叶	元	126.71	130.73	124.29	136.27	136.92
其他饮料（瓶/桶装水、碳酸类、果汁类、冲泡类等除酒、茶外的各种固/液体饮料，以及雪糕等冷饮）	元	94.10	119.44	97.64	103.51	102.15
调味品	元	160.43	157.86	176.52	157.99	162.35
其他户内食品消费支出	元	93.60	113.42	122.77	119.12	118.00
食品加工费	元	22.09	15.94	12.80	13.50	15.00

1.3.4.3 家庭成员户外食品消费支出

指标名称	单位	2016 年	2017 年	2018 年	2019 年	2020 年
在外吃饭的外出务工成员的户外食品	元	1511.50	1919.52	1347.84	1826.52	1485.62
在外吃饭的学生及陪读成员的户外食品	元	2019.24	2036.61	2337.79	2200.48	2154.17
在医院吃饭的病号及陪护成员的户外食品	元	206.10	325.15	400.27	396.67	377.78
在家吃饭的家庭成员外出办事、购物、探亲访友、旅游等偶然性或临时性户外食品	元	835.52	800.00	704.40	758.56	854.52
其他户外食品	元	29.17	0.00	30.83	30.00	31.67

1.3.5 农户家庭非食品生活消费支出

指标名称	单位	2016 年	2017 年	2018 年	2019 年	2020 年
衣着消费支出	元	1625.21	1609.43	1507.03	1652.24	1653.45
居住消费支出	元	92.82	126.98	148.06	168.53	158.53
其中：在家居住成员租赁生活用房所付的租金（不包括外出住旅店和招待所支付的住宿费，以及外出打工、在外陪读、在医院陪护等的房屋租赁支出或住宿费）	元	0.00	0.00	0.00	0.00	0.00
外出打工成员租赁生活用房所付的租金或在外住宿费	元	201.49	471.11	409.34	478.33	431.11
生活用水费	元	111.68	107.66	101.53	104.55	126.50
生活用电费	元	493.01	501.43	512.32	504.20	516.94

（续表）

指标名称	单位	2016 年	2017 年	2018 年	2019 年	2020 年
生活用燃料支出（用于做饭、烧水、照明、洗漱和取暖等的生活能源支出，但不包括加热饲料用的燃料以及交通用柴油、汽油等燃料）	元	819.15	831.53	827.26	862.12	847.89
家庭设备、用品及服务支出	元	603.19	763.89	745.57	723.76	794.07
医疗保健支出	元	1222.54	1177.93	1076.37	1058.90	1236.61
交通通信支出	元	847.23	950.35	903.98	996.62	944.75
其中：因外出打工而产生的交通费支出	元	371.74	359.23	374.62	361.61	357.38
文教娱乐用品及服务支出	元	2102.12	3842.35	4206.30	4649.03	4511.72
其中：子女教育支出	元	8901.00	8750.89	7927.64	4519.54	4498.62
其他商品消费支出（化妆品、金银珠宝饰品，以及手表、迷信用品等其他生活用商品的消费）	元	428.42	466.78	435.14	404.74	467.36
其他服务消费支出（旅店住宿费、洗澡费、美容美发费、照相费、殡殓费等）	元	230.64	252.54	229.10	278.66	275.78
家庭成员外出务工成本支出（指中介费、职业介绍费、培训费、办证费及其他费用）	元	25.81	18.46	4.00	22.17	22.22

1.3.6　农户家庭财产性支出和转移性支出

指标名称	单位	2016 年	2017 年	2018 年	2019 年	2020 年
非生产性贷款或借款的利息支出	元	0.00	0.00	0.00	0.00	0.00
宅基地使用费	元					
土地承包费（包括承包集体和其他农户等）	元	138.07	2804.21	2672.12	2680.86	2600.84
承包租赁村组集体资产支出（不包括承包土地）	元					
寄给和带给家庭非常住人口的金额	元	1900.00	1422.22	766.67	1457.14	1526.69
赠送亲友	元	638.30	771.88	939.49	867.01	900.00
赡养费、抚养费	元	938.44	1073.39	1199.35	1222.11	1257.56
公益事业捐赠（指对灾害、贫困、残疾人等群体或个人，以及对文教卫体事业、环境保护、社会公共设施建设等社会公共和福利事业的爱心捐赠）	元	146.76	148.75	211.30	231.17	235.46
迷信、宗教活动捐赠	元	144.50	154.55	212.00	182.92	165.00
人情礼支出	元	2402.20	2372.31	2752.06	2478.74	2514.44
嫁妆、聘礼	元	1936.84	4000.00	1550.00	1618.33	1866.67
各种红白喜事宴请支出（婚丧、升学、盖房等）	元	3469.88	3003.25	3490.79	3134.53	3849.98
交纳党费、团费	元	24.55	26.44	24.78	25.81	26.61

(续表)

指标名称	单位	2016 年	2017 年	2018 年	2019 年	2020 年
交纳保险费支出	元	673.95	1009.15	908.84	1313.21	1365.67
其中：农村新型合作医疗支出	元	425.76	554.37	574.55	533.83	510.33
城镇医疗保险支出	元	286.67	243.75	172.50	232.43	229.00
商业医疗保险支出	元		150.00	200.00	150.38	157.33
农村养老保险支出	元	218.49	294.22	323.24	327.20	326.80
城镇养老保险支出	元	300.00	271.43	300.60	301.80	315.00
商业养老保险支出	元			200.00		200.00	200.00
工伤保险支出	元					
车辆保险支出	元	1766.04	1581.50	1828.31	2370.60	2449.04
其他保险支出（如人身意外险、疾病保险、财产保险及各种储蓄型保险等）	元	114.64	327.22	172.73	301.72	275.00
罚款（如违反计划生育罚款、交通违章罚款、违反治安管理处罚条例罚款等）、赔款	元	300.00	300.00	230.00	322.22	340.00
购买彩票	元					
其他（如遗失、被盗等）	元					

1.3.7　农户家庭生活用燃料数量及支出

1.3.7.1　农户家庭生活用燃料购买数量（不含交通用燃料）

指标名称	单位	2016 年	2017 年	2018 年	2019 年	2020 年
秸秆	吨	54.58	50.69	51.06	57.04	55.50
薪柴	吨	72.10	88.26	63.07	78.53	73.10
煤炭	吨	64.17	48.83	55.12	54.52	52.02
罐装液化石油气	千克	22.96	23.87	23.30	24.41	26.53
管道天然气	米^3	0.00	0.00	0.00	0.00	0.00
管道煤气	米^3	0.00	0.00	0.00	0.00	0.00
汽油	升	9.16	9.29	7.93	8.65	8.64
柴油	升	7.80	7.95	6.08	6.49	7.78
沼气	米^3	0.00	0.00	0.00	0.00	0.00

1.3.7.2 农户家庭生活用燃料购买金额（不含交通用燃料）

指标名称	单位	2016年	2017年	2018年	2019年	2020年
秸秆	元	227.58	205.71	205.70	257.31	233.48
薪柴	元	92.53	100.95	84.90	93.77	104.45
煤炭	元	99.97	71.35	89.70	99.82	91.64
罐装液化石油气	元	253.98	239.36	252.68	311.76	315.37
管道天然气	元	10.34	7.79	12.73	10.00	11.89
管道煤气	元	0.00	0.00	0.00	0.00	0.00
汽油	元	494.03	562.07	577.38	554.34	528.69
柴油	元	721.41	631.15	771.96	776.78	731.52
沼气	元	0.00	1.23	3.14	2.00	2.33

2

2020 年分乡镇样本的农户统计

2.1 农户家庭基本情况

2.1.1 家庭成员基本特征

指标名称	单位	沙河沿镇	翰章乡	黄泥河镇	横道河镇	南屯基镇	沙河镇	乌兰花镇	什花道乡	双岗镇	吉林省
年龄	周岁	60.97	58.79	53.51	55.88	54.52	54.22	56.87	58.03	54.27	56.34
受教育年限	年	8.81	7.43	8.70	8.01	7.05	7.66	7.92	7.73	8.76	8.01
本年累计在家居住时间	月	11.88	11.76	11.48	11.47	11.64	11.87	11.47	11.91	11.46	11.66
本年务工天数	天	48.75	37.27	19.19	69.32	78.72	126.59	46.77	51.53	160.14	70.92
本年如有务工，平均月工资	元	1121.07	825.50	1709.52	1086.67	3688.90	4117.67	1324.75	813.38	2880.00	1951.94
本年全家报销的医疗费用（含新农合、商业保险等）金额	元	414.00	198.50	268.70	164.27	652.23	508.53	2354.46	288.43		606.14

2.1.2 土地、家庭信贷及其他情况

2.1.2.1 土地情况

指标名称	单位	沙河沿镇	翰章乡	黄泥河镇	横道河镇	南屯基镇	沙河镇	乌兰花镇	什花道乡	双岗镇	吉林省
家庭承包的土地面积（即依法承包村集体的土地面积）	亩	26.14	9.79	15.01	3.82	5.42	10.40	26.71	52.00	31.60	20.10
耕地面积	亩	25.54	17.13	13.77	7.22	11.25	11.49	22.06	15.17	43.69	18.59
园地面积	亩	0.01	0.00	0.01	0.00	0.03	0.00	0.04	0.02	0.52	0.07
林地面积	亩	0.43	0.09	0.10	0.03	0.02	0.16	0.38	0.61	0.16	0.22
草地面积	亩							3.13	21.15		12.14
荒山、荒沟、荒丘、荒滩面积	亩			3.12	0.02						1.57

(续表)

指标名称	单位	沙河沿镇	翰章乡	黄泥河镇	横道河镇	南屯基镇	沙河镇	乌兰花镇	什花道乡	双岗镇	吉林省
未计入承包地的耕地面积（如自留地、开荒地）	亩		3.70	6.02	0.67	0.92	1.03	16.44		10.28	5.58
撂荒的耕地面积	亩			3.21	0.00				4.29		2.50
承包的耕地面积	亩	21.57		11.07	1.50		7.43	15.53	4.87	43.03	15.00
本年转出耕地的面积	亩	28.99	22.84	12.86	5.35	10.44	13.79	36.21	15.59	33.47	19.95
本年转出耕地的收入（含实物折价）	元/（亩·年）	412.73	186.75	336.00	244.45	289.50	643.84	245.55	535.19	301.07	355.01
本年转入耕地的面积	亩	52.28	44.15	18.93	11.50	21.50	37.00	133.35	42.11	105.65	51.83
本年转入耕地的支出（含实物折价）	元/（亩·年）	330.18	237.14	274.16	120.00	262.00	270.00	160.00	181.79	227.17	229.16
本年经营耕地面积（即实际耕种面积）	亩	37.40	24.24	21.56	10.51	16.26	19.10	51.28	33.12	106.74	35.58
其中：<1亩耕地的块数	块	3.00	2.75	1.50	3.33	3.69	3.36	6.00	6.50	2.00	3.57
1（含）~3亩耕地的块数	块	2.33	2.48	2.24	2.37	3.89	2.58	6.38	2.92	3.53	3.19
3（含）~5亩耕地的块数	块	2.72	3.09	2.29	2.27	2.21	2.07	5.14	2.38	4.29	2.94
≥5亩耕地的块数	块	3.05	2.48	2.14	0.80	2.92	1.39	5.05	3.69	4.48	2.89
其中：水田面积	亩	30.26			5.43	5.57	8.40	19.52	0.00		11.53
水浇地面积	亩	7.50	15.00	1.00	17.40	10.76	0.00	21.01	0.00	29.48	11.35
旱地面积	亩	31.06	29.01	21.20	9.99	17.77	15.03	50.67	33.86	96.24	33.87
本年经营温室大棚面积	亩			21.56				0.34			10.95
本年经营园地面积	亩				2.00	3.00		7.51			4.17
其中：果园面积	亩					1.00					1.00
茶园面积	亩										
桑园面积	亩										
本年经营林地面积	亩	20.38	12.68	25.50	11.47	2.42	44.38	67.21	174.51	52.57	45.68
本年经营草地面积	亩							6.74	51.26		29.00
其中：天然草地面积	亩							30.00	25.20		27.60
本年经营水面面积	亩										
其中：海水养殖面积	亩										
淡水养殖面积	亩										

2.1.2.2 家庭存款、贷款及投资

指标名称	单位	沙河沿镇	翰章乡	黄泥河镇	横道河镇	南屯基镇	沙河镇	乌兰花镇	什花道乡	双岗镇	吉林省
年底家庭银行存款总额	元	36115.39	16512.82	46296.30	26000.00	27677.42	28774.19	36937.50	12705.88	26250.00	28585.50
年底家中存有现金金额	元	7654.55	5521.74	6337.50	7317.40	4902.18	9011.63	7031.25	3154.29	5541.67	6274.69
年底家庭持有的全部对外投资	元	7257.80	222.53	4108.19	1004.22		2738.79	34.23	27.39	3423.49	2352.08
其中：持有股票、基金、债券等证券类投资金额	元										
其中：对企业、合作社等投入的股权类投资金额	元									5000.00	5000.00
本年全年家庭外借出去的金额	元	15000.00	2791.67	5000.00	6250.00	34000.00	15000.00	10000.00		35000.00	15380.21
家庭借给别人的钱到年底还没有收回的金额	元	14750.00	2041.67	30000.01	11000.00	29214.29	20000.00	10000.00			16715.14
年底家庭所欠外债金额	元	66666.67	68695.65	39230.77	30000.00	48727.27	44857.14	37538.46	64735.72	32200.00	48072.41
这些外债有多少来自银行、信用社等正规金融机构	元	60000.00	15000.00	44286.39	8000.00	43333.33		29250.00	23285.71	30000.00	31644.43
其中：年利率	%	0.60	0.00	3.76	0.69	3.60		2.78	0.19		1.66
这些外债有多少来自民间借贷机构（如农村资金互助社）	元	2076.92						923.08			1500.00
其中：年利率	%	0.00	0.00	0.00	0.00	0.00	0.00	0.00	0.00	0.00	0.00
这些外债有多少来自亲戚朋友等私人关系	元	22393.94	31724.74	11196.97	6438.26	30091.85	33777.52	18226.18	48507.76	26592.80	25438.89
其中：年利率	%	0.00	0.00	0.00	0.00	0.00	0.00	0.00	0.00	0.00	0.00

2.1.2.3 其他

指标名称	单位	沙河沿镇	翰章乡	黄泥河镇	横道河镇	南屯基镇	沙河镇	乌兰花镇	什花道乡	双岗镇	吉林省
取饮用水往返一次需多长时间	分钟			1.08	0.41	1.00	1.00	1.00	2.07	1.00	0.94
如果购买了农业保险，支付了多少保费	元	409.41	246.37	334.01	119.33	148.40	180.52	573.60	237.91	696.45	327.33

2.1.3 住房、生产性固定资产和耐用消费品

指标名称	单位	沙河沿镇	翰章乡	黄泥河镇	横道河镇	南屯基镇	沙河镇	乌兰花镇	什花道乡	双岗镇	吉林省
年底在本村住房面积	米²	82.34	76.24	85.05	83.95	76.53	80.39	85.47	92.72	86.02	83.19
年底在城镇住房面积	米²	64.00	16.95	8.29	15.79	31.75	68.71	126.40	7.16	80.20	46.58
生产性用房面积（如烤烟房、生产车间、仓库等）	米²	53.00	97.00	65.77	36.50	42.85	29.13	132.00	155.00	84.55	77.31
拖拉机	台	1.40	1.22	1.08	1.23	1.20	1.17	1.04	1.29	2.05	1.30
三轮摩托车	台	1.00	1.09	1.00	1.20	1.00	1.00	1.00	1.00	1.00	1.03
机引农具	台	1.20	1.77	1.09	1.15	1.09	1.47	1.00	1.27	1.77	1.31
畜引农具	台	1.00			1.00			1.00			1.00
喷雾器、喷雾机	个	1.54	1.37	1.61	1.35	1.34	1.27	1.25	1.20	1.33	1.36
风车	架	2.00		1.00					1.00		1.33
手推车、板车、三轮车、四轮车	辆	1.56	1.33	1.33	1.33	1.10	1.20	1.14	1.30	1.20	1.28
打稻（谷）机	台	1.00		1.00	1.00		1.00				1.00
脱粒机	台	1.00	1.00	1.00			1.00	1.00	1.00	1.00	1.00
抽水机	台	2.00	1.00	1.80	1.17	1.00	1.10	1.29	1.29	1.28	1.32
电动机	台	1.00	2.00	1.18	1.17	1.00	1.13		1.33	1.00	1.23
柴油机	台	1.20		1.14	2.00	1.00	1.75	1.22	1.38	1.89	1.45
加工机械	台		1.00							1.50	1.25
船	只										
粉碎机	台	1.00	1.00		1.00	1.00	1.00	1.00	1.00		1.00
木工多用机	台	1.00							1.00		1.00
温室大棚	米²	200.00	1.00	210.00		200.00	40.00	1.90			108.82
牛、羊等牲畜养殖场	米²	87.50	140.14	70.00	98.54	96.67	151.25	150.00	145.94	256.67	132.97
生猪养殖场	米²		74.00				18.67	20.00	55.25		41.98
鸡、鸭、鹅等禽类养殖场	米²		20.00	5.00	10.67		15.92	10.00	41.50	20.00	17.58

(续表)

指标名称	单位	沙河沿镇	翰章乡	黄泥河镇	横道河镇	南屯基镇	沙河镇	乌兰花镇	什花道乡	双岗镇	吉林省
兔子、貂等特种养殖场	米²										
鱼塘	米²										
缝纫机	台	1.00	1.00	1.00	1.00	1.00	1.00	1.00	1.00	1.00	1.00
电冰箱、空调	台	1.06	1.06	1.11	1.22	1.02	1.17	1.02	1.06	1.04	1.08
电视卫星接收器	台	1.06	1.00	1.00	1.13	1.00	1.13	1.00	1.00	1.00	1.03
收音机、VCD、DVD	台	1.00		2.00			1.00	1.00	1.00		1.20
组合音响	套	1.00					1.00	2.00			1.25
电话座机、手机	部	2.12	2.37	2.21	2.65	2.55	2.59	2.27	2.00	2.23	2.33
电饭锅、微波炉、压力锅、电磁炉	个	1.29	1.13	1.29	1.17	1.19	1.21	1.38	1.13	1.21	1.22
抽油烟机	台	1.16	1.00	1.00	1.00	1.00	1.00	1.00	1.00	1.00	1.02
彩色电视机	台	1.09	1.02	1.06	1.16	1.08	1.19	1.02	1.00	1.00	1.07
沼气灶、炉子	台	1.17	1.14	1.00	1.20	1.00	1.00	1.00	1.00	1.00	1.06
照相机	台	1.00	1.00		1.00		1.00			1.00	1.00
摄像机	台										
吸尘器	台										
自行车	辆	1.10	1.00	1.00	1.20	1.38	1.20	1.00	1.00	1.00	1.10
电动车	辆	1.00	1.08	1.05	1.07	1.08	1.00	1.00	1.06	1.82	1.13
摩托车	辆	1.00	1.06	1.00	1.04	1.04	1.00	1.00	1.13	1.00	1.03
小汽车	辆	1.00	1.00	1.00	1.00	1.09	1.06	1.06	1.00	1.00	1.02
电脑	台	1.00	1.00	1.00	1.00	1.00	1.00	1.00	1.00	1.00	1.00
洗衣机	台	1.04	1.00	1.04	1.26	1.03	1.02	1.00	1.00	1.07	1.05
电风扇、电暖气	台	1.20	1.11	1.00	1.09	1.00	1.05	1.14	1.06	1.00	1.07
热水器	个	1.17	1.00	1.00	1.11	1.00	1.00	1.00	1.00	1.00	1.03
太阳能设备	台	1.00	1.00	1.10	1.00	1.00	1.00	1.00		1.00	1.01
床、炕	个	1.49	1.65	1.84	1.87	1.81	1.91	1.55	1.54	1.50	1.68
柜子、碗柜、衣柜	个	1.95	1.91	1.80	2.07	2.00	1.81	1.60	1.77	2.08	1.89
写字台、桌子	个	1.33	1.75	1.42	1.62	1.63	1.42	1.75	1.46	1.40	1.53
箱子	只	0.85	1.11	0.75	1.25	1.56	1.45	1.04	0.88	0.83	1.08
椅子、沙发	个	3.75	1.40	1.31	5.29	3.75	3.88	2.31	1.84	1.45	2.78
压面机	台										

2.2 农户家庭生产情况

2.2.1 种植业

2.2.1.1 稻谷

（1）稻谷生产及销售情况

指标名称	单位	沙河沿镇	翰章乡	黄泥河镇	横道河镇	南屯基镇	沙河镇	乌兰花镇	什花道乡	双岗镇	吉林省
年初库存	千克	60.00		139.29		593.34					264.21
播种面积	亩	18.95		3.83	4.36	5.19					8.08
当年产量	千克	7607.91		1925.95	2412.73	2393.93					3585.13
因灾减产	千克	313.43		172.94	470.15	387.52					336.01
获得农业保险赔偿金额	元			50.00	200.00	91.66					113.89
自食或送人数量	千克	560.00		686.36	587.50	536.11					592.49
用于饲料数量	千克			188.24		131.76					160.00
总销售量	千克	8451.17		1798.09	2934.65	2408.17					3898.02
总销售收入	元	29461.54		5309.38	9625.00	8546.40					13235.58
留种自用	千克			500.00		233.34					366.67
年底库存	千克	411.53		146.09	925.95	174.51					414.52
本年副产品收入	元			333.33							333.33
翌年预计播种面积	亩	8.00		7.18	4.92	5.38					6.37

（2）稻谷成本投入

指标名称	单位	沙河沿镇	翰章乡	黄泥河镇	横道河镇	南屯基镇	沙河镇	乌兰花镇	什花道乡	双岗镇	吉林省
种子、秧苗数量	千克	703.74		2.88	3.22	33.19					185.76
种子、秧苗金额	元	1887.69		230.79	800.42	561.99					870.22
化肥施用量	千克	1395.15		549.79	249.54	478.21					668.17
化肥金额	元	4677.52		1248.59	889.58	1316.07					2032.94
自产有机肥价值	元										
外购有机肥金额	元										
农药、除草剂费	元	661.87		184.70	330.00	124.71					325.32
农膜费	元	427.50			430.92	311.91					390.11
排灌费	元	309.59		290.53	430.87	285.94					329.23

(续表)

指标名称	单位	沙河沿镇	翰章乡	黄泥河镇	横道河镇	南屯基镇	沙河镇	乌兰花镇	什花道乡	双岗镇	吉林省
机械费	元	2759.64			1156.42	1576.94	963.68				1614.17
土地租赁费（含实物折价）	元/年	6374.50				1500.00					3937.25
自家投入劳动力数量	工日	44.00			27.29	62.50	44.33				44.53
雇工数量	工日	20.00					2.00				11.00
雇工平均价格	元/工日	200.00					130.00				165.00
运输仓储费	元						225.00				225.00
贷款利息	元										
保险费支出	元	59.69			21.14		22.55				34.46
其他费用	元				205.00		100.00				152.50

2.2.1.2 大豆

（1）大豆生产及销售情况

指标名称	单位	沙河沿镇	翰章乡	黄泥河镇	横道河镇	南屯基镇	沙河镇	乌兰花镇	什花道乡	双岗镇	吉林省
年初库存	千克			55.00							55.00
播种面积	亩	17.17	15.57	17.93	3.00	5.00					11.73
当年产量	千克	3216.67	2782.67	3187.80	450.00	1000.00					2127.43
因灾减产	千克	1672.33	454.00	958.08	150.00						808.60
获得农业保险赔偿金额	元	1000.00	217.14	1255.00							824.05
自食或送人数量	千克	500.00		335.56	450.00						428.52
用于饲料数量	千克	1625.00	2125.00	766.67							1505.56
总销售量	千克	2750.00	2878.33	3793.33		1000.00					2605.42
总销售收入	元	9000.00	9766.88	14044.14		5000.00					9452.75
留种自用	千克										
年底库存	千克	6800.00	1691.67	980.00							3157.22
本年副产品收入	元			2000.00							2000.00
翌年预计播种面积	亩	13.57	14.45	3.00	5.00						9.00

（2）大豆成本投入

指标名称	单位	沙河沿镇	翰章乡	黄泥河镇	横道河镇	南屯基镇	沙河镇	乌兰花镇	什花道乡	双岗镇	吉林省
种子、秧苗数量	千克	114.00	66.64	63.76	10.00	30.00					56.88
种子、秧苗金额	元	1980.00	834.00	529.86	100.00	240.00					736.77
化肥施用量	千克	955.00	532.81	568.75	250.00						576.64
化肥金额	元	3508.33	1797.50	1418.59							2241.48
自产有机肥价值	元										
外购有机肥金额	元										
农药、除草剂费	元	550.00	372.86	515.15	60.00						374.50
农膜费	元		100.00								100.00
排灌费	元										
机械费	元	800.00	656.00	1445.45							967.15
土地租赁费（含实物折价）	元/年		2400.00								2400.00
自家投入劳动力数量	工日	24.00	57.86	20.32	10.00	90.00					40.44
雇工数量	工日		10.00								10.00
雇工平均价格	元/工日		150.00								150.00
运输仓储费	元										
贷款利息	元										
保险费支出	元	600.00	101.02	58.75							253.26
其他费用	元		520.00								520.00

2.2.1.3 玉米

（1）玉米生产及销售情况

指标名称	单位	沙河沿镇	翰章乡	黄泥河镇	横道河镇	南屯基镇	沙河镇	乌兰花镇	什花道乡	双岗镇	吉林省
年初库存	千克	0.73	91.69	42.51	14.12	342.95	927.46	250.07	462.63	112.53	249.41
播种面积	亩	37.17	27.93	13.53	12.96	22.31	20.11	43.58	22.59	94.12	32.70
当年产量	千克	46165.52	12694.68	5891.50	11363.64	15600.96	14417.86	16411.11	8250.00	42904.45	19299.97
因灾减产	千克	2755.00	1733.23	1345.83	1814.09	3389.39	2357.57	7549.99	4716.73	7825.99	3720.87
获得农业保险赔偿金额	元	995.00	404.48	1111.43	224.77	252.45	269.69	2200.00	1761.33	2262.44	1053.51
自食或送人数量	千克	441.56	0.00	68.44	22.08		1214.30		478.36	551.95	396.67
用于饲料数量	千克	932.57	1333.79	225.17	383.89	812.08	752.25	974.50	984.35	1144.30	838.10

(续表)

指标名称	单位	沙河沿镇	翰章乡	黄泥河镇	横道河镇	南屯基镇	沙河镇	乌兰花镇	什花道乡	双岗镇	吉林省
总销售量	千克	48446.30	13988.57	5654.00	8413.51	15231.94	17771.95	16373.91	8921.05	42237.77	19671.00
总销售收入	元	63915.37	21356.54	10168.65	13120.08	20904.76	26664.12	26072.92	13384.95	45612.61	26800.00
留种自用	千克				7.14	35.72	123.82				55.56
年底库存	千克	67.61	1351.55	386.37	1993.67	2683.24	341.79	2125.04	1535.82	289.78	1197.21
本年副产品收入	元				29.89	74.97				498.14	201.00
翌年预计播种面积	亩	6.00	25.90	15.69	13.01	21.93	20.44	45.81	25.28	89.10	29.24

（2）玉米成本投入

指标名称	单位	沙河沿镇	翰章乡	黄泥河镇	横道河镇	南屯基镇	沙河镇	乌兰花镇	什花道乡	双岗镇	吉林省
种子、秧苗数量	千克	52.67	0.24	14.24	46.81	12.70	11.97	181.29	64.89	26.21	45.67
种子、秧苗金额	元	768.08	678.04	362.71	310.93	737.46	447.65	1066.91	564.95	8820.86	1528.62
化肥施用量	千克	780.94	623.69	267.64	460.22	660.16	589.47	812.94	445.46	4125.65	974.02
化肥金额	元	909.85	1110.09	384.64	500.74	831.72	785.82	1033.81	530.65	19566.38	2850.41
自产有机肥价值	元		532.03		94.98	1418.74	10.64		886.71	354.68	549.63
外购有机肥金额	元		0.00		1058.46		661.53				573.33
农药、除草剂费	元	409.41	399.58	337.33	210.71	363.29	263.89	740.56	228.99	480.10	381.54
农膜费	元		0.00		100.00		50.00		1225.00		343.75
排灌费	元		0.00		120.00	50.00	525.00	3000.00	1330.91	2171.43	1028.19
机械费	元	2662.50	1356.67	1115.38	336.67	1669.23	1273.57	2850.00	880.00	2875.00	1668.78
土地租赁费（含实物折价）	元/年	4311.10	2336.73		551.12	551.12		10746.75	1377.79	4519.15	3484.82
自家投入劳动力数量	工日	24.62	59.34	23.89	69.68	69.90	63.25	37.49	51.92	46.68	49.64
雇工数量	工日	4.00	8.00	3.00	1.50	43.34	80.01		4.00		20.55
雇工平均价格	元/工日	40.34	80.69	51.87	17.29	126.80	403.45		34.58		107.86
运输仓储费	元		0.00		320.46		854.55				391.67
贷款利息	元		0.00		1100.00						550.00
保险费支出	元	88.06	81.75	55.35	38.11	48.86	52.22	301.94	67.56	119.60	94.83
其他费用	元	652.79	602.74		263.47	598.46	543.99	163.20	299.20	693.59	477.18

2.2.2 畜牧业

2.2.2.1 生猪

（1）生猪生产及销售情况

指标名称	单位	沙河沿镇	翰章乡	黄泥河镇	横道河镇	南屯基镇	沙河镇	乌兰花镇	什花道乡	双岗镇	吉林省
年底存栏数量	头		30.00	1.00						1.00	10.67
年底能繁母畜存栏数量	头		2.50							1.00	1.75
新生、新购数量	头		20.00							1.00	10.50
出栏或产量	头		13.00								13.00
因灾减产或死亡数量	头		3.00								3.00
获得农业保险赔偿金额	元										
自食或送人数量	千克										
总销售收入	元		10800.00								10800.00
仔（中）畜销售收入	元										
平均出栏活重或单产	千克/头		125.00								125.00
副产品收入	元										
翌年计划生产数量	头		20.00								20.00

（2）生猪成本投入

指标名称	单位	沙河沿镇	翰章乡	黄泥河镇	横道河镇	南屯基镇	沙河镇	乌兰花镇	什花道乡	双岗镇	吉林省
仔畜自繁数量	头		8.00	1.00							4.50
仔畜外购数量	头			2.00							2.00
仔畜外购金额	元			161.98						658.02	410.00
饲料外购数量	千克		500.00	1000.00							750.00
饲料外购金额	元		2700.00								2700.00
饲料自产数量	千克		2050.00							3000.00	2525.00
饲料自产折价金额	元		5000.00								5000.00
防疫及兽药金额	元		500.00								500.00
水电费	元				500.00						500.00
自家投入劳动力数量	工日		362.50	180.00						365.00	302.50
雇工数量	工日										
雇工平均价格	元/工日										

(续表)

指标名称	单位	沙河沿镇	翰章乡	黄泥河镇	横道河镇	南屯基镇	沙河镇	乌兰花镇	什花道乡	双岗镇	吉林省
场地租赁费（包括实物折价）	元/年										
贷款利息	元										
保险费支出	元										
其他费用	元										

2.2.2.2 肉牛

（1）肉牛生产及销售情况

指标名称	单位	沙河沿镇	翰章乡	黄泥河镇	横道河镇	南屯基镇	沙河镇	乌兰花镇	什花道乡	双岗镇	吉林省
年底存栏数量	头	8.92	7.78	3.49	3.85	4.98	4.98	16.50	6.23	17.43	8.24
年底能繁母畜存栏数量	头	5.96	5.27	2.68	3.97	3.35	2.55	10.54	5.39	7.98	5.30
新生、新购数量	头	6.50	4.57	2.66	2.00	3.33	3.00	13.99	4.00	9.99	5.56
出栏或产量	头	6.01	3.67	1.00	4.00	5.01	2.00	12.51	3.00	5.01	4.69
因灾减产或死亡数量	头		2.38		1.43		4.99	1.43		2.14	2.47
获得农业保险赔偿金额	元										
自食或送人数量	千克				1.00			2.00		8.01	3.67
总销售收入	元	46341.63	34231.02	7826.59	37691.20	31512.31	12975.66	77236.06	12357.77	30894.42	32340.74
仔（中）畜销售收入	元	10661.17	11422.68			20132.48	4426.29	31412.37		14278.35	15388.89
平均出栏活重或单产	千克/头		263.00		262.80	250.20	240.00	240.00			251.20
副产品收入	元										
翌年计划生产数量	头	8.00	13.01		3.00	9.00	4.00	16.51	11.67	10.00	9.40

（2）肉牛成本投入

指标名称	单位	沙河沿镇	翰章乡	黄泥河镇	横道河镇	南屯基镇	沙河镇	乌兰花镇	什花道乡	双岗镇	吉林省
仔畜自繁数量	头	5.63	9.25	2.00	2.00	4.67	4.00	12.50	4.67	5.50	5.58
仔畜外购数量	头	0.49	0.61			0.97	4.86		1.58		1.70
仔畜外购金额	元	697.87	1671.99			1744.68	8723.40		1512.06		2870.00

（续表）

指标名称	单位	沙河沿镇	翰章乡	黄泥河镇	横道河镇	南屯基镇	沙河镇	乌兰花镇	什花道乡	双岗镇	吉林省
饲料外购数量	千克	6000.00	11166.67		2620.00	3833.33	1900.00	1250.00	3500.00	7500.00	4721.25
饲料外购金额	元	3472.27	7479.84	636.58	1560.78	4774.37	4027.83	1736.13	4020.39	10590.41	4255.40
饲料自产数量	千克	3757.14	5000.00		2250.00	4000.00	4250.00	3250.00	3400.00	5000.00	3863.39
饲料自产折价金额	元	3433.19	6448.43	1592.21	2388.31	3821.29	2961.50	3104.80	3439.16	5731.94	3657.87
防疫及兽药金额	元	899.89	374.95	179.98	272.78	731.16	787.40	224.97	168.73	2249.73	654.40
水电费	元	326.36	388.37	163.18	254.97	611.93	815.90	163.18	448.75	815.90	443.17
自家投入劳动力数量	工日	195.43	265.39	272.39	270.52	271.45	358.21	223.88	244.87	544.77	294.10
雇工数量	工日		120.00								120.00
雇工平均价格	元/工日		90.00								90.00
场地租赁费（包括实物折价）	元/年										
贷款利息	元					2000.00					
保险费支出	元	300.00			600.00					400.00	433.33
其他费用	元		745.16							354.84	550.00

2.2.2.3 肉羊

（1）肉羊生产及销售情况

指标名称	单位	沙河沿镇	翰章乡	黄泥河镇	横道河镇	南屯基镇	沙河镇	乌兰花镇	什花道乡	双岗镇	吉林省
年底存栏数量	只		7.78					20.74	8.81	186.67	56.00
年底能繁母畜存栏数量	只		7.26					2.42	5.99	121.08	34.19
新生、新购数量	只		1.99					0.00	2.59	149.42	38.50
出栏或产量	只							0.76	1.74	128.52	43.67
因灾减产或死亡数量	只							0.00	1.62	17.58	6.40
获得农业保险赔偿金额	元										
自食或送人数量	千克										
总销售收入	元							900.00	1325.00	100000.00	34075.00
仔（中）畜销售收入	元								6096.77	59319.89	32708.33
平均出栏活重或单产	千克/只								0.68	76.92	38.80
副产品收入	元							600.00			600.00
翌年计划生产数量	只							80.00	40.00		60.00

（2）肉羊成本投入

指标名称	单位	沙河沿镇	翰章乡	黄泥河镇	横道河镇	南屯基镇	沙河镇	乌兰花镇	什花道乡	双岗镇	吉林省
仔畜自繁数量	只		5.19					10.37	7.78	186.67	52.50
仔畜外购数量	只				0.78			6.22			3.50
仔畜外购金额	元				6000.00			3000.00			4500.00
饲料外购数量	千克		707.07					1767.68	132.58	1767.68	1093.75
饲料外购金额	元		4000.00					5250.00	1475.00	15000.00	6431.25
饲料自产数量	千克								1504.15	12195.85	6850.00
饲料自产折价金额	元								1344.82	7555.18	4450.00
防疫及兽药金额	元		250.56					286.36	343.63	3579.45	1115.00
水电费	元							88.73	283.94	887.32	420.00
自家投入劳动力数量	工日		156.53					42.88	186.98	514.61	225.25
雇工数量	工日									100.00	100.00
雇工平均价格	元/工日									80.00	80.00
场地租赁费（包括实物折价）	元/年										
贷款利息	元										
保险费支出	元										
其他费用	元							29.70		2970.30	1500.00

2.2.2.4 肉鸡

（1）肉鸡生产及销售情况

指标名称	单位	沙河沿镇	翰章乡	黄泥河镇	横道河镇	南屯基镇	沙河镇	乌兰花镇	什花道乡	双岗镇	吉林省
年底存栏数量	只		10.00		30.00						20.00
年底能繁母禽存栏数量	只				15.00						15.00
新生、新购数量	只		4.00								4.00
出栏或产量	只										
因灾减产或死亡数量	只										
获得农业保险赔偿金额	元										
自食或送人数量	只										
总销售收入	元										
禽苗销售收入	元										

(续表)

指标名称	单位	沙河沿镇	翰章乡	黄泥河镇	横道河镇	南屯基镇	沙河镇	乌兰花镇	什花道乡	双岗镇	吉林省
平均出栏活重或单产	千克/只										
副产品收入	元										
翌年计划生产数量	只										

（2）肉鸡成本投入

指标名称	单位	沙河沿镇	翰章乡	黄泥河镇	横道河镇	南屯基镇	沙河镇	乌兰花镇	什花道乡	双岗镇	吉林省
禽苗自繁数量	只				10.00						10.00
禽苗外购数量	只		20.00								20.00
禽苗外购金额	元		140.00								140.00
饲料外购数量	千克				150.00						150.00
饲料外购金额	元				250.00						250.00
饲料自产数量	千克		360.00		200.00						280.00
饲料自产折价金额	元		242.79		337.21						290.00
防疫及兽药金额	元		100.00								100.00
水电费	元				150.00						150.00
自家投入劳动力数量	工日		123.68		81.32						102.50
雇工数量	工日										
雇工平均价格	元/工日										
场地租赁费（包括实物折价）	元/年										
贷款利息	元										
保险费支出	元										
其他费用	元										

2.3 农户家庭收支情况

2.3.1 农户家庭收入

指标名称	单位	沙河沿镇	翰章乡	黄泥河镇	横道河镇	南屯基镇	沙河镇	乌兰花镇	什花道乡	双岗镇	吉林省
出售家庭资产收入（如房子、机械、家电等）	元					43.00	23.67	79.01			48.56

(续表)

指标名称	单位	沙河沿镇	翰章乡	黄泥河镇	横道河镇	南屯基镇	沙河镇	乌兰花镇	什花道乡	双岗镇	吉林省
县域内农业务工收入	元	15280.00	14944.44	5750.00	8400.00	40200.00	15381.18	34400.00	36000.00	11500.00	20206.18
县域内工业、建筑业、采矿业打工收入	元	23333.34	38600.00	23750.00	39000.00	29333.34	11666.67	35000.00	24000.00	20000.00	27187.04
县域内交通运输业、邮电业打工收入	元	700.00	31499.99	12000.00							14733.33
县域内批发和零售贸易、餐饮业打工收入	元	28226.83	10977.10		9408.94	6272.63	25090.52	22895.10		14928.86	16828.57
县域内社会服务业、文教卫生业打工收入	元	27900.00	30750.00		10000.00	42001.50	25000.00	23800.00		5000.00	23493.07
县域外农业务工收入	元	6766.11			9451.07	10739.86			5155.13	12887.83	9000.00
县域外工业、建筑业、采矿业打工收入	元	40382.52	41055.56	20191.26	40382.52	14359.05	45110.64	100956.30		26921.68	41169.94
县域外交通运输业、邮电业打工收入	元		22965.52		31896.55		17011.49	22114.94	17011.49		22200.00
县域外批发业和零售贸易、餐饮业打工收入	元	62416.29	24628.43	28087.33	12288.21		10483.99	15604.07			25584.72
县域外社会服务业、文教卫生业打工收入	元	5785.04	22908.75		57850.37	37602.74	21983.14	23140.15	24297.15	26032.67	27450.00
利息	元		630.00	3000.00	200.00	2000.00	600.00	2500.00	300.00		1318.57
股息	元										
土地征用补偿金额	元					5600.00					5600.00
土地出租租金	元	9737.54	2140.74		1183.07	1011.17	2426.80	4828.07	1167.90	2186.14	3085.18
房屋租赁收入	元										
机械设备租赁收入	元										
从村集体分得福利收入	元										
种粮补贴（包括粮食直接补贴、粮食作物良种补贴、农业生产资料综合补贴和农机具购置补贴）	元	3465.34	3260.53	2740.61	1481.25	1784.51	2801.17	2110.82	1339.68	2149.79	2348.19
非粮食类农作物良种补贴	元				9.57		540.43				275.00
畜牧业补贴	元										
渔业补贴	元										
林业补贴（不包括退耕还林还草）	元										

(续表)

指标名称	单位	沙河沿镇	翰章乡	黄泥河镇	横道河镇	南屯基镇	沙河镇	乌兰花镇	什花道乡	双岗镇	吉林省
退耕还林还草补偿	元			514.29			205.71				360.00
草原生态补贴	元										
救济金、救灾款	元										
无偿扶贫款	元										
抚恤金	元										
低保金	元			1795.04	690.93		4352.87	1036.40	2026.16	829.12	1788.42
退休金	元	1824.33	2321.88	242.14	2910.64		2509.84	2847.06	287.47		1849.05
合作社利润返还	元										
社会保障收入	元										
其中：农村新型合作医疗报销	元	147.82	477.35	1928.36	310.78	2397.57	307.45	4218.28		591.28	1297.36
农村养老保险年金	元	1457.14	1891.30	2076.67	3338.67	2860.14	1798.00	1760.00	1813.71	1922.00	2101.96
城镇医疗保险报销	元										
城镇养老保险年金	元	413.64							4431.81	354.54	1733.33
棋牌娱乐收入（如亏损，用负数表示）	元		261.54	130.77						1307.70	566.67
人情礼收入	元	4011.98	20059.88		2005.99	5014.97	2407.19				6700.00
彩礼、陪嫁	元		1700.00								1700.00
商业保险赔付	元										
家庭非常住人口寄回或带回、亲友赠送金额	元	3000.00		2000.00	1000.00		3500.00			5666.66	3033.33
新农村建设建房补贴	元				1222.22					9777.78	5500.00

2.3.2 农户家庭收入（分行业）

指标名称	单位	沙河沿镇	翰章乡	黄泥河镇	横道河镇	南屯基镇	沙河镇	乌兰花镇	什花道乡	双岗镇	吉林省
农业生产服务总收入	元	29020.01	27671.94	88862.11	15238.87	27056.49	5350.44	16559.15	9266.88	86127.30	33905.91
林业总收入	元	0.00	0.00	0.00	0.00	0.00	0.00	0.00	0.00	0.00	0.00
工业总收入	元	0.00	0.00	0.00	0.00	0.00	0.00	0.00	0.00	0.00	0.00

(续表)

指标名称	单位	沙河沿镇	翰章乡	黄泥河镇	横道河镇	南屯基镇	沙河镇	乌兰花镇	什花道乡	双岗镇	吉林省
建筑业总收入	元	3896.83			25848.97		7176.66	5195.77		10131.76	10450.00
交通运输业、邮电业总收入	元			18000.00				6000.00			12000.00
批发和零售贸易、餐饮业总收入	元	9537.92		23844.81			18439.99	33382.73		5961.20	18233.33
社会服务业总收入	元	1907.22		1144.33	24793.81	15257.73	8010.31	22886.59			12333.33
文教卫生业总收入	元										
农业生产服务纯收入	元	22714.29	40000.00	58733.33	14687.50	20500.00	21888.56	17000.00	10000.00	84016.00	32171.08
林业纯收入	元									47500.00	47500.00
工业纯收入	元	30000.00			80000.00		50000.00				53333.33
建筑业纯收入	元				172000.00	50000.00	39333.33	40000.00		140000.00	88266.67
交通运输业、邮电业纯收入	元			50000.00				30000.00			40000.00
批发和零售贸易、餐饮业纯收入	元	10000.00		20000.00			34000.00	70000.00		20000.00	30800.00
社会服务业纯收入	元	5000.00		3000.00	55000.00	40000.00	21000.00	40000.00			27333.33
文教卫生业纯收入	元										

2.3.3 农户家庭经营支出、生产性固定资产支出和税费支出

指标名称	单位	沙河沿镇	翰章乡	黄泥河镇	横道河镇	南屯基镇	沙河镇	乌兰花镇	什花道乡	双岗镇	吉林省
农业生产服务支出	元	5322.55	3030.23	33586.37	2558.49	5157.68	598.00	2353.15	887.98	32746.69	9582.35
林业支出	元	0.00	0.00	0.00	0.00	0.00	0.00	0.00	0.00	0.00	0.00
工业生产支出	元	0.00	0.00	0.00	0.00	0.00	0.00	0.00	0.00	0.00	0.00
建筑业生产支出	元				70.00		40.00			625.00	245.00
交通运输业、邮电业支出	元		131.65	1645.58	822.79						866.67

（续表）

指标名称	单位	沙河沿镇	翰章乡	黄泥河镇	横道河镇	南屯基镇	沙河镇	乌兰花镇	什花道乡	双岗镇	吉林省
批发和零售贸易、餐饮业支出	元			2307.69			358.97				1333.33
社会服务业支出	元				21.82			50.18			36.00
文教卫生业支出	元				789.47		1263.16	2368.42		1578.95	1500.00
其他家庭经营费用支出	元		1239.30	2187.00	725.69		2187.00	546.75		7110.65	2332.73
建造和购置生产性固定资产的费用支出	元										
生产性固定资产折旧（使用年限15年）	元										
第一产业纳税（农业、林业、畜牧业和渔业）	元										
第二产业纳税（工业和建筑业）	元										
第三产业纳税（商业和服务业）	元										
"一事一议"筹资	元										
其他各项集资收费	元										

2.3.4　农户家庭食品消费数量及支出

2.3.4.1　农户家庭全年食品购买数量（不含自产自用）

指标名称	单位	沙河沿镇	翰章乡	黄泥河镇	横道河镇	南屯基镇	沙河镇	乌兰花镇	什花道乡	双岗镇	吉林省
面粉	千克	94.92	80.35	89.82	80.42	56.43	121.87	115.36	124.60	122.55	98.48
大米	千克	180.22	124.90	135.98	219.47	161.47	256.13	135.92	198.78	124.07	170.77
玉米面	千克	71.66	15.00	99.99	46.81	13.75	30.85	42.50	45.83	130.49	55.21
小米	千克	16.38	13.50	9.10	32.19	11.67	14.70	37.62	27.92	21.88	20.55
高粱米	千克				10.00	5.00	5.00	20.00			10.00
其他谷物及其制品（荞麦、燕麦、大麦、糜子、黍子、籽粒苋等，谷物制品折粮计算）	千克	2.73	13.64					13.64	13.64	1.36	9.00
薯类（甘薯、马铃薯、木薯、芋类等，不包括菜用）	千克	58.41	46.47	76.84	66.38	49.50	75.00	63.12	185.61	89.05	78.93
粮食复制品（利用原粮加工而成的食品，如挂面、年糕等，但不包括用粮食加工成的豆油、豆腐、粉条、酒等）	千克	12.27	21.66	17.22	20.41	24.99	13.75	13.61	18.40	12.50	17.20

(续表)

指标名称	单位	沙河沿镇	翰章乡	黄泥河镇	横道河镇	南屯基镇	沙河镇	乌兰花镇	什花道乡	双岗镇	吉林省
大豆	千克	20.01	21.38	32.07	21.07	7.06	16.03	16.08	10.96	16.35	17.89
杂豆（绿豆、红豆、蚕豆、豌豆、豇豆、扁豆、黑豆等）	千克	7.36	8.37		7.32	4.18		8.72			7.19
豆制品（各种豆腐、豆腐干/皮/丝、千张、素鸡、腐竹、豆浆粉、豆浆、豆奶、豆腐脑等）	千克	30.00	26.86	20.27	40.89	34.16	34.30	20.27	26.00	32.11	29.43
植物性食用油（花生油、芝麻油、菜籽油、豆油、茶油等）	千克	55.00	51.02	42.39	65.98	39.00	40.13	23.96	27.36	29.84	41.63
动物性食用油（猪油、牛油、羊油等）	千克	8.74	13.98		127.60		9.13	13.40	10.65	15.93	28.49
猪肉及其制品	千克	46.46	34.08	38.77	57.25	43.86	39.68	67.07	85.15	49.75	51.34
牛肉及其制品	千克	10.83	13.72	10.36	40.81	15.93	14.22	11.62	13.33	6.43	15.25
羊肉及其制品	千克	4.50	8.75	8.50	62.90	26.67		8.23		9.25	18.40
鸡肉及其制品	千克	15.00	18.40	6.25	20.00	18.55	12.50	32.00	18.50	10.55	16.86
其他禽肉及其制品（鸭、鹅、鹌鹑、鸽、麻雀、火鸡等）	千克	3.50	10.00	30.01						10.00	13.38
其他肉类及其制品（狗肉、驴肉、马肉、蛇肉、兔肉、鹿肉、蛙肉等，但不包括鱼、虾等水产品）	千克	2.71					7.56	15.12		3.78	7.29
畜禽下水（内脏）及其制品	千克		6.00								6.00
鸡蛋及其制品	千克	29.36	41.09	29.25	25.74	27.50	15.84	22.13	29.29	21.45	26.85
鸭蛋及其制品	千克	2.21	22.13		13.28	2.66	4.43	3.32	8.85	6.64	7.94
其他蛋类及其制品（鹅蛋、鹌鹑蛋、鸽蛋等）	千克				2.33			4.67			3.50
鲜奶（牛奶、羊奶等）	千克	8.14	22.80	20.52	9.24	53.59	4.56	22.96	4.56	4.56	16.77
奶制品（酥油、奶粉、酸奶、炼乳、可可奶、麦乳精等）	千克		2.74		4.80	56.23		2.74			16.63
鱼类及其制品	千克	22.56	19.03	14.61	23.16	17.85	16.63	32.08	16.85	17.87	20.07
虾蟹类及其制品	千克	1.02	10.16		2.03	7.11	2.29	1.83		29.12	7.65
其他水产品及其制品	千克	3.29	3.29					16.44			7.67
蔬菜及菜制品（鲜菜、干菜，以及腌菜、榨菜、泡菜、酱菜等各类菜制品和蔬菜罐头，蔬菜和菜制品按鲜菜数量进行统计）	千克	151.82	104.81	170.88	165.28	155.40	43.83	85.38	80.18	102.00	117.73

(续表)

指标名称	单位	沙河沿镇	翰章乡	黄泥河镇	横道河镇	南屯基镇	沙河镇	乌兰花镇	什花道乡	双岗镇	吉林省
水果及水果制品（各类鲜食水果、果用瓜、果干及水果罐头等）	千克	58.43	58.33	43.89	56.31	84.05	34.13	59.58	37.41	41.10	52.58
坚果及果仁制品（核桃、板栗、开心果等坚果、果仁及其制品）	千克	12.53	12.58	6.04	23.56	6.04	5.64	22.95	6.04	14.50	12.21
卷烟（盒装）	盒	152.37	237.43	208.67	264.88	281.45	196.68	235.69	190.73	232.44	222.26
烟丝、烟叶等其他烟	千克	0.66	19.87	0.88	20.14	1.32	1.85	1.72	4.27	0.13	5.65
酒类（白酒、黄酒、啤酒、果酒等）	千克	44.12	58.77	48.90	157.80	36.69	32.57	89.85	100.37	58.68	69.75
食糖（白糖、红糖、冰糖、方糖等，不包括糖果、糖精）	千克	10.03	7.60	6.90	9.01	8.63	11.53	7.30	4.35	4.20	7.73
蜂蜜	千克	7.67	7.50		1.00		2.00	2.17		5.75	4.35
茶叶	千克	4.71	4.00	1.00	1.00	2.00	1.88	2.95	25.09	1.56	4.91
其他饮料（瓶/桶装水、碳酸类等除酒、茶外的各种固/液体饮料，以及雪糕等冷饮）	千克	36.84	26.00	20.00	15.00	33.34	11.31	55.63	15.00	25.00	26.46
调味品	千克	9.93	13.03	8.36	24.84	10.46	8.96	13.87	15.76	14.49	13.30

2.3.4.2 农户家庭全年食品购买金额（不含自产自用）

指标名称	单位	沙河沿镇	翰章乡	黄泥河镇	横道河镇	南屯基镇	沙河镇	乌兰花镇	什花道乡	双岗镇	吉林省
面粉	元	391.53	328.54	414.08	288.15	263.75	400.34	515.36	438.33	405.67	382.86
大米	元	798.89	721.06	705.85	803.13	785.95	945.31	672.16	820.05	610.83	762.58
玉米面	元	86.26	49.67	92.42	58.39	37.20	55.12	97.04	103.39	193.61	85.90
小米	元	139.34	126.00	100.00	61.25	92.75	94.30	147.81	227.51	153.75	126.97
高粱米	元				43.33	50.00	40.00	199.99			83.33
其他谷物及其制品（荞麦、燕麦、大麦、糜子、黍子、薏仁、籽粒苋等，谷物制品折粮计算）	元	16.51	9.63					31.65	13.76	3.44	15.00
薯类（甘薯、马铃薯、木薯、芋类等，不包括菜用）	元	95.73	113.47	180.00	100.74	134.00	189.28	127.22	294.39	159.73	154.95
粮食复制品（利用原粮加工而成的食品，如挂面、年糕等，但不包括用粮食加工成的豆油、豆腐、粉条、酒等）	元	50.91	171.66	125.50	42.78	149.99	104.16	158.88	164.99	115.00	120.43

（续表）

指标名称	单位	沙河沿镇	翰章乡	黄泥河镇	横道河镇	南屯基镇	沙河镇	乌兰花镇	什花道乡	双岗镇	吉林省
大豆	元	58.48	67.43	248.41	67.43	33.27	44.36	66.72	52.85	54.15	77.01
杂豆（绿豆、红豆、蚕豆、豌豆、豇豆、扁豆、黑豆等）	元	19.63	65.42		104.67	32.71		67.60		1.64	48.61
豆制品（各种豆腐、豆腐干/皮/丝、千张、素鸡、腐竹、豆浆粉、豆浆、豆奶、豆腐脑等）	元	151.04	179.45	197.65	217.05	178.22	222.70	227.44	141.80	217.41	192.53
植物性食用油（花生油、芝麻油、菜籽油、豆油、茶油、棉籽油等）	元	541.64	496.99	691.40	371.77	386.97	361.98	336.46	531.42	396.89	457.28
动物性食用油（猪油、牛油、羊油等）	元	104.64	513.53		407.93		266.16	250.19	235.64	216.28	284.91
猪肉及其制品	元	936.60	810.17	928.98	907.14	1019.52	929.90	1039.85	1370.07	932.69	986.10
牛肉及其制品	元	312.19	332.64	440.71	393.23	547.65	454.22	260.73	279.47	217.35	359.80
羊肉及其制品	元	93.08	138.87	207.55	142.99	635.53		130.49	180.15	187.66	214.54
鸡肉及其制品	元	207.51	324.96	220.41	129.51	210.91	180.14	395.60	237.62	259.02	240.63
其他禽肉及其制品（鸭、鹅、鹌鹑、鸽、麻雀、火鸡等）	元	15.09	53.27	181.12						35.51	71.25
其他肉类及其制品（狗肉、驴肉、马肉、蛇肉、兔肉、鹿肉、蛙肉等，但不包括鱼、虾等水产品）	元	22.78					56.95	101.24		70.71	62.92
畜禽下水（内脏）及其制品	元		20.00								20.00
鸡蛋及其制品	元	213.40	264.04	207.38	208.61	159.08	126.20	198.26	217.27	170.04	196.03
鸭蛋及其制品	元	34.31	34.31				68.61	29.16	68.61		47.00
其他蛋类及其制品（鹅蛋、鹌鹑蛋、鸽蛋等）	元				5.78			4.62			5.20
鲜奶（牛奶、羊奶等）	元	208.85	96.18	155.49	88.25	149.08	89.77	174.41	28.85	134.65	125.06
奶制品（酥油、奶粉、酸奶、炼乳、可可奶、麦乳精等）	元		26.66		114.27	174.98		47.61			90.88
鱼类及其制品	元	319.51	222.22	209.75	215.66	274.31	220.10	473.43	255.02	241.17	270.13
虾蟹类及其制品	元	42.86	85.71			3.43	50.00	100.00		30.00	52.00
其他水产品及其制品	元	15.63	16.28					52.09			28.00
蔬菜及菜制品（鲜菜、干菜，以及腌菜、榨菜、泡菜、酱菜等各类菜制品和蔬菜罐头，蔬菜和菜制品按鲜菜数量进行统计）	元	551.64	585.56	950.17	260.77	454.21	259.24	319.66	503.42	267.58	461.36

(续表)

指标名称	单位	沙河沿镇	翰章乡	黄泥河镇	横道河镇	南屯基镇	沙河镇	乌兰花镇	什花道乡	双岗镇	吉林省
水果及水果制品（各类鲜食水果、果用瓜、果干、蜜饯及水果罐头等）	元	408.49	350.71	325.02	210.54	251.20	252.14	264.64	265.66	274.32	289.19
坚果及果仁制品（核桃、板栗、开心果、榛子、杏仁等坚果、果仁及其制品）	元	114.93	55.44	101.84	80.83	67.89	123.90	135.78	101.84	142.57	102.78
卷烟（盒装）	元	1195.93	1646.88	1382.88	1384.37	1766.91	1568.50	1516.00	911.25	1409.26	1420.22
烟丝、烟叶等其他烟	元	41.35	206.74	20.67	137.82	27.56	30.32	77.18	58.48	4.13	67.14
酒类（白酒、黄酒、啤酒、果酒等）	元	520.80	565.38	427.70	635.86	331.21	220.42	534.31	482.16	505.32	469.24
食糖（白糖、红糖、冰糖、方糖等，不包括糖果、糖精）	元	63.66	85.42	51.47	114.94	41.63	64.91	54.33	57.57	35.50	63.27
蜂蜜	元	68.53	82.60	36.71	40.38		44.06	97.29		77.10	63.81
茶叶	元	185.71	120.00	126.00	113.75	60.00	130.00	157.66	136.13	203.04	136.92
其他饮料（瓶/桶装水、碳酸类、果汁类、冲泡类等除酒、茶外的各种固/液体饮料，以及雪糕等冷饮）	元	160.01	106.11	63.16	60.28	137.15	40.09	123.17	134.63	94.74	102.15
调味品	元	154.27	147.73	123.66	175.55	134.73	128.99	182.20	182.45	231.57	162.35
其他户内食品消费支出	元	42.14	103.95	280.95			140.48	70.24		70.24	118.00
食品加工费	元						15.00				15.00

2.3.4.3 家庭成员户外食品消费支出

指标名称	单位	沙河沿镇	翰章乡	黄泥河镇	横道河镇	南屯基镇	沙河镇	乌兰花镇	什花道乡	双岗镇	吉林省
在外吃饭的外出务工成员的户外食品	元		1040.73		1318.00	924.18	2245.56	785.38	2599.88		1485.62
在外吃饭的学生及陪读成员的户外食品	元		131.47	3549.66	3286.72	1281.82	895.63		3779.73		2154.17
在医院吃饭的病号及陪护成员的户外食品	元					320.76		171.07	641.51		377.78
在家吃饭的家庭成员外出办事、购物、探亲访友、旅游等偶然性或临时性户外食品	元		939.98	2303.88	230.39	307.18	933.07		345.58	921.55	854.52
其他户外食品消费支出	元		5.96				57.38				31.67

2.3.5 农户家庭非食品生活消费支出

指标名称	单位	沙河沿镇	翰章乡	黄泥河镇	横道河镇	南屯基镇	沙河镇	乌兰花镇	什花道乡	双岗镇	吉林省
衣着消费支出	元	2272.22	1842.37	1570.00	1780.51	1690.74	1449.09	1488.60	1259.30	1528.21	1653.45
居住消费支出	元	63.58	435.92	36.09	260.86	105.07	184.34	68.04		114.34	158.53
其中：在家居住成员租赁生活用房所付的租金（不包括外出住旅店和招待所支付的住宿费，以及外出打工、在外陪读、在医院陪护等的房屋租赁支出或住宿费）	元	0.00	0.00	0.00	0.00	0.00	0.00	0.00	0.00	0.00	0.00
外出打工成员租赁生活用房所付的租金或在外住宿费	元	206.77	142.94	147.87	813.26	327.77	292.28	872.41	431.27	645.43	431.11
生活用水费	元	132.79	103.81	105.65	190.46	124.52	116.49	180.02	101.82	82.93	126.50
生活用电费	元	392.56	510.11	585.65	545.12	409.48	436.04	585.85	640.22	547.44	516.94
生活用燃料支出（用于做饭、烧水、照明、洗漱和取暖等的生活能源支出，但不包括加热饲料用的燃料以及交通用柴油、汽油等燃料）	元	488.27	2576.21	1213.56	519.20	422.49	349.62	494.47	1221.07	346.13	847.89
家庭设备、用品及服务支出	元	1917.13	1106.91	519.22	1569.08	798.80	99.85	159.76	648.36	327.51	794.07
医疗保健支出	元	1443.40	996.71	1227.57	467.43	553.89	1561.78	3345.36	978.44	554.90	1236.61
交通通信支出	元	787.72	765.63	660.98	644.69	1610.51	771.75	779.67	807.57	1674.22	944.75
其中：因外出打工而产生的交通费支出	元	218.61	199.31		131.42	353.74	1320.62	237.77	145.40	252.17	357.38
文教娱乐用品及服务支出	元	3933.04	2603.18	10424.51	10733.71	530.06	3180.36	8591.05	265.03	344.54	4511.72
其中：子女教育支出	元	3834.98	1812.24	5422.07	8319.52	2747.24	4446.48	4378.07	5343.04	4183.93	4498.62
其他商品消费支出（化妆品、金银珠宝饰品，以及手表、迷信用品等其他生活用商品的消费支出）	元	559.57	430.77	365.43	555.76	515.66	364.53	542.61	426.34	445.57	467.36
其他服务消费支出（旅店住宿费、洗澡费、美容美发费、照相费、殡葬费）	元	107.90	124.04	117.76	79.87	925.67	708.29	116.08	132.83	169.57	275.78
家庭成员外出务工成本支出（指中介费、职业介绍费、培训费、办证费及其他费用）	元	22.39	9.41		5.23	2.24	4.48		89.58		22.22

2.3.6 农户家庭财产性支出和转移性支出

指标名称	单位	沙河沿镇	翰章乡	黄泥河镇	横道河镇	南屯基镇	沙河镇	乌兰花镇	什花道乡	双岗镇	吉林省
非生产性贷款或借款的利息支出	元	0.00	0.00	0.00	0.00	0.00	0.00	0.00	0.00	0.00	0.00
宅基地使用费	元										
土地承包费（包括承包集体和其他农户等）	元	2459.00	2247.27	590.64	900.24	1887.18	200.05	9669.27	777.99	4675.93	2600.84
承包租赁村组集体资产支出（不包括承包土地）	元										
寄给和带给家庭非常住人口的金额	元			2680.13	1825.04				74.89		1526.69
赠送亲友	元	1285.71	642.86		321.43		1928.57		321.43		900.00
赡养费、抚养费	元	513.93	1477.55	856.55	334.05		2285.15	1284.82	417.57	2890.85	1257.56
公益事业捐赠（指对灾害、贫困、残疾人等群体或个人，以及对文教卫体事业、环境保护、社会公共设施建设等社会公共和福利事业的爱心捐赠）	元	44.82	87.15	110.39	59.76	34.86	915.05	679.75	47.93	139.44	235.46
迷信、宗教活动捐赠	元	79.01	3.95		207.40		526.74		7.90		165.00
人情礼支出	元	2342.64	1646.16	1805.96	3510.36	3250.14	3389.80	2331.96	2960.92	1392.04	2514.44
嫁妆、聘礼	元		95.24	165.99	163.27		816.33		9795.94	163.27	1866.67
各种红白喜事宴请支出（婚丧、升学、盖房等）	元	4524.74	5648.55	2835.73	2579.89	7144.32	4365.97	3175.25	2198.86	2176.49	3849.98
交纳党费、团费	元	15.82	47.90	14.27	4.60	2.95	8.10	127.73	5.53	12.61	26.61
交纳保险费支出	元	1335.00	1439.65	1315.00	2430.01		714.84	1689.67	1072.86	928.34	1365.67
其中：农村新型合作医疗支出	元	449.58	516.13	505.92	602.94	601.44	539.17	467.55	438.25	471.98	510.33
城镇医疗保险支出	元	309.60	320.28	170.82		2.67				341.63	229.00
商业医疗保险支出	元	329.53	136.39			113.41	10.98	196.34			157.33
农村养老保险支出	元	296.24	294.60	391.74	315.58	289.87	342.40	296.82	290.93	423.02	326.80
城镇养老保险支出	元			564.01			22.56	22.56		650.87	315.00
商业养老保险支出	元							200.00			200.00
工伤保险支出	元										
车辆保险支出	元	3400.00	1973.00	1916.67	5387.50	2738.89	2110.00	1726.00	1124.29	1665.00	2449.04
其他保险支出（如人身意外险、疾病保险、财产保险及各种储蓄型保险）	元	278.67	10.04	61.70		813.04	320.43	286.96	46.23	382.93	275.00

(续表)

指标名称	单位	沙河沿镇	翰章乡	黄泥河镇	横道河镇	南屯基镇	沙河镇	乌兰花镇	什花道乡	双岗镇	吉林省
罚款（如违反计划生育罚款、交通违章罚款、违反治安管理处罚条例罚款等）、赔款	元			275.68		918.92	183.78		229.73	91.89	340.00
购买彩票	元										
其他（如遗失、被盗等）	元										

2.3.7 农户家庭生活用燃料数量及支出

2.3.7.1 农户家庭生活用燃料购买数量（不含交通用燃料）

指标名称	单位	沙河沿镇	翰章乡	黄泥河镇	横道河镇	南屯基镇	沙河镇	乌兰花镇	什花道乡	双岗镇	吉林省
秸秆	吨	27.88	20.20	65.19	50.15	97.45	26.69	37.15	85.51	89.28	55.50
薪柴	吨	64.93	76.74	95.63	67.88	23.61	3.15	217.75	31.48	76.74	73.10
煤炭	吨	38.63	47.82	79.24	51.50	74.04	51.50	46.35	33.11	45.99	52.02
罐装液化石油气	千克	15.64	38.40	31.68	40.60	26.30	14.85	24.51	7.51	39.28	26.53
管道天然气	米^3	0.00	0.00	0.00	0.00	0.00	0.00	0.00	0.00	0.00	0.00
管道煤气	米^3	0.00	0.00	0.00	0.00	0.00	0.00	0.00	0.00	0.00	0.00
汽油	升	11.68	6.95	10.21	7.12	10.84	4.50	20.46	1.77	4.24	8.64
柴油	升	9.18	9.48	3.87	3.58	5.82	1.29	14.02	11.89	10.89	7.78
沼气	米^3	0.00	0.00	0.00	0.00	0.00	0.00	0.00	0.00	0.00	0.00

2.3.7.2 农户家庭生活用燃料购买金额（不含交通用燃料）

指标名称	单位	沙河沿镇	翰章乡	黄泥河镇	横道河镇	南屯基镇	沙河镇	乌兰花镇	什花道乡	双岗镇	吉林省
秸秆	元	448.20	224.10	159.67	222.77	244.54	146.29	56.03	340.49	259.23	233.48
薪柴	元	167.19	195.05	235.45	72.86	19.96	2.85		102.31	39.93	104.45
煤炭	元	125.77	73.33	160.21	71.69	96.74	54.08		58.10	93.21	91.64
罐装液化石油气	元	211.00	278.24	424.66	325.99	314.33	223.56	379.63	197.41	483.52	315.37
管道天然气	元	9.37	8.74	2.81			0.47	23.42	26.54	11.89	
管道煤气	元	0.00	0.00	0.00	0.00	0.00	0.00	0.00	0.00	0.00	0.00
汽油	元	599.79	532.73	492.14	393.07	1347.08	466.81		159.16	238.74	528.69
柴油	元	689.62	846.27	545.69	423.79	960.48	345.76		646.38	1394.16	731.52
沼气	元	1.13		2.51		3.35					2.33

3

2019 年分乡镇样本的农户统计

3.1 农户家庭基本情况

3.1.1 家庭成员基本特征

指标名称	单位	沙河沿镇	翰章乡	黄泥河镇	横道河镇	南屯基镇	沙河镇	乌兰花镇	什花道乡	双岗镇	吉林省
年龄	周岁	59.15	60.33	55.85	49.64	51.58	53.62	54.83	60.26	55.68	55.66
受教育年限	年	7.89	7.19	8.38	7.92	7.65	6.68	7.60	7.75	9.13	7.80
本年累计在家居住时间	月	11.85	11.32	11.57	11.78	11.67	11.83	11.43	11.42	11.23	11.57
本年务工天数	天	40.54	168.03	55.17	39.01	38.06	127.98	37.76	40.58	91.69	70.98
本年如有务工，平均月工资	元	870.85	2759.35	2661.16	1214.15	1444.31	2506.60	525.37	1169.01	1821.24	1663.56
本年全家报销的医疗费用（含新农合、商业保险等）金额	元	66.94	293.39	442.03	354.76	514.33	428.58	987.09	143.91	72.51	367.06

3.1.2 土地、家庭信贷及其他情况

3.1.2.1 土地情况

指标名称	单位	沙河沿镇	翰章乡	黄泥河镇	横道河镇	南屯基镇	沙河镇	乌兰花镇	什花道乡	双岗镇	吉林省
家庭承包的土地面积（即依法承包村集体的土地面积）	亩	21.39	21.56	7.92	4.86	6.03	10.01	54.30	39.30	16.08	20.16
耕地面积	亩	28.77	26.25	13.90	9.06	13.35	17.53	29.71	19.62	16.95	19.46
园地面积	亩	0.00	0.00	0.00	0.05	0.10	0.20	0.37	0.00	0.08	0.09
林地面积	亩	0.42	0.11	0.11	0.05	0.03	0.13	0.75	0.32	0.42	0.26
草地面积	亩	1.00	27.05	0.00	0.00	0.00	0.00		76.67		14.96
荒山、荒沟、荒丘、荒滩面积	亩	0.11	0.00	0.01	0.00	0.00	8.99				1.52

（续表）

指标名称	单位	沙河沿镇	翰章乡	黄泥河镇	横道河镇	南屯基镇	沙河镇	乌兰花镇	什花道乡	双岗镇	吉林省
未计入承包地的耕地面积（如自留地、开荒地）	亩		2.52	3.16	1.13	0.77	1.20	12.90		6.73	4.06
撂荒的耕地面积	亩			2.50	0.00	0.00	4.22				1.68
承包的耕地面积	亩	18.60	26.95	6.18	2.88	6.70	9.00	40.43	13.48	22.58	16.31
本年转出耕地的面积	亩	22.40	23.38	2.25	5.24	9.71	11.07	61.31	17.52	18.58	19.05
本年转出耕地的收入（含实物折价）	元/(亩·年)	490.00	194.82	899.99	181.25	277.50	186.43	511.31	278.30	1065.69	453.92
本年转入耕地的面积	亩	109.27	58.00	27.50	5.50	24.60	10.00	56.66	66.40	66.78	47.19
本年转入耕地的支出（含实物折价）	元/(亩·年)	262.72	839.99	449.99	359.99	392.49	55.00	300.00	158.26	210.23	336.52
本年经营耕地面积（即实际耕种面积）	亩	55.38	40.44	24.35	11.56	20.76	23.92	54.50	50.95	40.69	35.84
其中：<1 亩耕地的块数	块	3.89	4.11	2.89	3.00	2.94	3.03	19.99	2.86	1.22	4.88
1（含）~3 亩耕地的块数	块	2.80	2.35	3.04	2.72	2.77	3.11	4.12	3.36	1.56	2.87
3（含）~5 亩耕地的块数	块	5.05	2.88	2.52	2.62	2.46	2.22	4.03	3.32	2.00	3.01
≥5 亩耕地的块数	块	4.22	2.58	1.95	2.29	2.32	1.44	4.96	3.00	2.62	2.82
其中：水田面积	亩	45.81			3.47	6.66	7.05	0.00	0.00		10.5
水浇地面积	亩			0.00	6.94	15.66	3.00	43.99	28.55	16.66	16.4
旱地面积	亩	45.87	40.45	24.35	11.73	21.11	18.33	54.75	50.44	36.99	33.78
本年经营温室大棚面积	亩			0.00	0.00	0.00	0.00		50.40		10.08
本年经营园地面积	亩		1.00	0.00	1.00	0.00		1.00		0.00	0.5
其中：果园面积	亩			0.00	0.00	0.00		2.00		0.00	0.4
茶园面积	亩			0.00		0.00				0.00	
桑园面积	亩					0.00				0.00	
本年经营林地面积	亩	32.50	9.58	7.44	8.11	8.10	14.37	69.28	44.80	50.08	27.14
本年经营草地面积	亩			4.50						43.34	23.92
其中：天然草地面积	亩									33.75	33.75
本年经营水面面积	亩	2.50									2.5
其中：海水养殖面积	亩										
淡水养殖面积	亩	1.63					0.87				1.25

3.1.2.2 家庭存款、贷款及投资

指标名称	单位	沙河沿镇	翰章乡	黄泥河镇	横道河镇	南屯基镇	沙河镇	乌兰花镇	什花道乡	双岗镇	吉林省
年底家庭银行存款总额	元	26654.81	25281.32	27927.42	30314.29	28574.33	27568.25	27816.01	28363.31	27973.50	27830.36
年底家中存有现金金额	元	7369.75	7309.84	6931.08	8023.66	6701.39	7176.66	6970.10	7101.67	6943.16	7169.70
年底家庭持有的全部对外投资	元	2415.77	2587.67	2327.88	1141.49	3169.97	2509.34	3050.14	2405.45	2327.88	2437.29
其中：持有股票、基金、债券等证券类投资金额	元										
对企业、合作社等投入的股权类投资金额	元	0.00	0.00	4097.68	0.00	9834.44	0.00	0.00	4470.20	4097.68	2500.00
本年全年家庭外借出去的金额	元	7964.91	9500.00	8987.34	16300.00	9571.43	8597.22	8819.44	8974.36	8987.34	9744.67
家庭借给别人的钱到年底还没有收回的金额	元	9572.75	10776.94	10907.16	5427.27	12670.02	10309.54	10547.64	11169.14	10907.16	10254.18
年底家庭所欠外债金额	元	47189.65	46841.79	46348.82	15857.14	44210.89	46964.63	45005.48	45762.28	46327.22	42723.10
这些外债有多少来自银行、信用社等正规金融机构	元	45043.67	52154.02	38972.79	7333.33	36657.28	40913.95	42482.14	38971.21	38819.64	37927.56
其中：年利率	%	0.13	0.12	4.52	0.04	9.48	0.13	0.13	0.13	4.59	2.14
这些外债有多少来自民间借贷机构（如农村资金互助社）	元	1412.92	1318.72	1174.73		1169.31	1412.92	1261.88	1243.83	1174.73	1271.13
其中：年利率	%	0.02	0.02	0.02		0.02	0.02	0.01	0.02	0.02	0.02
这些外债有多少来自亲戚朋友等私人关系	元	31992.42	27611.14	31022.97	6494.88	34532.87	33429.87	32146.59	31246.61	31022.97	28833.37
其中：年利率	%	0.00	0.00	0.00	0.00	0.00	0.00	0.00	0.00	0.00	0.00

3.1.2.3 其他

指标名称	单位	沙河沿镇	翰章乡	黄泥河镇	横道河镇	南屯基镇	沙河镇	乌兰花镇	什花道乡	双岗镇	吉林省
取饮用水往返一次需多长时间	分钟	1.51	1.50	1.40	0.52	1.18	1.58	1.25	1.46	1.40	1.31
如果购买了农业保险，支付了多少保费	元	322.28	302.83	315.43	122.24	265.36	318.72	296.51	316.10	314.88	286.04

3.1.3 住房、生产性固定资产和耐用消费品

指标名称	单位	沙河沿镇	翰章乡	黄泥河镇	横道河镇	南屯基镇	沙河镇	乌兰花镇	什花道乡	双岗镇	吉林省
年底在本村住房面积	米²	78.80	74.02	80.20	84.78	78.12	76.88	88.23	81.72	84.63	80.82
年底在城镇住房面积	米²	84.00	67.60	18.91	10.87	65.72	81.10	0.00	5.00	64.60	44.20
生产性用房面积（如烤烟房、生产车间、仓库等）	米²	52.00	70.00	69.55	40.20	31.44	38.73	86.92	109.44	50.00	60.92
拖拉机	台	1.41	1.28	1.00	1.25	1.10	1.17	1.28	1.19	1.12	1.20
三轮摩托车	台	0.03	0.03	0.03	0.03	15.18	0.03	0.03	0.03	0.03	1.71
机引农具	台	0.19	0.49	0.32	0.19	0.24	0.19	0.16	0.20	13.68	1.74
畜引农具	台	2.00			1.00	0.50	0.50		1.00		1.00
喷雾器、喷雾机	个	1.88	1.91	1.68	1.35	1.11	1.14	1.30	1.00	1.13	1.39
风车	架										
手推车、板车、三轮车、四轮车	辆	1.00	1.00	1.00	1.11	1.08	1.05	1.00	1.00	1.14	1.04
打稻（谷）机	台	1.00		1.00		0.00	1.00		1.00		0.80
脱粒机	台	1.00	2.00		1.00	0.00		1.00	2.00	1.00	1.14
抽水机	台	1.00		1.40	1.00	1.34	1.00	1.38	2.63	1.19	1.37
电动机	台	1.00	3.00	1.22	1.00	1.00	1.50	1.00	1.00		1.34
柴油机	台	1.00		1.24		1.00	1.33	1.31	1.19	1.05	1.16
加工机械	台						1.00	1.00	1.00		1.00
船	只										
粉碎机	台	1.00	1.00	1.00	1.00	1.00	1.00	1.00	1.00	1.00	1.00
木工多用机	台							1.00			1.00
温室大棚	米²			216.20		1.00		120.00			112.40
牛、羊等牲畜养殖场	米²	82.50	107.15	57.33	71.22	123.11	121.88	113.00	130.84	556.01	151.45
生猪养殖场	米²		29.99			17.50	17.50	15.66	24.99	8.00	18.94

(续表)

指标名称	单位	沙河沿镇	翰章乡	黄泥河镇	横道河镇	南屯基镇	沙河镇	乌兰花镇	什花道乡	双岗镇	吉林省
鸡、鸭、鹅等禽类养殖场	米²	30.00		9.00	7.86	7.78	14.53	24.00	22.50	22.00	17.21
兔子、貂等特种养殖场	米²										
鱼塘	米²										
缝纫机	台	1.00	1.00	1.00	1.00	0.91	1.00	1.08	1.00	1.00	1.00
电冰箱、空调	台	1.02	1.00	1.10	1.17	1.04	1.14	1.02	1.06	1.00	1.06
电视卫星接收器	台	1.00	1.00	1.07	1.00		1.18	1.00	1.00	1.00	1.03
收音机、VCD、DVD	台			1.60		0.00	1.00	1.00		1.00	0.92
组合音响	套		1.01	1.01		0.00					0.67
电话座机、手机	部	2.08	2.28	2.14	2.57	2.63	2.47	2.07	2.02	2.17	2.27
电饭锅、微波炉、压力锅、电磁炉	个	0.42	0.34	0.40	0.37	0.37	0.42	0.48	1.77	7.94	1.39
抽油烟机	台	1.00	1.00	1.17	1.00	0.72	1.00	1.00		1.00	0.99
彩色电视机	台	0.59	0.63	0.57	0.62	0.59	0.59	0.58	0.53	5.66	1.15
沼气灶、炉子	台	1.00		1.00	1.00	1.00	1.00				1.00
照相机	台	1.00			1.00	0.00				1.00	0.75
摄像机	台										
吸尘器	台										
自行车	辆	1.09	1.00	1.00	1.20	1.08	1.12	1.00		1.00	1.06
电动车	辆	1.10	1.00	1.00	1.09	1.00	1.00	1.00	1.00	1.00	1.02
摩托车	辆	1.12	1.00	1.10	1.03	1.07	1.03	1.00	1.00	1.00	1.04
小汽车	辆	1.00	1.00	1.00	1.00	1.14	1.14	1.00	1.00	1.00	1.03
电脑	台	1.06	1.00	1.00	1.00	1.00	1.00	1.00	1.00	1.00	1.01
洗衣机	台	0.32	0.30	0.30	0.30	0.30	0.30	0.30	0.30	9.01	1.27
电风扇、电暖气	台	0.36	0.33	0.33	0.32	0.32	0.30	0.38		7.82	1.27
热水器	个	1.00	1.00	1.00	1.00	1.00	1.00	1.00		1.00	1.00
太阳能设备	台	1.00	1.00	1.00	2.00	0.50		1.00			1.06
床、炕	个	1.44	1.63	1.55	1.72	1.79	1.91	1.59	1.07	1.33	1.56
柜子、碗柜、衣柜	个	2.03	2.07	1.92	1.65	1.63	2.24	1.79	1.00	1.33	1.74
写字台、桌子	个	1.21	1.39	1.54	1.30	1.42	1.25	1.21		1.00	1.29
箱子	只	1.60	1.00	2.18	1.86	2.00	1.80	1.43		1.33	1.65
椅子、沙发	个	1.51	3.02	1.87	3.77	4.76	2.80	4.30		2.70	3.09
压面机	台	3.08				0.00	1.00			1.00	1.27

3.2 农户家庭生产情况

3.2.1 种植业

3.2.1.1 稻谷

(1) 稻谷生产及销售情况

指标名称	单位	沙河沿镇	翰章乡	黄泥河镇	横道河镇	南屯基镇	沙河镇	乌兰花镇	什花道乡	双岗镇	吉林省
年初库存	千克	14.21		97.91	1136.43	106.50	0.00		56.82		235.31
播种面积	亩	18.50		1.16	3.01	2.00	6.32		5.19		6.03
当年产量	千克	11451.90		950.58	299.40	1309.34	2993.96		943.10		2991.38
因灾减产	千克	660.60		6.35	10.59	38.41	529.33		317.60		260.48
获得农业保险赔偿金额	元	249.99		54.00	150.00	135.76			61.00		130.15
自食或送人数量	千克	900.01		454.55		417.60					590.72
用于饲料数量	千克			173.68		78.95		197.37			150.00
总销售量	千克	9381.01		678.77	1493.49	1085.39	2489.16		1929.10		2842.82
总销售收入	元	28052.01		2746.48	4091.28	2354.36	4720.71		4878.06		7807.15
留种自用	千克			266.66		373.07			499.99		379.91
年底库存	千克	211.80		199.69		528.78			529.49		367.44
本年副产品收入	元			0.00		1410.66			9.33		473.33
翌年预计播种面积	亩	13.43		1.55	3.28	1.74			6.90		5.38

(2) 稻谷成本投入

指标名称	单位	沙河沿镇	翰章乡	黄泥河镇	横道河镇	南屯基镇	沙河镇	乌兰花镇	什花道乡	双岗镇	吉林省
种子、秧苗数量	千克	460.27			12.43	13.49	15.64				125.46
种子、秧苗金额	元	1612.01			413.60	490.00	285.06				700.17
化肥施用量	千克	1666.66			258.53	800.00	295.45				755.16
化肥金额	元	3844.44			972.78	1500.00	1249.50				1891.68
自产有机肥价值	元				1.00		666.67				333.83
外购有机肥金额	元	4000.00			200.67		0.00				1400.22
农药、除草剂费	元	1250.35			87.99	95.34	96.64				382.58
农膜费	元	400.00			325.00		564.29				429.76
排灌费	元	750.00			277.50		184.21				403.90

(续表)

指标名称	单位	沙河沿镇	翰章乡	黄泥河镇	横道河镇	南屯基镇	沙河镇	乌兰花镇	什花道乡	双岗镇	吉林省
机械费	元	3475.00			591.25		369.47				1478.57
土地租赁费（含实物折价）	元/年	23000.00			2000.00		0.00				8333.33
自家投入劳动力数量	工日	72.86			33.65	30.00	31.09				41.90
雇工数量	工日	84.00			6.00	8.00	0.00				24.50
雇工平均价格	元/工日	225.00			150.00	150.00	0.00				131.25
运输仓储费	元	100.00			400.00		150.00				216.67
贷款利息	元	0.00	0.00	0.00	0.00	0.00	0.00	0.00	0.00	0.00	0.00
保险费支出	元	157.75			40.52		15.75				71.34
其他费用	元	97.05			912.82		121.31				377.06

3.2.1.2 大豆

（1）大豆生产及销售情况

指标名称	单位	沙河沿镇	翰章乡	黄泥河镇	横道河镇	南屯基镇	沙河镇	乌兰花镇	什花道乡	双岗镇	吉林省
年初库存	千克	100.00	0.00	0.00			200.00				75.00
播种面积	亩	13.00	25.13	14.57			5.00				14.42
当年产量	千克	3500.00	3025.00	2762.50			3000.00				3071.88
因灾减产	千克			566.67							566.67
获得农业保险赔偿金额	元	280.00		196.00			280.00				252.00
自食或送人数量	千克	200.00		275.00			200.00				225.00
用于饲料数量	千克			1500.00							1500.00
总销售量	千克	3400.00	3025.00	2443.75			2800.00				2917.19
总销售收入	元	9920.00	15425.00	5880.63			7840.00				9766.41
留种自用	千克	200.00		0.00			200.00				133.33
年底库存	千克	0.00	0.00	250.00			0.00				62.50
本年副产品收入	元		12000.00								12000.00
翌年预计播种面积	亩	5.00	18.00	8.25			5.00				9.06

（2）大豆成本投入

指标名称	单位	沙河沿镇	翰章乡	黄泥河镇	横道河镇	南屯基镇	沙河镇	乌兰花镇	什花道乡	双岗镇	吉林省
种子、秧苗数量	千克	63.00	95.08	67.50			24.00	11.67			52.25
种子、秧苗金额	元	660.00	611.88	851.00			720.00	393.33			647.24
化肥施用量	千克	555.45	729.00	623.24			900.00	380.00			637.54
化肥金额	元	1760.91	2374.13	1364.24			3000.00	826.67			1865.19
自产有机肥价值	元		1000.00	250.00							625.00
外购有机肥金额	元	4250.00	8000.00								6125.00
农药、除草剂费	元	301.00	387.95	461.35			400.00	316.67			373.39
农膜费	元							1035.00			1035.00
排灌费	元							300.00			300.00
机械费	元		770.53	1266.67			1000.00	300.00			834.30
土地租赁费（含实物折价）	元/年		9333.33	150.00							4741.67
自家投入劳动力数量	工日	24.89	32.00	36.09			60.00	16.50			33.90
雇工数量	工日		15.00	5.80							10.40
雇工平均价格	元/工日		200.00	140.00							170.00
运输仓储费	元		445.00								445.00
贷款利息	元										
保险费支出	元	96.00	103.50	47.33			67.00				78.46
其他费用	元		783.33	1933.33				400.00			1038.89

3.2.1.3 玉米

（1）玉米生产及销售情况

指标名称	单位	沙河沿镇	翰章乡	黄泥河镇	横道河镇	南屯基镇	沙河镇	乌兰花镇	什花道乡	双岗镇	吉林省
年初库存	千克	11.42	14.95	48.85	105.76	1011.83	362.58	109.61	296.62	120.80	231.38
播种面积	亩	36.93	23.14	13.96	12.01	20.74	19.71	37.06	31.58	36.44	25.73
当年产量	千克	27157.84	13189.13	7326.34	13429.41	13192.71	16510.33	11520.33	13416.67	24583.47	15591.80
因灾减产	千克	5245.00	962.50	922.00	1189.76	3114.86	1775.00	2630.77	2758.95	2123.68	2302.50
获得农业保险赔偿金额	元	507.78	334.31	200.00	201.63	219.39	236.97	500.00	313.94	263.99	308.67
自食或送人数量	千克	269.95	260.96	68.31	437.07	102.84	835.57	51.42		514.20	317.54
用于饲料数量	千克	1284.92	1831.75	306.41	567.11	839.32	867.77	1645.26	1957.46	1212.19	1168.02

(续表)

指标名称	单位	沙河沿镇	翰章乡	黄泥河镇	横道河镇	南屯基镇	沙河镇	乌兰花镇	什花道乡	双岗镇	吉林省
总销售量	千克	28367.71	13823.75	7349.50	12878.43	15723.40	15960.57	10179.66	12093.75	24260.89	15626.41
总销售收入	元	33645.75	17104.50	9020.03	18342.16	25743.48	25381.17	20516.07	16941.94	32492.65	22131.97
留种自用	千克	0.00	236.60	67.60	31.55		133.27	0.00			78.17
年底库存	千克	305.72	1666.82	288.91	694.49	1796.85	1675.10	2507.88	2292.92	859.84	1343.17
本年副产品收入	元		298.33	79.55	6.63	11.93	1293.56		596.66		381.11
翌年预计播种面积	亩	19.35	10.81	7.46	5.16	7.97	8.22	20.14	136.57	15.09	25.64

（2）玉米成本投入

指标名称	单位	沙河沿镇	翰章乡	黄泥河镇	横道河镇	南屯基镇	沙河镇	乌兰花镇	什花道乡	双岗镇	吉林省
种子、秧苗数量	千克	84.30	8.58	5.33	27.23	130.66	4.75	94.35	50.41	1.45	45.23
种子、秧苗金额	元	1614.08	1036.52	674.27	1201.67	1296.15	1078.96	1951.85	1644.41	2393.75	1432.41
化肥施用量	千克	1286.78	956.61	540.25	798.35	1151.00	909.59	921.34	937.24	1131.55	959.19
化肥金额	元	3812.15	3159.67	1288.88	1824.80	3191.01	2934.56	3192.80	2674.51	3475.15	2839.28
自产有机肥价值	元		1113.92	92.83	58.17	0.00	2970.45			371.31	767.78
外购有机肥金额	元	1218.92	2741.22	81.26	10.29	135.44				270.87	743.00
农药、除草剂费	元	478.37	376.23	500.45	290.16	382.78	315.14	414.46	303.94	375.21	381.86
农膜费	元	80.00			125.00	66.67	400.00	1350.00		500.00	420.28
排灌费	元				275.00	77.50	200.00	667.78	987.50	1511.36	619.86
机械费	元	1209.57	1571.74	1710.00	476.00	1518.18	990.80	1479.17	1050.00	1470.37	1275.09
土地租赁费（含实物折价）	元/年		10018.64	81.32	704.77	506.90		4698.50	1626.40	7228.45	3552.14
自家投入劳动力数量	工日	49.76	52.08	32.31	42.98	72.95	55.16	30.85	34.35	44.79	46.14
雇工数量	工日	0.25	0.38	0.21	0.10	0.51	92.37	0.00		15.46	13.66
雇工平均价格	元/工日	79.81	159.61	119.71	119.71	119.71	111.73			119.71	118.57
运输仓储费	元		483.33		266.67	580.00	500.00				457.50
贷款利息	元	541.70	855.31		66.52				769.78		558.33
保险费支出	元	110.52	64.07	228.20	46.18	54.21	39.82	81.10	83.01	158.87	96.22
其他费用	元	417.79	545.05	144.62	440.82	449.93	144.62	692.97	935.20	417.33	465.37

3.2.2 畜牧业

3.2.2.1 生猪

(1) 生猪生产及销售情况

指标名称	单位	沙河沿镇	翰章乡	黄泥河镇	横道河镇	南屯基镇	沙河镇	乌兰花镇	什花道乡	双岗镇	吉林省
年底存栏数量	头		1.50	1.00		1.00		2.50	2.00		1.60
年底能繁母畜存栏数量	头		1.00			3.00		0.00			1.33
新生、新购数量	头		3.00			3.00		0.00			2.00
出栏或产量	头					22.00		3.00			12.50
因灾减产或死亡数量	头					8.00		0.00			4.00
获得农业保险赔偿金额	元										
自食或送人数量	千克		2.00	1.00				1.33	1.00		1.33
总销售收入	元		18000.00					12500.00	1000.50		10500.17
仔(中)畜销售收入	元										
平均出栏活重或单产	千克/头		5.68			378.39		6.44			130.17
副产品收入	元										
翌年计划生产数量	头							22.56	6.44		14.50

(2) 生猪成本投入

指标名称	单位	沙河沿镇	翰章乡	黄泥河镇	横道河镇	南屯基镇	沙河镇	乌兰花镇	什花道乡	双岗镇	吉林省
仔畜自繁数量	头		1.00			1.00		0.00	2.00		1.00
仔畜外购数量	头		1.38			7.59		0.86	0.69		2.63
仔畜外购金额	元		0.64					878.38	547.98		475.67
饲料外购数量	千克		1400.00					300.00	300.00		666.67
饲料外购金额	元					1460.00		2336.00	3504.00		2433.33
饲料自产数量	千克					2000.00		2066.67	2000.00		2022.22
饲料自产折价金额	元		4100.00					2033.33	3200.00		3111.11
防疫及兽药金额	元		1285.71					55.10	9.18		450.00
水电费	元			300.00					120.00	800.00	406.67
自家投入劳动力数量	工日			100.00					275.00	327.50	234.17
雇工数量	工日										
雇工平均价格	元/工日										

(续表)

指标名称	单位	沙河沿镇	翰章乡	黄泥河镇	横道河镇	南屯基镇	沙河镇	乌兰花镇	什花道乡	双岗镇	吉林省
场地租赁费（包括实物折价）	元/年										
贷款利息	元										
保险费支出	元										
其他费用	元										

3.2.2.2 肉牛

（1）肉牛生产及销售情况

指标名称	单位	沙河沿镇	翰章乡	黄泥河镇	横道河镇	南屯基镇	沙河镇	乌兰花镇	什花道乡	双岗镇	吉林省
年底存栏数量	头	8.58	9.00	3.41	3.14	1.93	2.22		7.96	32.40	8.58
年底能繁母畜存栏数量	头	5.80	5.30	2.45	1.27	1.50	1.13		6.21	17.78	5.18
新生、新购数量	头	5.40	3.50	2.00	2.75	1.00	1.75		5.00	16.50	4.74
出栏或产量	头	1.17	1.13	0.41	26.95	0.26	0.41			4.11	4.92
因灾减产或死亡数量	头		1.05							3.95	2.50
获得农业保险赔偿金额	元										
自食或送人数量	千克			2.00							2.00
总销售收入	元	67333.33	27000.00	20000.00	37600.00	15000.00	21666.67		60000.00	20000.00	33575.00
仔（中）畜销售收入	元	39461.54	19487.18		12179.49		4871.79				19000.00
平均出栏活重或单产	千克/头			483.03	26.57	2.42					170.67
副产品收入	元										
翌年计划生产数量	头	23.50	6.50		4.00		2.00			15.00	10.20

（2）肉牛成本投入

指标名称	单位	沙河沿镇	翰章乡	黄泥河镇	横道河镇	南屯基镇	沙河镇	乌兰花镇	什花道乡	双岗镇	吉林省
仔畜自繁数量	头	7.50	5.50	6.50	6.50	2.00	2.00		2.00	2.00	4.25
仔畜外购数量	头	0.69		0.69	0.69	0.34	0.46		3.79	0.69	1.05

(续表)

指标名称	单位	沙河沿镇	翰章乡	黄泥河镇	横道河镇	南屯基镇	沙河镇	乌兰花镇	什花道乡	双岗镇	吉林省
仔畜外购金额	元	2000.00		2000.00	2000.00						2000.00
饲料外购数量	千克	5578.57	838.09	3208.33	3208.33						3208.33
饲料外购金额	元	9928.77	1921.70	5925.23	5925.23	64.06			544.48	640.57	3564.29
饲料自产数量	千克	5698.85	4235.63	4967.24	4967.24	231.03			1809.77	1540.23	3350.00
饲料自产折价金额	元	7148.61	3283.52	5216.07	5216.07		392.06		1960.31		3869.44
防疫及兽药金额	元	183.07	1289.20	736.13	736.13		257.84		1237.63		740.00
水电费	元	404.00	500.00	452.00	452.00	50.00	100.00		500.00	1000.00	432.25
自家投入劳动力数量	工日	233.04	253.91	243.48	243.48		69.56		208.69	347.82	228.57
雇工数量	工日					30.00	116.67		365.00	365.00	219.17
雇工平均价格	元/工日										
场地租赁费（包括实物折价）	元/年										
贷款利息	元										
保险费支出	元	400.00									400.00
其他费用	元		228.99				1061.01				645.00

3.2.2.3 肉羊

（1）肉羊生产及销售情况

指标名称	单位	沙河沿镇	翰章乡	黄泥河镇	横道河镇	南屯基镇	沙河镇	乌兰花镇	什花道乡	双岗镇	吉林省
年底存栏数量	只						60.00	58.20	20.00		46.07
年底能繁母畜存栏数量	只						26.00	49.20			37.60
新生、新购数量	只						16.00	55.20	20.00		30.40
出栏或产量	只						45.00	57.00	20.00		40.67
因灾减产或死亡数量	只							5.25			5.25
获得农业保险赔偿金额	元										
自食或送人数量	千克						2.00		20.00		11.00
总销售收入	元						59731.55	22100.67	7167.79		29666.67
仔（中）畜销售收入	元							37750.00	12000.00		24875.00
平均出栏活重或单产	千克/只						60.00	32.50			46.25
副产品收入	元						3.96	1309.04			656.50
翌年计划生产数量	只						30.00	80.00	20.00		43.33

（2）肉羊成本投入

指标名称	单位	沙河沿镇	翰章乡	黄泥河镇	横道河镇	南屯基镇	沙河镇	乌兰花镇	什花道乡	双岗镇	吉林省
仔畜自繁数量	只		8.00				45.00	69.00	20.00		35.50
仔畜外购数量	只							5.00			5.00
仔畜外购金额	元							5333.33			5333.33
饲料外购数量	千克							1633.33			1633.33
饲料外购金额	元							1650.00			1650.00
饲料自产数量	千克		9000.00				4000.00	5100.00	10000.00		7025.00
饲料自产折价金额	元		8705.67				1547.68	4610.78	3869.19		4683.33
防疫及兽药金额	元		100.00				3000.00	500.00			1200.00
水电费	元		345.00					575.00			460.00
自家投入劳动力数量	工日		180.00				70.00	348.75	180.00		194.69
雇工数量	工日										
雇工平均价格	元/工日										
场地租赁费（包括实物折价）	元/年										
贷款利息	元							2000.00			2000.00
保险费支出	元										
其他费用	元		500.00					3000.00			1750.00

3.2.2.4 肉鸡

（1）肉鸡生产及销售情况

指标名称	单位	沙河沿镇	翰章乡	黄泥河镇	横道河镇	南屯基镇	沙河镇	乌兰花镇	什花道乡	双岗镇	吉林省
年底存栏数量	只				15.00	10.00	20.00		65.00		27.50
年底能繁母禽存栏数量	只				10.00	0.00					5.00
新生、新购数量	只			20.00	5.00		10.00		55.00		2.50
出栏或产量	只			20.00	5.00	10.00	5.00		70.00		22.00
因灾减产或死亡数量	只				3.50	0.00					1.75
获得农业保险赔偿金额	元					0.00					
自食或送人数量	只			20.00	3.50	10.00	5.00				9.63
总销售收入	元				15.47				1624.53		820.00
禽苗销售收入	元				100.00	0.00					

(续表)

指标名称	单位	沙河沿镇	翰章乡	黄泥河镇	横道河镇	南屯基镇	沙河镇	乌兰花镇	什花道乡	双岗镇	吉林省
平均出栏活重或单产	千克/只			3.00			3.00				3.00
副产品收入	元					0.00					
翌年计划生产数量	只						20.00		100.00		60.00

（2）肉鸡成本投入

指标名称	单位	沙河沿镇	翰章乡	黄泥河镇	横道河镇	南屯基镇	沙河镇	乌兰花镇	什花道乡	双岗镇	吉林省
禽苗自繁数量	只			3.00		10.00			3.00		5.33
禽苗外购数量	只					22.00					22.00
禽苗外购金额	元			84.86		74.25			233.37		130.83
饲料外购数量	千克			200.00		70.00			225.00		165.00
饲料外购金额	元								260.00		260.00
饲料自产数量	千克								300.00		300.00
饲料自产折价金额	元			200.00					425.00		312.50
防疫及兽药金额	元			300.00					85.00		192.00
水电费	元					9.00			80.00		44.50
自家投入劳动力数量	工日								40.00		40.00
雇工数量	工日										
雇工平均价格	元/工日										
场地租赁费（包括实物折价）	元/年										
贷款利息	元										
保险费支出	元										
其他费用	元										

3.3 农户家庭收支情况

3.3.1 农户家庭收入

指标名称	单位	沙河沿镇	翰章乡	黄泥河镇	横道河镇	南屯基镇	沙河镇	乌兰花镇	什花道乡	双岗镇	吉林省
出售家庭资产收入（如房子、机械、家电等）	元	54.70		3.49	0.37	1.83	30.68	129.06			36.69

(续表)

指标名称	单位	沙河沿镇	翰章乡	黄泥河镇	横道河镇	南屯基镇	沙河镇	乌兰花镇	什花道乡	双岗镇	吉林省
县域内农业务工收入	元	20625.00	16833.33	9060.00	31916.67	16407.41	10628.82	20500.00	15000.00	7577.78	16505.45
县域内工业、建筑业、采矿业打工收入	元	10780.29	7186.86		114989.74	13688.35	6707.74	30184.81	6468.17	14373.72	25547.46
县域内交通运输业、邮电业打工收入	元		20666.67			2571.43	12000.00		3000.00		9559.52
县域内批发和零售贸易、餐饮业打工收入	元	16010.58		21347.44	33800.11	2260.75	1000.66	28018.51		9695.29	16019.05
县域内社会服务业、文教卫生业打工收入	元		67000.01		14400.00	0.00	10826.67				23056.67
县域外农业务工收入	元		5333.33		2666.67	0.00	27619.04				8904.76
县域外工业、建筑业、采矿业打工收入	元	30000.00		50000.00	72000.00	16000.00	16127.50		36500.00	50000.00	38661.07
县域外交通运输业、邮电业打工收入	元				25000.00						25000.00
县域外批发和零售贸易、餐饮业打工收入	元		50268.05	6981.67	27926.69	41890.04	10414.33		17454.18	6981.67	23130.95
县域外社会服务业、文教卫生业打工收入	元		38470.05	12289.04		28496.33	8762.62			26715.31	22946.67
利息	元		520.00	2466.67	1673.33	6000.00	0.00		300.00		1826.67
股息	元										
土地征用补偿金额	元							4500.00			4500.00
土地出租租金	元	2826.62	2216.76		549.51		832.58	10725.35	998.27	2813.18	2994.61
房屋租赁收入	元										
机械设备租赁收入	元										
从村集体分得福利收入	元									500.00	500.00
种粮补贴（包括粮食直接补贴、粮食作物良种补贴、农业生产资料综合补贴和农机具购置补贴）	元	3828.17	4265.85	2943.60	1853.48	2985.00	3147.42	3721.39	1273.24	1575.97	2843.79

(续表)

指标名称	单位	沙河沿镇	翰章乡	黄泥河镇	横道河镇	南屯基镇	沙河镇	乌兰花镇	什花道乡	双岗镇	吉林省
非粮食类农作物良种补贴	元						0.00	710.00			355.00
畜牧业补贴	元										
渔业补贴	元										
林业补贴（不包括退耕还林还草）	元										
退耕还林还草补偿	元							300.00			300.00
草原生态补贴	元										
救济金、救灾款	元										
无偿扶贫款	元										
抚恤金	元										
低保金	元	2303.18	1792.33	1989.94	921.27	3569.92	1308.20	785.38	2149.63	552.76	1708.07
退休金	元	4137.18	1920.47	978.95	561.84	3545.71	643.56	584.72			1767.49
合作社利润返还	元										
社会保障收入	元										
其中：农村新型合作医疗报销	元	793.61	258.21	1515.75	638.34	2179.56	631.44	1214.40	2818.36	855.72	1211.71
农村养老保险年金	元	1790.00	1521.33	1710.00	1195.56	1825.00	1467.50	1901.00	1860.00	2068.57	1704.33
城镇医疗保险报销	元										
城镇养老保险年金	元				200.00		1173.33		6000.00		2457.78
棋牌娱乐收入（如亏损，用负数表示）	元	500.00		0.00					1000.00		500.00
人情礼收入	元	2011.27	1597.18	0.00	2129.58		7985.92		11476.06		4200.00
彩礼、陪嫁	元		3705.88	0.00	794.12						1500.00
商业保险赔付	元										
家庭非常住人口寄回或带回、亲友赠送金额	元		4000.00	10000.00	5000.00		1250.00	3000.00	5150.00		4733.33
新农村建设建房补贴	元			0.00				11445.20	7916.26	2497.13	5464.65

3.3.2 农户家庭收入（分行业）

指标名称	单位	沙河沿镇	翰章乡	黄泥河镇	横道河镇	南屯基镇	沙河镇	乌兰花镇	什花道乡	双岗镇	吉林省
农业生产服务总收入	元	73244.44	31912.50	19840.32	16400.00	8855.81	13350.31	32304.40	33750.00	37429.93	29676.41
林业总收入	元	0.00	0.00	0.00	0.00	0.00	0.00	0.00	0.00	0.00	0.00
工业总收入	元	0.00	0.00	0.00	0.00	0.00	0.00	0.00	0.00	0.00	0.00
建筑业总收入	元		60000.00	50000.00		7750.00	0.00			112500.00	10562.50
交通运输业、邮电业总收入	元		20000.00			0.00	0.00		3000.00		11500.00
批发和零售贸易、餐饮业总收入	元		12000.00	100000.00	51000.00	0.00	0.00		25000.00	15000.00	20600.00
社会服务业总收入	元	13500.00			10800.00	0.00	3333.33			13133.33	10191.67
文教卫生业总收入	元										
农业生产服务纯收入	元	52691.11	15180.86	15283.18	14000.00	14000.00	21720.67	10000.00	31400.00	25930.54	22245.15
林业纯收入	元					3000.00	3000.00				3000.00
工业纯收入	元				70000.00						70000.00
建筑业纯收入	元		50000.00	18000.00		55000.00	21000.00			140000.00	56800.00
交通运输业、邮电业纯收入	元								3000.00		3000.00
批发和零售贸易、餐饮业纯收入	元			80000.00					22000.00		51000.00
社会服务业纯收入	元									17064.50	17064.50
文教卫生业纯收入	元									8161.12	8161.12

3.3.3 农户家庭经营支出、生产性固定资产支出和税费支出

指标名称	单位	沙河沿镇	翰章乡	黄泥河镇	横道河镇	南屯基镇	沙河镇	乌兰花镇	什花道乡	双岗镇	吉林省
农业生产服务支出	元	8202.00	9950.77	7453.60	4065.62	4968.00	2831.65	26033.33	8500.00	14568.29	9619.25
林业支出	元	0.00	0.00	0.00	0.00	0.00	0.00	0.00	0.00	0.00	0.00

(续表)

指标名称	单位	沙河沿镇	翰章乡	黄泥河镇	横道河镇	南屯基镇	沙河镇	乌兰花镇	什花道乡	双岗镇	吉林省
工业生产支出	元	0.00	0.00	0.00	0.00	0.00	0.00	0.00	0.00	0.00	0.00
建筑业生产支出	元			14.58	1.75	33.49		87.50		1312.46	241.63
交通运输业、邮电业支出	元		134.67	2973.92	792.58	462.10	361.22	645.28			894.96
批发和零售贸易、餐饮业支出	元			3581.96	311.47		119.21			1730.41	1148.61
社会服务业支出	元		66.67	6.67	116.11						37.89
文教卫生业支出	元			1897.33	1008.92		1289.17	1611.47		2993.13	1466.67
其他家庭经营费用支出	元		920.04	5738.15	567.24	5278.13	161.41	2518.00		1632.57	2402.22
建造和购置生产性固定资产的费用支出	元			139.93	149.92		599.69	2998.46			972.00
生产性固定资产折旧（使用年限15年）	元		2840.97	19.89	94.70						738.89
第一产业纳税（农业、林业、畜牧业和渔业）	元										
第二产业纳税（工业和建筑业）	元										
第三产业纳税（商业和服务业）	元										
"一事一议"筹资	元		54.00								18.00
其他各项集资收费	元										

3.3.4 农户家庭食品消费数量及支出

3.3.4.1 农户家庭全年食品购买数量（不含自产自用）

指标名称	单位	沙河沿镇	翰章乡	黄泥河镇	横道河镇	南屯基镇	沙河镇	乌兰花镇	什花道乡	双岗镇	吉林省
面粉	千克	90.93	99.56	93.00	76.41	72.71	89.21	137.11	103.05	102.50	118.58
大米	千克	173.77	173.10	148.05	189.47	213.08	311.11	167.92	162.45	118.58	184.17
玉米面	千克	53.33	12.50	35.39	50.00	12.11	48.89	48.08	103.34	50.00	45.96
小米	千克	13.57	10.00	9.55	17.79	10.73	17.83	28.35	45.46	25.00	19.81
高粱米	千克				0.00	10.00	0.00	100.00		20.00	26.00
其他谷物及其制品（荞麦、燕麦、大麦、糜子、黍子、籽粒苋等，谷物制品折粮计算）	千克		5.79		11.14		0.00	26.73	13.36	1.78	9.80
薯类（甘薯、马铃薯、木薯、芋类等，不包括菜用）	千克	85.56	72.05	60.00	60.00	75.94	187.90	135.52	145.47	69.38	99.09

(续表)

指标名称	单位	沙河沿镇	翰章乡	黄泥河镇	横道河镇	南屯基镇	沙河镇	乌兰花镇	什花道乡	双岗镇	吉林省
粮食复制品（利用原粮加工而成的食品，如挂面、年糕等，但不包括用粮食加工成的豆油、豆腐、粉条、酒等）	千克	10.77	21.13	14.04	22.37	39.44	7.36	7.98	29.12	7.90	17.79
大豆	千克	15.58	19.61	34.28	18.70	31.16	0.00	12.38	7.79	9.35	16.54
杂豆（绿豆、红豆、蚕豆、豌豆、豇豆、扁豆、黑豆等）	千克	1.63	1.08	0.81	1.49	1.63	0.54	2.17	45.13		6.81
豆制品（各种豆腐、豆腐干/皮/丝、千张、素鸡、腐竹、豆浆粉、豆浆、豆奶、豆腐脑等）	千克	26.62	28.26	24.63	42.71	36.98	45.40	22.49	18.46	22.38	29.77
植物性食用油（花生油、芝麻油、菜籽油、豆油、茶油等）	千克	38.86	44.77	55.71	39.75	66.39	44.91	31.50	16.57	20.37	39.87
动物性食用油（猪油、牛油、羊油等）	千克	41.44	10.00		25.67		25.00	38.28	23.07	20.64	26.30
猪肉及其制品	千克	40.44	38.10	31.55	44.54	40.37	39.34	58.29	79.46	49.65	46.86
牛肉及其制品	千克	10.74	8.70	11.58	24.61	11.22	14.32	13.25	50.01	10.00	17.16
羊肉及其制品	千克	7.50	5.00	8.43	63.99	11.25	26.66	13.18			19.43
鸡肉及其制品	千克	18.50	17.57	17.08	15.24	18.08	25.30	27.39	49.44	14.00	22.51
其他禽肉及其制品（鸭、鹅、鹌鹑、鸽、麻雀、火鸡等）	千克	2.48	1.86		1.83	2.32	94.83	4.88	3.72		15.99
其他肉类及其制品（狗肉、驴肉、马肉、蛇肉、兔肉、鹿肉、蛙肉等，但不包括鱼、虾等水产品）	千克	6.88	1.55		15.90	6.88		7.20			7.68
畜禽下水（内脏）及其制品	千克				12.85	0.81					6.83
鸡蛋及其制品	千克	22.61	50.39	25.35	23.08	30.16	23.08	31.96	35.14	41.19	31.44
鸭蛋及其制品	千克	4.18	5.45	2.36	10.90	5.45	0.00	27.25	2.73		7.29
其他蛋类及其制品（鹅蛋、鹌鹑蛋、鸽蛋等）	千克		1.79	0.45	0.90			9.86			3.25
鲜奶（牛奶、羊奶等）	千克	28.77	18.00	8.65	40.70	28.27	6.65	12.47	15.52		19.88
奶制品（酥油、奶粉、酸奶、炼乳、可可奶、麦乳精等）	千克	7.50			31.66		13.33	11.87			16.09
鱼类及其制品	千克	23.44	27.50	24.80	17.62	13.53	15.95	40.16	26.71	20.09	23.31

(续表)

指标名称	单位	沙河沿镇	翰章乡	黄泥河镇	横道河镇	南屯基镇	沙河镇	乌兰花镇	什花道乡	双岗镇	吉林省
虾蟹类及其制品	千克			5.77	10.66	0.00				13.33	7.44
其他水产品及其制品	千克				9.00	0.00		7.50			5.50
蔬菜及菜制品（鲜菜、干菜，以及腌菜、榨菜、泡菜、酱菜等各类菜制品和蔬菜罐头，蔬菜和菜制品按鲜菜数量进行统计）	千克	102.28	125.12	132.95	76.45	64.82	49.77	168.51	162.64	108.55	110.12
水果及水果制品（各类鲜食水果、果用瓜、果干及水果罐头等）	千克	43.04	33.27	54.19	57.86	45.88	45.55	57.32	58.39	47.57	49.23
坚果及果仁制品（核桃、板栗、开心果等坚果、果仁及其制品）	千克	6.91	4.32	3.24	25.90	29.87	7.15	21.58	4.32		12.91
卷烟（盒装）	盒	226.33	60.00	262.50	284.85	288.55	285.89	282.92	145.22	157.50	221.53
烟丝、烟叶等其他烟	千克	0.23	12.76		1.96	3.03	0.21	18.26	1.51	14.22	6.52
酒类（白酒、黄酒、啤酒、果酒等）	千克	67.77	30.64	66.48	58.81	57.40	46.20	97.70	105.78	60.00	65.64
食糖（白糖、红糖、冰糖、方糖等，不包括糖果、糖精）	千克	5.17	7.15	5.89	6.20	7.69	3.41	9.47	11.66	3.29	6.66
蜂蜜	千克	5.00	10.00	5.75	6.28	5.00	0.00	5.00			5.29
茶叶	千克	4.50	3.04	1.64	10.86	1.21	1.00	3.94	2.76	1.56	3.39
其他饮料（瓶/桶装水、碳酸类等除酒、茶外的各种固/液体饮料，以及雪糕等冷饮）	千克	39.28	34.40	20.00	40.00	16.33	61.33	11.67	11.00		29.25
调味品	千克	75.66	5.62	5.21	13.11	8.81	5.87	9.42	8.09	8.61	15.60

3.3.4.2 农户家庭全年食品购买金额（不含自产自用）

指标名称	单位	沙河沿镇	翰章乡	黄泥河镇	横道河镇	南屯基镇	沙河镇	乌兰花镇	什花道乡	双岗镇	吉林省
面粉	元	363.02	388.42	344.48	305.65	296.87	284.65	544.66	514.89	426.67	385.48
大米	元	824.38	752.31	658.14	696.40	783.09	862.92	862.82	825.83	606.33	763.58
玉米面	元	147.81	36.03	72.49	51.27	26.92	82.22	105.78	138.91	110.86	85.81
小米	元	127.56	105.47	105.91	106.87	64.05	67.70	194.27	201.84	136.75	123.38
高粱米	元				0.00		0.00	400.00		320.00	180.00

(续表)

指标名称	单位	沙河沿镇	翰章乡	黄泥河镇	横道河镇	南屯基镇	沙河镇	乌兰花镇	什花道乡	双岗镇	吉林省
其他谷物及其制品（荞麦、燕麦、大麦、糜子、黍子、薏仁、籽粒苋等，谷物制品折粮计算）	元		23.81		9.64		0.00	18.90	18.90		14.25
薯类（甘薯、马铃薯、木薯、芋类等，不包括菜用）	元	106.03	206.32	79.37	80.15	47.93	264.29	140.06	144.40	75.45	127.11
粮食复制品（利用原粮加工而成的食品，如挂面、年糕等，但不包括用粮食加工成的豆油、豆腐、粉条、酒等）	元	75.27	97.09	83.11	120.38	113.95	40.10	59.32	312.90	135.48	115.29
大豆	元	38.58	77.28	305.98	66.52	66.52	0.00	43.38	24.00	19.90	71.35
杂豆（绿豆、红豆、蚕豆、豌豆、豇豆、扁豆、黑豆等）	元	19.02	8.52	12.07	12.07	6.03	4.26	23.15	311.93		49.63
豆制品（各种豆腐、豆腐干/皮/丝、千张、素鸡、腐竹、豆浆粉、豆浆、豆奶、豆腐脑等）	元	220.00	162.21	152.67	237.57	148.55	242.63	138.88	79.23	287.50	185.47
植物性食用油（花生油、芝麻油、菜籽油、豆油、茶油、棉籽油等）	元	387.37	859.54	759.27	443.70	475.40	369.82	325.38	265.00	297.37	464.76
动物性食用油（猪油、牛油、羊油等）	元	686.16	280.52		201.81	0.00	80.72	222.15	149.99	125.86	218.40
猪肉及其制品	元	1253.71	931.65	732.21	608.25	867.51	818.78	1139.75	1361.07	816.00	947.66
牛肉及其制品	元	243.13	218.65	278.53	231.37	166.24	283.58	192.86	1039.02	207.80	317.91
羊肉及其制品	元	869.50	42.62	70.63	153.44	85.24	91.50	125.78			205.53
鸡肉及其制品	元	205.48	222.60	231.42	125.38	88.15	183.41	310.54	541.75	112.13	224.54
其他禽肉及其制品（鸭、鹅、鹌鹑、鸽、麻雀、火鸡等）	元	101.56	33.85		56.58	55.29	101.56	90.98	73.63		73.35
其他肉类及其制品（狗肉、驴肉、马肉、蛇肉、兔肉、鹿肉、蛙肉等，但不包括鱼、虾等水产品）	元	32.17	28.95		108.57	27.74		90.07			57.50
畜禽下水（内脏）及其制品	元				31.99	7.17					19.58
鸡蛋及其制品	元	162.92	275.75	211.36	173.41	141.97	138.32	236.22	202.12	197.91	193.33
鸭蛋及其制品	元		41.36	35.85	82.73			31.02	20.68		42.33
其他蛋类及其制品（鹅蛋、鹌鹑蛋、鸽蛋等）	元		6.67	2.56	1.79			8.97			5.00

(续表)

指标名称	单位	沙河沿镇	翰章乡	黄泥河镇	横道河镇	南屯基镇	沙河镇	乌兰花镇	什花道乡	双岗镇	吉林省
鲜奶（牛奶、羊奶等）	元	98.14	207.92	239.10	219.90	92.52	166.33	56.83	58.22		142.37
奶制品（酥油、奶粉、酸奶、炼乳、可可奶、麦乳精等）	元	109.01		43.60	31.25	43.60	232.55	41.82			83.64
鱼类及其制品	元	322.50	304.35	326.46	192.59	194.44	188.60	671.02	407.86	211.96	313.31
虾蟹类及其制品	元			32.90	93.76		0.00				42.22
其他水产品及其制品	元				26.47		29.41	14.71		29.41	25.00
蔬菜及菜制品（鲜菜、干菜，以及腌菜、榨菜、泡菜、酱菜等各类菜制品和蔬菜罐头，蔬菜和菜制品按鲜菜数量进行统计）	元	446.97	574.77	520.22	293.01	501.81	208.98	451.40	930.58	185.27	457.00
水果及水果制品（各类鲜食水果、果用瓜、果干、蜜饯及水果罐头等）	元	240.99	273.35	316.67	246.29	291.58	279.99	268.92	337.91	220.73	275.16
坚果及果仁制品（核桃、板栗、开心果、榛子、杏仁等坚果、果仁及其制品）	元	89.99	68.00	45.90	319.05	25.16	77.86	181.34	17.00		103.04
卷烟（盒装）	元	1028.61	792.83	1240.06	1671.97	2832.65	1427.96	1286.90	857.18	848.50	1331.85
烟丝、烟叶等其他烟	元	49.28	256.96	10.06	41.84	73.75	10.06	29.25	125.57	1.01	66.42
酒类（白酒、黄酒、啤酒、果酒等）	元	495.84	186.53	606.01	479.69	344.03	255.76	461.19	580.65	406.57	424.03
食糖（白糖、红糖、冰糖、方糖等，不包括糖果、糖精）	元	77.60	74.65	122.96	49.78	40.77	23.13	79.86	99.16	24.91	65.87
蜂蜜	元	72.91	83.33	42.32	80.59	41.66	41.66	37.50			57.14
茶叶	元	108.00	140.00	126.43	265.71	114.28	120.00	138.02	104.21	109.79	136.27
其他饮料（瓶/桶装水、碳酸类、果汁类、冲泡类等除酒、茶外的各种固/液体饮料，以及雪糕等冷饮）	元	75.30	138.70	82.18	129.35	165.78	115.62	57.39	63.76		103.51
调味品	元	190.71	181.05	132.27	134.78	117.24	190.75	181.18	156.04	137.90	157.99
其他户内食品消费支出	元	60.56	151.39	201.86	178.31	8.07	54.50	179.15			119.12
食品加工费	元		21.96				0.00	18.54			13.50

3.3.4.3 家庭成员户外食品消费支出

指标名称	单位	沙河沿镇	翰章乡	黄泥河镇	横道河镇	南屯基镇	沙河镇	乌兰花镇	什花道乡	双岗镇	吉林省
在外吃饭的外出务工成员的户外食品	元	1918.52	397.08	1943.60	1145.78	920.75	1598.77	1985.40	4702.26		1826.52
在外吃饭的学生及陪读成员的户外食品	元		3929.09	4125.55	1630.57	688.90	0.00	3064.69		1964.55	2200.48
在医院吃饭的病号及陪护成员的户外食品	元	421.05			149.58	432.13	315.78	664.81			396.67
在家吃饭的家庭成员外出办事、购物、探亲访友、旅游等偶然性或临时性户外食品	元	486.70	863.90	1454.71	965.92	511.04	472.10	827.40		486.70	758.56
其他户外食品消费支出	元		21.43		35.71		0.00	62.86			30.00

3.3.5 农户家庭非食品生活消费支出

指标名称	单位	沙河沿镇	翰章乡	黄泥河镇	横道河镇	南屯基镇	沙河镇	乌兰花镇	什花道乡	双岗镇	吉林省
衣着消费支出	元	2219.16	1482.21	1588.30	2080.01	1589.63	1825.46	1909.10	1188.30	988.00	1652.24
居住消费支出	元	110.85	449.41	559.88	38.20	0.00	0.00	187.55	170.87	0.00	168.53
其中：在家居住成员租赁生活用房所付的租金（不包括外出住旅店和招待所支付的住宿费，以及外出打工、在外陪读、在医院陪护等的房屋租赁支出或住宿费）	元	0.00	0.00	0.00	0.00	0.00	0.00	0.00	0.00	0.00	0.00
外出打工成员租赁生活用房所付的租金或在外住宿费	元	14.34	45.66	1274.29	597.32	430.07	31.86	0.00	1592.86	318.57	478.33
生活用水费	元	104.08	109.44	124.81	52.78	83.61	130.42	163.58	77.06	95.17	104.55
生活用电费	元	447.35	440.39	499.10	548.19	354.66	521.52	629.69	593.44	503.45	504.20
生活用燃料支出（用于做饭、烧水、照明、洗漱和取暖等的生活能源支出，但不包括加热饲料用的燃料以及交通用柴油、汽油等燃料）	元	2614.53	597.75	1281.59	359.70	380.42	704.90	729.28	745.29	345.62	862.12
家庭设备、用品及服务支出	元	1840.16	1195.53	1014.39	308.23	167.45	805.07	410.16	644.05	128.81	723.76
医疗保健支出	元	1029.04	438.40	1112.67	283.40	1627.91	642.17	383.62	3878.96	133.92	1058.90
交通通信支出	元	1005.31	1144.98	1057.96	854.17	1175.26	1189.60	1110.66	746.84	684.80	996.62

指标名称	单位	沙河沿镇	翰章乡	黄泥河镇	横道河镇	南屯基镇	沙河镇	乌兰花镇	什花道乡	双岗镇	吉林省
其中：因外出打工而产生的交通费支出	元	485.20	268.60	396.80	278.26	288.26	589.57	230.83	360.24	356.74	361.61
文教娱乐用品及服务支出	元	5426.11	0.00	8447.60	85.95	2701.27	798.10	2342.36	7305.70	14734.19	4649.03
其中：子女教育支出	元	5403.35	4181.98	6053.12	3558.16	4377.40	4810.17	2948.67	4992.97	4350.04	4519.54
其他商品消费支出（化妆品、金银珠宝饰品，以及手表、迷信用品等其他生活用商品的消费支出）	元	447.85	416.84	309.37	306.15	515.93	241.70	302.39	592.16	510.25	404.74
其他服务消费支出（旅店住宿费、洗澡费、美容美发费、照相费、殡葬费）	元	115.92	451.98	114.26	727.87	216.70	198.29	392.25	206.38	84.27	278.66
家庭成员外出务工成本支出（指中介费、职业介绍费、培训费、办证费及其他费用）	元	0.00	52.75	39.56	53.41	31.65	0.00	22.16	0.00	0.00	22.17

3.3.6 农户家庭财产性支出和转移性支出

指标名称	单位	沙河沿镇	翰章乡	黄泥河镇	横道河镇	南屯基镇	沙河镇	乌兰花镇	什花道乡	双岗镇	吉林省
非生产性贷款或借款的利息支出	元	0.00		0.00	0.00	0.00	0.00		0.00		0.00
宅基地使用费	元										
土地承包费（包括承包集体和其他农户等）	元	4374.51	2732.73	1257.77	803.19	1003.99		3961.56	2795.19	4517.94	2680.86
承包租赁村组集体资产支出（不包括承包土地）	元										
寄给和带给家庭非常住人口的金额	元	3081.56	23.11	46.22	308.16	564.95		1553.62		4622.35	1457.14
赠送亲友	元	410.02	1109.55	497.88	1345.52	246.01		878.61	1581.49		867.01
赡养费、抚养费	元	766.53	1141.27	1971.07	1865.22	0.00		766.53	1158.31	2107.95	1222.11
公益事业捐赠（指对灾害、贫困、残疾人等群体或个人，以及对文教卫体事业、环境保护、社会公共设施建设等社会公共和福利事业的爱心捐赠）	元	107.23	87.79	160.84	91.14	55.91	579.04	643.37	87.12	268.07	231.17
迷信、宗教活动捐赠	元	10.01	70.05	43.70	6.67	800.56	12.01	20.01	500.35		182.92
人情礼支出	元	2496.39	1968.19	2189.30	3351.72	3710.34	2137.24	2357.11	2054.18	2044.18	2478.74
嫁妆、聘礼	元		48.26	30.48	45.72		41.91		7925.27		1618.33

（续表）

指标名称	单位	沙河沿镇	翰章乡	黄泥河镇	横道河镇	南屯基镇	沙河镇	乌兰花镇	什花道乡	双岗镇	吉林省
各种红白喜事宴请支出（婚丧、升学、盖房等）	元	3958.55	3465.76	2175.85	3870.48	4018.11	4284.61	2960.34	341.16	3135.92	3134.53
交纳党费、团费	元	22.23	28.96	17.99	5.88	32.79	89.68	9.24	8.08	17.45	25.81
交纳保险费支出	元	1990.01	1996.67	1255.82	990.00	937.15	1105.57	1620.01	1217.00	706.67	1313.21
其中：农村新型合作医疗支出	元	373.37	408.21	350.33	470.00	459.68	381.52	1255.07	753.99	352.30	533.83
城镇医疗保险支出	元	286.56	191.04	159.20	191.04	334.32					232.43
商业医疗保险支出	元		514.55	43.48		14.49		28.99			150.38
农村养老保险支出	元	90.85	98.08	72.27	1312.82	104.83	316.90	94.49	89.04	765.52	327.20
城镇养老保险支出	元			167.67	335.33	335.33		335.33		335.33	301.80
商业养老保险支出	元						200.00				200.00
工伤保险支出	元										
车辆保险支出	元	2505.71	1633.33	1845.71	7272.50	1666.00	2140.00	1502.50	1557.14	1212.50	2370.60
其他保险支出（如人身意外险、疾病保险、财产保险及各种储蓄型保险）	元	65.93	79.11	118.24	440.72	43.00	1289.91	50.81	341.11	286.65	301.72
罚款（如违反计划生育罚款、交通违章罚款、违反治安管理处罚条例罚款等）、赔款	元		370.21				123.40		473.05		322.22
购买彩票	元										
其他（如遗失、被盗等）	元										

3.3.7 农户家庭生活用燃料数量及支出

3.3.7.1 农户家庭生活用燃料购买数量（不含交通用燃料）

指标名称	单位	沙河沿镇	翰章乡	黄泥河镇	横道河镇	南屯基镇	沙河镇	乌兰花镇	什花道乡	双岗镇	吉林省
秸秆	吨	51.53	79.15	58.41	76.37	63.76	21.51	34.64	85.02	42.98	57.04
薪柴	吨	8.26	95.45	68.46	6.19	0.00	38.04	476.14	4.59	9.63	78.53

(续表)

指标名称	单位	沙河沿镇	翰章乡	黄泥河镇	横道河镇	南屯基镇	沙河镇	乌兰花镇	什花道乡	双岗镇	吉林省
煤炭	吨	22.10	21.92	340.12	19.29	2.41	19.29	36.17	18.08	11.30	54.52
罐装液化石油气	千克	35.00	20.39	38.24	22.01	13.44	15.54	23.85	19.14	32.09	24.41
管道天然气	米³										0.00
管道煤气	米³										0.00
汽油	升	4.52	5.55	13.08	2.71	8.25	9.75	9.34	15.99		8.65
柴油	升	13.69	3.68	4.69	2.45	2.61	2.66	7.47	9.90	11.27	6.49
沼气	米³										0.00

3.3.7.2 农户家庭生活用燃料购买金额（不含交通用燃料）

指标名称	单位	沙河沿镇	翰章乡	黄泥河镇	横道河镇	南屯基镇	沙河镇	乌兰花镇	什花道乡	双岗镇	吉林省
秸秆	元	395.12	55.34	158.61	182.30	289.36	287.50	347.09	309.05	291.42	257.31
薪柴	元	90.66	170.55	364.81	8.06		18.06		3.72	0.52	93.77
煤炭	元	201.20	68.59	299.61	3.98	57.67	6.30	67.66		93.55	99.82
罐装液化石油气	元	379.05	243.30	338.74	411.35	274.62	263.50	206.84		376.67	311.76
管道天然气	元		3.33							16.67	10.00
管道煤气	元		0.00								0.00
汽油	元	259.54	227.10		324.43	412.19	1007.06		1095.72		554.34
柴油	元		954.41	486.71	182.52	520.17	662.59		1854.27		776.78
沼气	元						2.00				2.00

4

2018 年分乡镇样本的农户统计

4.1 农户家庭基本情况

4.1.1 家庭成员基本特征

指标名称	单位	沙河沿镇	翰章乡	黄泥河镇	横道河镇	南屯基镇	沙河镇	乌兰花镇	什花道乡	双岗镇	吉林省
年龄	周岁	55.86	56.91	51.97	55.02	49.93	52.80	58.14	58.65	51.58	54.54
受教育年限	年	9.14	7.56	8.33	7.74	7.13	7.20	7.33	7.37	8.57	7.82
本年累计在家居住时间	月	11.94	11.72	11.22	10.94	11.50	10.73	10.63	11.41	10.80	11.21
本年务工天数	天	67.35	99.87	33.21	77.50	41.97	109.06	64.91	75.81	50.07	68.86
本年如有务工,平均月工资	元	1335.46	1018.85	1223.30	2868.38	1365.60	1228.99	1343.24	1199.33	1153.74	1415.21
本年全家报销的医疗费用（含新农合、商业保险等）金额	元	268.69	585.35	473.69	965.01	383.69	223.16	957.66	1191.36	529.23	619.76

4.1.2 土地、家庭信贷及其他情况

4.1.2.1 土地情况

指标名称	单位	沙河沿镇	翰章乡	黄泥河镇	横道河镇	南屯基镇	沙河镇	乌兰花镇	什花道乡	双岗镇	吉林省
家庭承包的土地面积（即依法承包村集体的土地面积）	亩	20.74	18.53	14.71	12.26	13.47	28.72	24.34	29.59	21.22	20.40
耕地面积	亩	24.98	23.67	15.91	10.58	15.69	15.81	29.54	16.64	19.18	19.11
园地面积	亩	0.06	0.00	0.07	0.10	0.15	0.15	0.03	0.05	0.04	0.07
林地面积	亩	0.26	0.09	0.38	0.42	0.04	0.21	0.28	0.12	0.54	0.26
草地面积	亩		0.00	0.00	0.00		58.95	0.00	26.00	4.64	12.80
荒山、荒沟、荒丘、荒滩面积	亩			0.00	0.52	0.51	3.05				1.02

(续表)

指标名称	单位	沙河沿镇	翰章乡	黄泥河镇	横道河镇	南屯基镇	沙河镇	乌兰花镇	什花道乡	双岗镇	吉林省
未计入承包地的耕地面积（如自留地、开荒地）	亩	2.95	2.83	2.49	0.21	1.19	1.45	9.22	20.72	3.94	5.00
撂荒的耕地面积	亩		3.70	0.37		0.44					1.50
承包的耕地面积	亩	19.52	18.22	5.49	11.98	16.53	19.37	16.25	11.70	12.15	14.58
本年转出耕地的面积	亩	26.36	17.18	16.60	6.42	9.94	13.59	26.58	11.19	15.07	15.88
本年转出耕地的收入（含实物折价）	元/(亩·年)	300.64	166.95	268.23	148.42	210.11	300.74	181.74	204.19	170.73	216.86
本年转入耕地的面积	亩	49.24	20.61	9.53	5.16	18.62	10.49	114.00	34.71	66.94	36.59
本年转入耕地的支出（含实物折价）	元/(亩·年)	306.98	157.04	245.38	204.48	287.09	163.58	163.58	295.81	184.67	223.18
本年经营耕地面积（即实际耕种面积）	亩	50.98	34.07	19.68	12.37	19.39	18.86	57.23	35.95	87.54	37.34
其中：<1亩耕地的块数	块	2.40	3.02	2.75	2.84	4.59	3.72	1.54	6.54	1.65	3.23
1（含）~3亩耕地的块数	块	2.83	2.24	2.21	2.39	3.83	2.72	2.33	3.05	2.44	2.67
3（含）~5亩耕地的块数	块	3.75	2.13	1.25	1.54	3.01	2.24	3.41	2.83	3.15	2.59
≥5亩耕地的块数	块	4.10	2.14	2.19	2.21	3.10	1.76	4.04	2.35	5.74	3.07
其中：水田面积	亩	39.16			4.19	4.51	6.03		5.67		11.91
水浇地面积	亩	65.01		7.50	1.81		3.50	36.97	12.25	44.32	24.48
旱地面积	亩	38.14	28.65	20.99	10.92	19.41	16.86	42.64	36.36	94.93	34.32
本年经营温室大棚面积	亩	29.83		1.30	0.19		9.08	16.91	2.59	1.56	8.78
本年经营园地面积	亩				0.00		1.98		3.12		1.70
其中：果园面积	亩				0.00				1.00		0.50
茶园面积	亩				0.00				1.00		0.50
桑园面积	亩				0.00		7.50				3.75
本年经营林地面积	亩	17.06	7.14	13.12	12.76	0.98	183.03	186.47	28.60	47.20	55.15
本年经营草地面积	亩									28.50	28.50
其中：天然草地面积	亩									28.85	28.85
本年经营水面面积	亩				0.00	1.50				15.00	5.50
其中：海水养殖面积	亩	0.00	0.00	0.00	0.00	0.00	0.00	0.00	0.00	0.00	0.00
淡水养殖面积	亩	0.00	0.00	0.00	0.00	0.00	0.00	0.00	0.00	0.00	0.00

4.1.2.2 家庭存款、贷款及投资

指标名称	单位	沙河沿镇	翰章乡	黄泥河镇	横道河镇	南屯基镇	沙河镇	乌兰花镇	什花道乡	双岗镇	吉林省
年底家庭银行存款总额	元	37076.71	19181.36	19578.25	21255.27	28317.92	17939.82	29560.31	11824.12	17184.39	22435.35
年底家中存有现金金额	元	9212.32	4056.40	3274.72	7086.27	2798.52	4614.93	2848.73	5180.10	10579.58	5516.84
年底家庭持有的全部对外投资	元	8288.11	4144.06		1415.89	751.11	828.81		1036.01	1036.01	2500.00
其中：持有股票、基金、债券等证券类投资金额	元										
对企业、合作社等投入的股权类投资金额	元										
本年全年家庭外借出去的金额	元	12911.41	9296.22	5164.57	8521.53	12446.60	6455.71			5939.25	8676.47
家庭借给别人的钱到年底还没有收回的金额	元	8847.30	5308.38		11147.60	18738.59	10616.76	15925.14	6370.06	15712.81	11583.33
年底家庭所欠外债金额	元	12916.53	61108.47	39787.54	5297.80	41171.45	58326.23	19044.55	21356.32	24879.01	31543.10
这些外债有多少来自银行、信用社等正规金融机构	元	25739.13	82826.73	34782.60	0.00	11478.26	54782.60	12313.09	16956.52	38260.86	30793.31
其中：年利率	%	2.76	2.67	2.80	0.50	0.43	0.80	0.93	3.06	0.74	1.60
这些外债有多少来自民间借贷机构（如农村资金互助社）	元		2026.40	173.69	578.97	385.98	2894.86	289.49	1910.61		1180.00
其中：年利率	%		0.03	0.03	0.00	0.00	0.03	0.02			0.02
这些外债有多少来自亲戚朋友等私人关系	元		9461.97	34556.77	2468.34	46075.69	44430.13	9873.36	14810.04	15797.38	22184.21
其中：年利率	%	0.00	0.00	0.00	0.00	0.00	0.00	0.00	0.00	0.00	0.00

4.1.2.3 其他

指标名称	单位	沙河沿镇	翰章乡	黄泥河镇	横道河镇	南屯基镇	沙河镇	乌兰花镇	什花道乡	双岗镇	吉林省
取饮用水往返一次需多长时间	分钟	0.14	0.22	1.19	1.14	1.29	1.22	0.36	7.23	0.36	1.46
如果购买了农业保险，支付了多少保费	元	211.82	155.81	161.58	231.57	75.15	86.35	251.19	131.83	176.63	164.66

4.1.3 住房、生产性固定资产和耐用消费品

指标名称	单位	沙河沿镇	翰章乡	黄泥河镇	横道河镇	南屯基镇	沙河镇	乌兰花镇	什花道乡	双岗镇	吉林省
年底在本村住房面积	米²	91.91	79.30	92.78	90.87	88.86	88.42	89.90	87.74	83.39	88.13
年底在城镇住房面积	米²										
生产性用房面积（如烤烟房、生产车间、仓库等）	米²										
拖拉机	台	1.00	1.00	1.00	1.00	1.00	1.00	1.00	1.00	1.00	1.00
三轮摩托车	台	1.00	1.00	1.00	1.00	1.00	1.00	1.00	1.00	1.00	1.00
机引农具	台	1.00	1.00	1.00	1.00	1.00	1.00	1.00	1.00	1.00	1.00
畜引农具	台		1.00	1.00	1.00			1.00			1.00
喷雾器、喷雾机	个	1.00	1.00	1.00	1.00	1.00	1.00	1.00	1.00	1.00	1.00
风车	架										
手推车、板车、三轮车、四轮车	辆	1.00	1.00	1.00	1.00	1.00	1.00	1.00	1.00	1.00	1.00
打稻（谷）机	台										
脱粒机	台										
抽水机	台	1.00	1.00	1.00	1.00	1.00	1.00	1.00	1.00	1.00	1.00
电动机	台										
柴油机	台			1.00	1.00		1.00	1.00	1.00	1.00	1.00
加工机械	台										
船	只										
粉碎机	台										
木工多用机	台										
温室大棚	米²										
牛、羊等牲畜养殖场	米²	105.20	180.12	60.04	32.42		16.63	60.38	145.10	160.11	95.00
生猪养殖场	米²		51.37		7.22		655.01		25.69	10.70	150.00
鸡、鸭、鹅等禽类养殖场	米²		2.49	22.38	3.85	20.72	9.32	3.63	12.43	5.18	10.00
兔子、貂等特种养殖场	米²										
鱼塘	米²										
缝纫机	台										
电冰箱、空调	台	1.00	1.00	1.00	1.00	1.00	1.00	1.00	1.00	1.00	1.00
电视卫星接收器	台	1.00	1.00	1.00	1.00	1.00	1.00	1.00	1.00	1.00	1.00
收音机、VCD、DVD	台										

（续表）

指标名称	单位	沙河沿镇	翰章乡	黄泥河镇	横道河镇	南屯基镇	沙河镇	乌兰花镇	什花道乡	双岗镇	吉林省
组合音响	套										
电话座机、手机	部	2.03	2.06	2.17	2.43	2.40	2.23	2.04	1.84	1.97	2.13
电饭锅、微波炉、压力锅、电磁炉	个	1.00	1.00	1.00	1.00	1.00	1.00	1.00	1.00	1.00	1.00
抽油烟机	台										
彩色电视机	台	1.09	1.11	1.11	1.30	1.15	1.19	1.11	1.07	1.12	1.14
沼气灶、炉子	台	1.00	1.00	1.00	1.00	1.00	1.00	1.00			1.00
照相机	台										
摄像机	台										
吸尘器	台										
自行车	辆	1.00	1.00	1.00	1.00	1.00	1.00			1.00	1.00
电动车	辆	1.00	1.00	1.00	1.00	1.00	1.00	1.00	1.00	1.00	1.00
摩托车	辆	1.00	1.00	1.00	1.00	1.00	1.00	1.00	1.00	1.00	1.00
小汽车	辆	1.00	1.00	1.00	1.00	1.00	1.00	1.00	1.00	1.00	0.00
电脑	台	1.00	1.00	1.00	1.00	1.00	1.00	1.00	1.00	1.00	1.00
洗衣机	台	1.00	1.00	1.00	1.00	1.00	1.00	1.00	1.00	1.00	1.00
电风扇、电暖气	台	1.00	1.00	1.00	1.00	1.00	1.00	1.00	1.00	1.00	1.00
热水器	个										
太阳能设备	台										
床、炕	个	1.59	1.89	1.65	2.45	2.44	2.35	2.26	1.59	1.77	2.00
柜子、碗柜、衣柜	个	1.68	1.36	1.27	2.03	1.90	2.13	1.68	1.27	1.71	1.67
写字台、桌子	个	1.00	1.00	1.00	1.00	1.00	1.00	1.00	1.00	1.00	1.00
箱子	只			0.38	0.42	0.75	0.38		0.33	0.75	0.50
椅子、沙发	个	1.76	1.06	2.16	1.39	4.26	2.50	2.27	1.47	1.13	2.00
压面机	台										

4.2 农户家庭生产情况

4.2.1 种植业

4.2.1.1 稻谷

（1）稻谷生产及销售情况

指标名称	单位	沙河沿镇	翰章乡	黄泥河镇	横道河镇	南屯基镇	沙河镇	乌兰花镇	什花道乡	双岗镇	吉林省
年初库存	千克	1026.68			22.82	109.66	10.64				292.45

(续表)

指标名称	单位	沙河沿镇	翰章乡	黄泥河镇	横道河镇	南屯基镇	沙河镇	乌兰花镇	什花道乡	双岗镇	吉林省
播种面积	亩	15.85			1.66	1.78	1.83				5.28
当年产量	千克	6834.35			753.58	1265.72	718.55				2393.05
因灾减产	千克	191.09			302.75	573.28	74.31				285.36
获得农业保险赔偿金额	元	592.31			73.38	30.06	67.89				190.91
自食或送人数量	千克	484.19			451.77	356.66	468.15				440.19
用于饲料数量	千克						80.00				80.00
总销售量	千克	7391.24			521.59	2249.56	742.73				2726.28
总销售收入	元	18460.39			2478.04	5030.95	3740.47				7427.46
留种自用	千克				223.26		376.74				300.00
年底库存	千克				205.63	885.81	66.89				386.11
本年副产品收入	元				200.00						200.00
翌年预计播种面积	亩	11.77			1.64	1.59	2.15				4.29

(2) 稻谷成本投入

指标名称	单位	沙河沿镇	翰章乡	黄泥河镇	横道河镇	南屯基镇	沙河镇	乌兰花镇	什花道乡	双岗镇	吉林省
种子、秧苗数量	千克	335.18			53.64	23.75	31.91				111.12
种子、秧苗金额	元	2156.96			360.06	300.58	451.72				817.33
化肥施用量	千克	1019.08			396.41	171.87	222.80				452.54
化肥金额	元	3073.68			997.71	784.63	552.70				1352.18
自产有机肥价值	元										
外购有机肥金额	元	936.53				1779.40	899.07				1205.00
农药、除草剂费	元	711.62			115.46	459.15	149.93				359.04
农膜费	元	642.12			206.73	150.14	366.90				341.47
排灌费	元	781.98			299.91	243.66	352.98				419.63
机械费	元	3863.46			313.87	1435.12	309.59				1480.51
土地租赁费（含实物折价）	元/年	59818.01			845.48	1056.86	2430.77				16037.78
自家投入劳动力数量	工日	69.42			52.88	27.69	23.97				43.49
雇工数量	工日				3.28	5.46	21.86				10.20
雇工平均价格	元/工日	132.78			123.92	106.22	88.52				112.86
运输仓储费	元				108.87		187.79				148.33

指标名称	单位	沙河沿镇	翰章乡	黄泥河镇	横道河镇	南屯基镇	沙河镇	乌兰花镇	什花道乡	双岗镇	吉林省
贷款利息	元										
保险费支出	元				86.44	55.92	28.62				56.99
其他费用	元										

4.2.1.2 大豆

（1）大豆生产及销售情况

指标名称	单位	沙河沿镇	翰章乡	黄泥河镇	横道河镇	南屯基镇	沙河镇	乌兰花镇	什花道乡	双岗镇	吉林省
年初库存	千克	3.48	186.05	93.33				22.73	0.00	100.00	67.60
播种面积	亩	26.50	22.54	16.07				18.09	15.00	26.83	20.84
当年产量	千克	6694.72	4660.93	4461.86				2181.82	6416.67	1383.33	4299.89
因灾减产	千克	1620.00	328.57	1512.64				800.00		112.50	874.74
获得农业保险赔偿金额	元	724.44	235.00	245.19							401.54
自食或送人数量	千克	300.00	150.00	579.29							343.10
用于饲料数量	千克	675.00	1114.00	2318.21					1000.00		1276.80
总销售量	千克	6763.14	4879.83	3943.03				2100.00	7166.67	1075.00	4321.28
总销售收入	元	21416.18	10165.76	7120.33				8414.29	10850.00	9500.00	11244.43
留种自用	千克		70.00	100.00							85.00
年底库存	千克	2000.00	5620.00	263.64						1000.00	2220.91
本年副产品收入	元			100.00					5000.00		2550.00
翌年预计播种面积	亩	28.22	24.08	15.63				21.10	20.00	15.00	20.67

（2）大豆成本投入

指标名称	单位	沙河沿镇	翰章乡	黄泥河镇	横道河镇	南屯基镇	沙河镇	乌兰花镇	什花道乡	双岗镇	吉林省
种子、秧苗数量	千克	103.68	96.55	89.50				105.56	20.00	45.00	76.71
种子、秧苗金额	元	1012.53	631.21	517.46				1355.56	366.67	280.00	693.90
化肥施用量	千克	678.24	661.07	709.81				588.89	300.00	382.86	553.48
化肥金额	元	2769.71	1651.59	1771.47				2033.33	666.67	935.71	1638.08
自产有机肥价值	元			100.00							100.00
外购有机肥金额	元		120.00	4000.67							2060.33

(续表)

指标名称	单位	沙河沿镇	翰章乡	黄泥河镇	横道河镇	南屯基镇	沙河镇	乌兰花镇	什花道乡	双岗镇	吉林省
农药、除草剂费	元	470.29	339.74	483.37			400.00	200.00		171.43	344.14
农膜费	元										
排灌费	元									112.50	112.50
机械费	元	946.19	879.31	625.80			255.56	200.00		200.00	517.81
土地租赁费（含实物折价）	元/年	8050.00	9933.33								8991.67
自家投入劳动力数量	工日	44.03	43.03	40.04			37.78	55.33		35.71	42.65
雇工数量	工日			10.14							10.14
雇工平均价格	元/工日			133.64							133.64
运输仓储费	元		100.00	500.00							300.00
贷款利息	元		1000.00								1000.00
保险费支出	元	92.00	122.31	110.21							108.17
其他费用	元	202.86	521.43	500.00						200.00	356.07

4.2.1.3 玉米

（1）玉米生产及销售情况

指标名称	单位	沙河沿镇	翰章乡	黄泥河镇	横道河镇	南屯基镇	沙河镇	乌兰花镇	什花道乡	双岗镇	吉林省
年初库存	千克	1136.26	28.72	13.87	175.89	122.52	227.43	157.56	155.68	184.37	244.70
播种面积	亩	9.39	56.23	3.75	4.40	7.74	24.15	22.37	13.49	20.29	17.98
当年产量	千克	11799.35	5055.50	3195.43	7411.32	6681.09	9261.83	9178.52	9158.38	28600.30	10037.97
因灾减产	千克	825.38	95.47	240.57	5926.13	1404.83	198.53	2068.43	700.08	446.59	1322.89
获得农业保险赔偿金额	元	226.71	180.52	116.62	138.34	166.65	165.48	425.00	188.22	200.47	200.89
自食或送人数量	千克	1755.69	33.71	33.71	45.30	128.52	81.46	84.27	198.04	210.68	285.71
用于饲料数量	千克	1714.13	1275.50	387.49	737.45	508.59	1716.11	518.41	1844.00	1178.43	1097.79
总销售量	千克	13957.99	6152.42	3548.35	8216.51	7094.15	8698.37	11508.15	8817.29	27143.08	10570.70
总销售收入	元	14272.14	8292.44	4633.80	11271.42	9678.71	12766.28	18480.58	9338.21	46286.77	15002.26
留种自用	千克	9.66	161.06	4.03	66.72	30.20	161.06	483.18		110.73	128.33
年底库存	千克	1055.48	1711.80	69.09	441.46	2878.59	757.16	383.81	439.25	570.28	922.99
本年副产品收入	元			2.86				799.75	571.25	92.83	366.67
翌年预计播种面积	亩	15.72	12.02	5.46	7.35	12.68	10.49	33.38	26.33	38.30	17.97

(2) 玉米成本投入

指标名称	单位	沙河沿镇	翰章乡	黄泥河镇	横道河镇	南屯基镇	沙河镇	乌兰花镇	什花道乡	双岗镇	吉林省
种子、秧苗数量	千克	38.22	21.64	21.09	43.50	75.34	36.70	38.59	33.52	68.33	41.88
种子、秧苗金额	元	596.87	277.47	317.49	496.84	913.92	638.07	1920.78	1227.97	2656.67	1005.12
化肥施用量	千克	866.71	1007.23	331.65	858.97	1459.81	780.89	968.69	732.09	1198.19	911.58
化肥金额	元	2385.20	1569.84	790.07	2150.11	5167.89	2278.26	2936.89	2526.66	4161.27	2662.91
自产有机肥价值	元		251.97		1259.86		944.90			630.11	771.71
外购有机肥金额	元		158.97	534.36	596.70	89.24	769.75	1335.91		400.98	555.13
农药、除草剂费	元	291.22	245.60	224.27	223.64	424.82	269.11	458.61	243.00	733.57	345.98
农膜费	元				55.74	24.77		1486.35	74.32	247.72	377.78
排灌费	元		558.03		558.03	55.80	148.81	4743.24	474.94	2518.10	1293.85
机械费	元	1295.95	978.03	703.49	539.46	858.11	629.43	1317.94	1575.12	2295.52	1132.56
土地租赁费（含实物折价）	元/年	1638.94	681.80		135.97	242.81	655.58	18453.30	451.89	2131.30	3048.95
自家投入劳动力数量	工日	41.45	34.16	24.92	98.53	65.35	43.57	44.01	41.74	49.43	49.24
雇工数量	工日	3.60		1.74	4.80	48.05	8.41	16.82	6.01	9.61	12.38
雇工平均价格	元/工日	122.83		130.55	117.91	86.35	98.26	81.07		147.39	112.05
运输仓储费	元			242.30	371.65		573.86			765.15	488.24
贷款利息	元		107.22					857.79		536.12	500.38
保险费支出	元	65.11	92.92	53.88	263.44	67.53	50.07	158.56	116.93	127.23	110.63
其他费用	元	45.83	216.28		119.16	291.49	366.65		2358.81	323.11	531.62

4.2.2 畜牧业

4.2.2.1 生猪

(1) 生猪生产及销售情况

指标名称	单位	沙河沿镇	翰章乡	黄泥河镇	横道河镇	南屯基镇	沙河镇	乌兰花镇	什花道乡	双岗镇	吉林省
年底存栏数量	头		15.51				30.53		0.97		15.67
年底能繁母畜存栏数量	头		0.54				1.47		0.00		0.67
新生、新购数量	头		4.65				11.34		0.00		5.33
出栏或产量	头		16.00				140.00				78.00
因灾减产或死亡数量	头										
获得农业保险赔偿金额	元										

(续表)

指标名称	单位	沙河沿镇	翰章乡	黄泥河镇	横道河镇	南屯基镇	沙河镇	乌兰花镇	什花道乡	双岗镇	吉林省
自食或送人数量	千克						22.70		1.30		12.00
总销售收入	元		4368.76				25631.24				15000.00
仔（中）畜销售收入	元										
平均出栏活重或单产	千克/头		100.00				140.00				120.00
副产品收入	元										
翌年计划生产数量	头		20.00								20.00

（2）生猪成本投入

指标名称	单位	沙河沿镇	翰章乡	黄泥河镇	横道河镇	南屯基镇	沙河镇	乌兰花镇	什花道乡	双岗镇	吉林省
仔畜自繁数量	头		5.19				6.81		0.00		4.00
仔畜外购数量	头		0.00				0.00		1.80		0.60
仔畜外购金额	元		0.00				0.00		900.00		300.00
饲料外购数量	千克										
饲料外购金额	元						41000.00		240.00		20620.00
饲料自产数量	千克		4380.95				1971.43		547.62		2300.00
饲料自产折价金额	元		1000.00				500.00		1400.00		966.67
防疫及兽药金额	元		1000.00				200.00				600.00
水电费	元		200.00				300.00				250.00
自家投入劳动力数量	工日		374.52				249.68		20.81		215.00
雇工数量	工日						1.00				1.00
雇工平均价格	元/工日										
场地租赁费（包括实物折价）	元/年										
贷款利息	元										
保险费支出	元										
其他费用	元		200.00								200.00

4.2.2.2 肉牛

（1）肉牛生产及销售情况

指标名称	单位	沙河沿镇	翰章乡	黄泥河镇	横道河镇	南屯基镇	沙河镇	乌兰花镇	什花道乡	双岗镇	吉林省
年底存栏数量	头	11.22	7.43	2.70	2.13	0.68	2.03		6.08		4.61

（续表）

指标名称	单位	沙河沿镇	翰章乡	黄泥河镇	横道河镇	南屯基镇	沙河镇	乌兰花镇	什花道乡	双岗镇	吉林省
年底能繁母畜存栏数量	头	7.28	7.61	1.69	1.50	0.00	1.41		5.92		3.63
新生、新购数量	头	3.45	0.00	1.64	0.69	0.82	1.09		5.74		1.92
出栏或产量	头	5.45	3.50		7.00		2.33		8.17		5.29
因灾减产或死亡数量	头	2.00									2.00
获得农业保险赔偿金额	元				90.00						90.00
自食或送人数量	千克	0.00			2.00						1.00
总销售收入	元	15818.85	4162.85		37153.48		19149.13		37465.69		22750.00
仔（中）畜销售收入	元	20627.46			9422.42		17571.54		34379.10		20500.13
平均出栏活重或单产	千克/头	256.58			0.96		256.58		128.29		160.60
副产品收入	元				105.00						105.00
翌年计划生产数量	头	33.89			2.51		3.77		2.51		10.67

（2）肉牛成本投入

指标名称	单位	沙河沿镇	翰章乡	黄泥河镇	横道河镇	南屯基镇	沙河镇	乌兰花镇	什花道乡	双岗镇	吉林省
仔畜自繁数量	头	2.50	8.17	1.82	1.51	0.91	1.51		8.36		3.54
仔畜外购数量	头	0.25	0.00	2.04	3.99	0.00	0.00		1.83		1.16
仔畜外购金额	元		0.00	1492.21	3212.41	0.00	0.00		1367.86		1012.08
饲料外购数量	千克	1366.72	3328.04	998.41	6212.34	133.12	399.36				2073.00
饲料外购金额	元	1396.50	5652.50	1795.50	8113.00	399.00	1064.00		199.50		2660.00
饲料自产数量	千克	6255.98	1342.96	671.48	2760.54		1119.14		2721.74		2478.64
饲料自产折价金额	元	3885.08	2058.59	1937.50	1722.22		696.29		9560.33		3310.00
防疫及兽药金额	元	567.34	1719.20	171.92	249.28				292.26		600.00
水电费	元	320.49	320.49	213.66	427.33		213.66		347.20		307.14
自家投入劳动力数量	工日	167.13	319.47	31.95	251.43	319.47	199.67		381.58		238.67
雇工数量	工日										
雇工平均价格	元/工日										
场地租赁费（包括实物折价）	元/年										
贷款利息	元										
保险费支出	元				400.00						400.00
其他费用	元			500.00							500.00

4.2.2.3 肉羊

(1) 肉羊生产及销售情况

指标名称	单位	沙河沿镇	翰章乡	黄泥河镇	横道河镇	南屯基镇	沙河镇	乌兰花镇	什花道乡	双岗镇	吉林省
年底存栏数量	只						38.97	33.40	31.18	133.61	59.29
年底能繁母畜存栏数量	只						18.66	39.19	26.66	0.00	21.13
新生、新购数量	只						1.33	6.42	0.00	38.53	11.57
出栏或产量	只						11.04	14.72	13.74	132.50	43.00
因灾减产或死亡数量	只										
获得农业保险赔偿金额	元										
自食或送人数量	千克						10.00	3.00			6.50
总销售收入	元						15501.29	10334.19	4822.62	103341.90	33500.00
仔（中）畜销售收入	元						70000.00		30000.00		50000.00
平均出栏活重或单产	千克/只						34.23			39.11	36.67
副产品收入	元										
翌年计划生产数量	只						69.18			244.16	156.67

(2) 肉羊成本投入

指标名称	单位	沙河沿镇	翰章乡	黄泥河镇	横道河镇	南屯基镇	沙河镇	乌兰花镇	什花道乡	双岗镇	吉林省
仔畜自繁数量	只						7.01	33.92	33.92	0.00	18.71
仔畜外购数量	只						6.00	0.00	0.00		2.00
仔畜外购金额	元						25.00		0.00		12.50
饲料外购数量	千克						13421.05	335.53	11743.42		8500.00
饲料外购金额	元						1578.84	3157.68	14538.48		6425.00
饲料自产数量	千克						4631.14		4056.48	11662.37	6783.33
饲料自产折价金额	元						2644.25		4134.33	5329.41	4036.00
防疫及兽药金额	元						1327.59	482.76		1689.66	1166.67
水电费	元						592.64	267.36			430.00
自家投入劳动力数量	工日						201.87	451.86	112.97	177.29	236.00
雇工数量	工日										
雇工平均价格	元/工日										
场地租赁费（包括实物折价）	元/年										
贷款利息	元								3000.00		3000.00

（续表）

指标名称	单位	沙河沿镇	翰章乡	黄泥河镇	横道河镇	南屯基镇	沙河镇	乌兰花镇	什花道乡	双岗镇	吉林省
保险费支出	元										
其他费用	元						500.00				500.00

4.2.2.4 肉鸡

（1）肉鸡生产及销售情况

指标名称	单位	沙河沿镇	翰章乡	黄泥河镇	横道河镇	南屯基镇	沙河镇	乌兰花镇	什花道乡	双岗镇	吉林省
年底存栏数量	只				10.00						10.00
年底能繁母禽存栏数量	只				10.00						10.00
新生、新购数量	只				0.00						0.00
出栏或产量	只										
因灾减产或死亡数量	只										
获得农业保险赔偿金额	元										
自食或送人数量	只										
总销售收入	元										
禽苗销售收入	元										
平均出栏活重或单产	千克/只										
副产品收入	元										
翌年计划生产数量	只										

（2）肉鸡成本投入

指标名称	单位	沙河沿镇	翰章乡	黄泥河镇	横道河镇	南屯基镇	沙河镇	乌兰花镇	什花道乡	双岗镇	吉林省
禽苗自繁数量	只				28.05		19.08	0.00			15.71
禽苗外购数量	只				0.00		0.00	8.58			2.86
禽苗外购金额	元				0.00		0.00	17.13			5.71
饲料外购数量	千克						200.00	300.00			250.00
饲料外购金额	元						320.00	600.00			460.00
饲料自产数量	千克				333.33		83.33	333.33			250.00
饲料自产折价金额	元				800.00			800.00			800.00
防疫及兽药金额	元										

(续表)

指标名称	单位	沙河沿镇	翰章乡	黄泥河镇	横道河镇	南屯基镇	沙河镇	乌兰花镇	什花道乡	双岗镇	吉林省
水电费	元							200.00			200.00
自家投入劳动力数量	工日						11.74	40.26			26.00
雇工数量	工日										
雇工平均价格	元/工日										
场地租赁费（包括实物折价）	元/年										
贷款利息	元										
保险费支出	元										
其他费用	元										

4.3 农户家庭收支情况

4.3.1 农户家庭收入

指标名称	单位	沙河沿镇	翰章乡	黄泥河镇	横道河镇	南屯基镇	沙河镇	乌兰花镇	什花道乡	双岗镇	吉林省
出售家庭资产收入（如房子、机械、家电等）	元		30.70			115.12	56.93	22.89	5.12	0.00	38.46
县域内农业务工收入	元	22897.80	11949.82	8758.55	7016.83	16844.49	7041.00	14805.89	966.73	18126.14	12045.25
县域内工业、建筑业、采矿业打工收入	元	10104.17	16840.28	3886.22	40028.05	18330.00	20402.64	9715.55		13990.39	16662.16
县域内交通运输业、邮电业打工收入	元	7841.35	20593.44		5227.57	4752.33	10835.32				9850.00
县域内批发和零售贸易、餐饮业打工收入	元	21939.97	9361.05		12066.98	17551.97	8424.95	12140.11		21939.97	14775.00
县域内社会服务业、文教卫生业打工收入	元		13613.28		20298.13	6766.04	24312.65	5480.50			14094.12
县域外农业务工收入	元		9195.85		9015.54	10818.65	40569.95				17400.00
县域外工业、建筑业、采矿业打工收入	元		23253.78	15502.52	32942.86	19378.15	44711.85			38756.30	29090.91
县域外交通运输业、邮电业打工收入	元		4239.13			10760.87					7500.00

(续表)

指标名称	单位	沙河沿镇	翰章乡	黄泥河镇	横道河镇	南屯基镇	沙河镇	乌兰花镇	什花道乡	双岗镇	吉林省
县域外批发和零售贸易、餐饮业打工收入	元										
县域外社会服务业、文教卫生业打工收入	元	34602.59		31142.33			32199.63	6055.45			26000.00
利息	元	2865.69		716.42		655.01		95.52		238.81	914.29
股息	元										
土地征用补偿金额	元			1800.00							1800.00
土地出租租金	元	5447.08	1735.30	8404.06	948.61	800.39	2446.37	4437.50	664.77	1600.77	2942.76
房屋租赁收入	元										
机械设备租赁收入	元										
从村集体分得福利收入	元										
种粮补贴（包括粮食直接补贴、粮食作物良种补贴、农业生产资料综合补贴和农机具购置补贴）	元	2880.14	2879.56	2815.42	1424.52	2109.83	2448.43	1947.84	775.70	1191.87	2052.59
非粮食类农作物良种补贴	元										
畜牧业补贴	元										
渔业补贴	元										
林业补贴（不包括退耕还林还草）	元				10.13	9.60		63.15	33.12	384.00	100.00
退耕还林还草补偿	元				211.92	52.70			219.60	710.05	298.57
草原生态补贴	元								500.00		500.00
救济金、救灾款	元										
无偿扶贫款	元										
抚恤金	元										
低保金	元	2756.43	1073.20	2598.27	1021.23	2259.37	2386.46	1028.01	1818.79	1030.27	1774.67
退休金	元	6237.60	173.27		193.19	103.96		51.98			1352.00
合作社利润返还	元										

(续表)

指标名称	单位	沙河沿镇	翰章乡	黄泥河镇	横道河镇	南屯基镇	沙河镇	乌兰花镇	什花道乡	双岗镇	吉林省
社会保障收入	元										
其中：农村新型合作医疗报销	元	852.05	322.08	563.08	2535.55	1190.24	967.84	2321.94	2028.76	850.79	1292.48
农村养老保险年金	元	1461.50	1093.99	1274.93	1457.86	772.56	1890.50	1817.33	1362.88	1991.08	1458.07
城镇医疗保险报销	元										
城镇养老保险年金	元	25000.00		900.00	2400.00						9433.33
棋牌娱乐收入（如亏损，用负数表示）	元										
人情礼收入	元	327.22	3417.62		3708.48	2908.62	5235.51	7853.26	4399.28		3978.57
彩礼、陪嫁	元										
商业保险赔付	元										
家庭非常住人口寄回或带回、亲友赠送金额	元		265.96	1329.79	132.98	3989.36	4250.00		398.94	132.98	1500.00
新农村建设建房补贴	元										

4.3.2 农户家庭收入（分行业）

指标名称	单位	沙河沿镇	翰章乡	黄泥河镇	横道河镇	南屯基镇	沙河镇	乌兰花镇	什花道乡	双岗镇	吉林省
农业生产服务总收入	元	46405.16		43952.88	10934.52	12948.70	12492.80	68701.08	13565.33	35984.41	30623.11
林业总收入	元	0.00	0.00	0.00	0.00	0.00	0.00	0.00	0.00	0.00	0.00
工业总收入	元	0.00	0.00	0.00	0.00	0.00	0.00	0.00	0.00	0.00	0.00
建筑业总收入	元		15525.45	5292.77		6097.27	18594.25			12823.62	11666.67
交通运输业、邮电业总收入	元		22901.35		13740.81		22557.83			0.00	14800.00
批发和零售贸易、餐饮业总收入	元		9195.71		12539.61	12539.61	22947.49			31349.03	17714.29

(续表)

指标名称	单位	沙河沿镇	翰章乡	黄泥河镇	横道河镇	南屯基镇	沙河镇	乌兰花镇	什花道乡	双岗镇	吉林省
社会服务业总收入	元						12016.04	2807.49		6176.47	7000.00
文教卫生业总收入	元										
农业生产服务纯收入	元	34374.84		22995.78	11577.94	8734.12	8992.45	28610.70	6249.15	21761.02	17912.00
林业纯收入	元	0.00	0.00	0.00	0.00	0.00	0.00	0.00	0.00	0.00	0.00
工业纯收入	元	0.00	0.00	0.00	0.00	0.00	0.00	0.00	0.00	0.00	0.00
建筑业纯收入	元		10077.00	5695.70		7535.84	20301.87			10139.59	10750.00
交通运输业、邮电业纯收入	元		15211.27		15211.27		23577.46				18000.00
批发和零售贸易、餐饮业纯收入	元		8365.15		12301.68	12301.68	24582.87			26448.62	16800.00
社会服务业纯收入	元						18310.88	2658.03		7531.09	9500.00
文教卫生业纯收入	元										

4.3.3 农户家庭经营支出、生产性固定资产支出和税费支出

指标名称	单位	沙河沿镇	翰章乡	黄泥河镇	横道河镇	南屯基镇	沙河镇	乌兰花镇	什花道乡	双岗镇	吉林省
农业生产服务支出	元	3239.27		15041.34	2024.45	3890.99	1713.45	22934.07	1824.30	12523.00	7898.86
林业支出	元	0.00	0.00	0.00	0.00	0.00	0.00	0.00	0.00	0.00	0.00
工业生产支出	元	0.00	0.00	0.00	0.00	0.00	0.00	0.00	0.00	0.00	0.00
建筑业生产支出	元		101.84		872.90		50.68	43.65		130.94	240.00
交通运输业、邮电业支出	元		1968.55	147.64	537.41	98.43	2096.50		46.75		815.88
批发和零售贸易、餐饮业支出	元		1367.01	1537.88			982.54				1295.81
社会服务业支出	元								31.52	4.20	17.86
文教卫生业支出	元			980.75	1768.18	428.65	1320.24			2914.82	1482.53
其他家庭经营费用支出	元			56.43	112.85		5454.58			4636.86	2565.18
建造和购置生产性固定资产的费用支出	元			13.73	109.83		1784.72	137.29	2059.29		820.97
生产性固定资产折旧（使用年限15年）	元						788.76				788.76

(续表)

指标名称	单位	沙河沿镇	翰章乡	黄泥河镇	横道河镇	南屯基镇	沙河镇	乌兰花镇	什花道乡	双岗镇	吉林省
第一产业纳税（农业、林业、畜牧业和渔业）	元	0.00	0.00	0.00	0.00	0.00	0.00	0.00	0.00	0.00	0.00
第二产业纳税（工业和建筑业）	元	0.00	0.00	0.00	0.00	0.00	0.00	0.00	0.00	0.00	0.00
第三产业纳税（商业和服务业）	元	0.00	0.00	0.00	0.00	0.00	0.00	0.00	0.00	0.00	0.00
"一事一议"筹资	元						18.19				18.19
其他各项集资收费	元	0.00	0.00	0.00	0.00	0.00	0.00	0.00	0.00	0.00	0.00

4.3.4 农户家庭食品消费数量及支出

4.3.4.1 农户家庭全年食品购买数量（不含自产自用）

指标名称	单位	沙河沿镇	翰章乡	黄泥河镇	横道河镇	南屯基镇	沙河镇	乌兰花镇	什花道乡	双岗镇	吉林省
面粉	千克	88.05	82.68	102.98	74.41	107.59	84.28	112.73	109.19	139.07	100.11
大米	千克	135.05	126.56	136.06	193.64	181.65	188.43	161.38	147.59	165.32	159.52
玉米面	千克	20.43	18.28	16.41	65.72	40.71	21.69	83.81	58.07	57.73	42.54
小米	千克	10.65	10.01	12.07	7.16	20.36	27.14	30.19	41.36	25.03	20.44
高粱米	千克	0.00	0.00	0.00	0.00	0.00	0.00	0.00	0.00	0.00	0.00
其他谷物及其制品（荞麦、燕麦、大麦、糜子、黍子、籽粒苋等，谷物制品折粮计算）	千克	13.62	2.04	3.41	8.17			0.95	30.65	6.81	9.38
薯类（甘薯、马铃薯、木薯、芋类等，不包括菜用）	千克	65.10	46.56	54.71	57.72	67.50	90.99	33.04	134.39	68.63	68.74
粮食复制品（利用原粮加工而成的食品，如挂面、年糕等，但不包括用粮食加工成的豆油、豆腐、粉条、酒等）	千克	5.37	20.88	19.78	12.20	17.93	22.16	7.36	15.43	26.93	16.45
大豆	千克	21.06	8.36	8.36	26.02	6.69	55.75	17.56	8.94	11.87	18.29
杂豆（绿豆、红豆、蚕豆、豌豆、豇豆、扁豆、黑豆等）	千克		6.95	2.54	8.26	3.97	11.91	16.91	2.78	14.29	8.45
豆制品（各种豆腐、豆腐干/皮/丝、千张、素鸡、腐竹、豆浆粉、豆浆、豆奶、豆腐脑等）	千克	18.54	14.46	31.60	25.43	30.07	42.39	13.98	10.58	20.58	23.07

（续表）

指标名称	单位	沙河沿镇	翰章乡	黄泥河镇	横道河镇	南屯基镇	沙河镇	乌兰花镇	什花道乡	双岗镇	吉林省
植物性食用油（花生油、芝麻油、菜籽油、豆油、茶油等）	千克	36.86	39.34	40.25	40.42	46.39	54.82	21.77	20.29	30.87	36.78
动物性食用油（猪油、牛油、羊油等）	千克		20.79	31.19	7.28	15.59	25.99	16.09	25.99	31.00	21.74
猪肉及其制品	千克	37.13	32.09	34.34	46.54	69.18	69.68	48.76	60.16	41.60	48.83
牛肉及其制品	千克	11.09	13.18	10.75	12.44	8.38	12.90	6.99	4.21	11.95	10.21
羊肉及其制品	千克	8.32	9.50	5.39	5.42	4.43	24.50	5.47	12.40	17.71	10.35
鸡肉及其制品	千克	16.96	19.34	11.16	9.37	13.99	15.46	13.35	18.69	18.03	15.15
其他禽肉及其制品（鸭、鹅、鹌鹑、鸽、麻雀、火鸡等）	千克	11.15	10.41	7.44	13.81	12.79	38.42	7.44	7.44		13.61
其他肉类及其制品（狗肉、驴肉、马肉、蛇肉、兔肉、鹿肉、蛙肉等，但不包括鱼、虾等水产品）	千克		9.73	1.02	21.58			2.43		1.02	7.16
畜禽下水（内脏）及其制品	千克				5.00		5.00	5.50			5.17
鸡蛋及其制品	千克	19.96	29.82	23.84	19.97	39.92	57.25	24.32	17.54	22.35	28.33
鸭蛋及其制品	千克	3.62	9.60	3.84	15.09		9.14	11.89	5.49	10.29	8.62
其他蛋类及其制品（鹅蛋、鹌鹑蛋、鸽蛋等）	千克		0.79		5.90	0.39	4.92				3.00
鲜奶（牛奶、羊奶等）	千克	6.84	14.03	18.39	8.51	25.07	22.79	13.68	22.79	9.12	15.69
奶制品（酥油、奶粉、酸奶、炼乳、可可奶、麦乳精等）	千克	9.04	9.34		25.98	4.52	63.25	4.52			19.44
鱼类及其制品	千克	18.94	16.80	19.48	14.97	24.01	22.32	24.55	18.81	31.72	21.29
虾蟹类及其制品	千克		3.32	1.52	0.91	15.23	7.61				5.72
其他水产品及其制品	千克	5.49	9.88		6.15						7.17
蔬菜及菜制品（鲜菜、干菜，以及腌菜、榨菜、泡菜、酱菜等各类菜制品和蔬菜罐头，蔬菜和菜制品按鲜菜数量进行统计）	千克	145.16	70.51	141.40	71.32	113.40	75.09	69.63	175.87	110.97	108.15
水果及水果制品（各类鲜食水果、果用瓜、果干及水果罐头等）	千克	49.80	43.83	48.61	39.73	87.46	58.55	24.61	34.93	54.19	49.08

（续表）

指标名称	单位	沙河沿镇	翰章乡	黄泥河镇	横道河镇	南屯基镇	沙河镇	乌兰花镇	什花道乡	双岗镇	吉林省
坚果及果仁制品（核桃、板栗、开心果等坚果、果仁及其制品）	千克	4.96	5.94	44.72	3.31	13.87	8.39	9.02	5.26	13.53	12.11
卷烟（盒装）	盒	165.10	231.32	286.43	211.43	216.30	282.81	305.21	111.82	145.46	217.32
烟丝、烟叶等其他烟	千克	14.90	1.41	7.04		7.04	5.40	4.22	5.63		6.52
酒类（白酒、黄酒、啤酒、果酒等）	千克	29.78	40.76	24.14	62.52	54.16	84.03	46.72	48.87	70.09	51.23
食糖（白糖、红糖、冰糖、方糖等，不包括糖果、糖精）	千克	6.03	7.62	9.62	5.15	10.19	6.53	5.53	6.22	10.51	7.49
蜂蜜	千克	4.68	6.41	3.85	2.28	12.90	3.58	3.58	0.96		4.78
茶叶	千克	3.51	2.49	2.30	0.70	1.51	4.73	5.37	1.51	2.29	2.71
其他饮料（瓶/桶装水、碳酸类等除酒、茶外的各种固/液体饮料，以及雪糕等冷饮）	千克	4.58	18.70	39.70	14.20	17.97	56.12	9.16	45.81	85.52	32.42
调味品	千克	13.49	15.59	13.68	9.15	8.91	10.87	5.88	14.16	23.57	12.81

4.3.4.2 农户家庭全年食品购买金额（不含自产自用）

指标名称	单位	沙河沿镇	翰章乡	黄泥河镇	横道河镇	南屯基镇	沙河镇	乌兰花镇	什花道乡	双岗镇	吉林省
面粉	元	335.29	305.20	438.27	246.99	450.98	271.00	515.50	454.95	339.20	373.04
大米	元	573.94	684.96	657.48	1199.37	1009.82	873.34	892.81	642.16	630.38	796.03
玉米面	元	74.98	44.05	48.30	109.34	80.53	44.70	163.70	88.68	65.46	79.97
小米	元	76.41	81.59	64.22	46.46	192.84	116.80	169.39	163.50	117.67	114.32
高粱米	元	0.00	0.00	0.00	0.00	0.00	0.00	0.00	0.00	0.00	0.00
其他谷物及其制品（荞麦、燕麦、大麦、糜子、黍子、薏仁、籽粒苋等，谷物制品折粮计算）	元	6.05	8.46	30.23	6.05			7.98	18.14	24.18	14.44
薯类（甘薯、马铃薯、木薯、芋类等，不包括菜用）	元	93.28	80.64	102.46	102.07	87.98	247.26	106.28	213.17	118.14	127.92
粮食复制品（利用原粮加工而成的食品，如挂面、年糕等，但不包括用粮食加工成的豆油、豆腐、粉条、酒等）	元	23.30	138.49	94.74	171.16	62.64	96.14	46.92	90.40	178.10	100.21

（续表）

指标名称	单位	沙河沿镇	翰章乡	黄泥河镇	横道河镇	南屯基镇	沙河镇	乌兰花镇	什花道乡	双岗镇	吉林省
大豆	元	85.11	33.61	29.27	119.94	23.49	173.47	142.57	32.63	55.80	77.32
杂豆（绿豆、红豆、蚕豆、豌豆、豇豆、扁豆、黑豆等）	元		65.16	26.43	44.22	31.24	52.87	79.08	29.18	48.06	47.03
豆制品（各种豆腐、豆腐干/皮/丝、千张、素鸡、腐竹、豆浆粉、豆浆、豆奶、豆腐脑等）	元	118.69	117.21	142.55	168.91	151.43	215.96	144.04	75.21	180.80	146.09
植物性食用油（花生油、芝麻油、菜籽油、豆油、茶油、棉籽油等）	元	333.44	413.39	627.11	380.09	341.00	404.57	191.87	283.31	331.38	367.35
动物性食用油（猪油、牛油、羊油等）	元		285.01	152.01	259.68	506.69	112.95	191.82	245.61	281.26	254.38
猪肉及其制品	元	856.89	795.31	676.59	868.73	803.65	1374.03	964.82	1018.50	877.92	915.16
牛肉及其制品	元	410.96	459.91	357.79	361.41	225.68	527.37	393.88	192.23	469.45	377.63
羊肉及其制品	元	100.30	101.67	133.37	91.49	93.56	858.30	99.01	164.67	362.10	222.72
鸡肉及其制品	元	270.74	309.82	289.03	157.22	125.90	214.65	158.58	257.64	251.59	226.13
其他禽肉及其制品（鸭、鹅、鹌鹑、鸽、麻雀、火鸡等）	元	69.01	76.68	69.01	75.58	65.17	93.33	25.30	55.21		66.16
其他肉类及其制品（狗肉、驴肉、马肉、蛇肉、兔肉、鹿肉、蛙肉等，但不包括鱼、虾等水产品）	元		119.84	47.94	22.69			75.73		39.95	61.23
畜禽下水（内脏）及其制品	元		47.63		11.91		2.68	33.74			23.99
鸡蛋及其制品	元	136.66	237.57	170.29	191.88	208.41	268.33	198.23	132.74	206.75	194.54
鸭蛋及其制品	元	55.31	46.09	35.12	36.58		92.18	73.45	43.89	95.47	59.76
其他蛋类及其制品（鹅蛋、鹌鹑蛋、鸽蛋等）	元		3.17		7.13	1.19	4.75				4.06
鲜奶（牛奶、羊奶等）	元	80.75	130.44	341.22	92.34	93.31	269.16	62.80	60.11	89.72	135.54
奶制品（酥油、奶粉、酸奶、炼乳、可可奶、麦乳精等）	元	74.71	49.81		78.98	42.69	194.95	26.68			77.97
鱼类及其制品	元	285.23	207.19	214.43	204.53	157.11	235.47	301.32	264.53	317.55	243.04
虾蟹类及其制品	元		39.17	49.82	21.51	22.64	169.82		90.57		65.59
其他水产品及其制品	元	38.91	39.15		12.84						30.30

(续表)

指标名称	单位	沙河沿镇	翰章乡	黄泥河镇	横道河镇	南屯基镇	沙河镇	乌兰花镇	什花道乡	双岗镇	吉林省
蔬菜及菜制品（鲜菜、干菜，以及腌菜、榨菜、泡菜、酱菜等各类菜制品和蔬菜罐头，蔬菜和菜制品按鲜菜数量进行统计）	元	610.28	506.10	687.16	341.01	370.37	480.43	449.27	446.16	410.23	477.89
水果及水果制品（各类鲜食水果、果用瓜、果干、蜜饯及水果罐头等）	元	323.66	334.55	308.71	217.89	266.75	400.88	200.74	206.24	300.54	284.44
坚果及果仁制品（核桃、板栗、开心果、榛子、杏仁等坚果、果仁及其制品）	元	15.70	40.78	187.02	43.12	79.18	56.43		38.91	224.23	85.67
卷烟（盒装）	元	1259.05	1845.95	1802.37	1384.96	1590.13	1984.24	1063.97	604.89	895.16	1381.19
烟丝、烟叶等其他烟	元	61.72	157.10	56.11		112.22	37.41	28.99	32.73	67.33	69.20
酒类（白酒、黄酒、啤酒、果酒等）	元	299.09	403.44	336.03	453.60	278.21	567.30	473.26	330.79	772.83	434.95
食糖（白糖、红糖、冰糖、方糖等，不包括糖果、糖精）	元	53.02	54.82	70.76	58.10	59.12	44.60	61.32	76.23	136.10	68.23
蜂蜜	元	70.14	79.80	82.35	57.69	26.02	81.19	57.25	49.96		63.05
茶叶	元	99.88	151.66	90.51	37.96	178.57	379.65	88.01	39.19	53.19	124.29
其他饮料（瓶/桶装水、碳酸类、果汁类、冲泡类等除酒、茶外的各种固/液体饮料，以及雪糕等冷饮）	元	39.91	63.08	138.82	87.21	80.69	164.49	52.06	96.31	156.18	97.64
调味品	元	137.08	175.52	225.41	201.29	173.65	153.02	135.99	149.03	237.70	176.52
其他户内食品消费支出	元	76.38	178.08	65.47	54.99	94.93	58.92	237.33		216.05	122.77
食品加工费	元		19.07			9.66	9.66				12.80

4.3.4.3 家庭成员户外食品消费支出

指标名称	单位	沙河沿镇	翰章乡	黄泥河镇	横道河镇	南屯基镇	沙河镇	乌兰花镇	什花道乡	双岗镇	吉林省
在外吃饭的外出务工成员的户外食品	元	1357.10	420.39	2183.84	847.54	1403.89	1570.31	538.16		2461.49	1347.84
在外吃饭的学生及陪读成员的户外食品	元	8515.31	1220.53	1703.06	1490.18	1264.05	468.34			1703.06	2337.79
在医院吃饭的病号及陪护成员的户外食品	元		341.45	987.83	210.99	128.85	327.49	161.06		644.24	400.27

(续表)

指标名称	单位	沙河沿镇	翰章乡	黄泥河镇	横道河镇	南屯基镇	沙河镇	乌兰花镇	什花道乡	双岗镇	吉林省
在家吃饭的家庭成员外出办事、购物、探亲访友、旅游等偶然性或临时性户外食品	元	759.54	848.67	753.34	410.15	403.64	593.59	681.41		1184.88	704.40
其他户外食品消费支出	元	5.20	10.41		0.73	10.41	2.08			156.15	30.83

4.3.5 农户家庭非食品生活消费支出

指标名称	单位	沙河沿镇	翰章乡	黄泥河镇	横道河镇	南屯基镇	沙河镇	乌兰花镇	什花道乡	双岗镇	吉林省
衣着消费支出	元	2178.38	2574.21	1297.02	1663.67	1138.42	1130.09	1773.11	782.55	1025.83	1507.03
居住消费支出	元	39.32	115.34	0.00	597.41	18.29	84.17	421.92	18.90	37.19	148.06
其中：在家居住成员租赁生活用房所付的租金（不包括外出住旅店和招待所支付的住宿费，以及外出打工、在外陪读、在医院陪护等的房屋租赁支出或住宿费）	元	0.00	0.00	0.00	0.00	0.00	0.00	0.00	0.00	0.00	0.00
外出打工成员租赁生活用房所付的租金或在外住宿费	元	1434.14	547.38	410.54	82.11	250.88	385.45	164.21		0.00	409.34
生活用水费	元	71.33	79.51	76.58	53.30	91.99	131.51	106.85	73.33	229.36	101.53
生活用电费	元	380.65	453.77	633.86	565.48	498.63	455.72	490.59	534.89	597.29	512.32
生活用燃料支出（用于做饭、烧水、照明、洗漱和取暖等的生活能源支出，但不包括加热饲料用的燃料以及交通用柴油、汽油等燃料）	元	699.26	683.68	1862.58	682.38	607.90	719.72	421.70	608.70	1159.43	827.26
家庭设备、用品及服务支出	元	825.80	740.37	452.77	461.47	1265.08	1531.14	257.28		430.65	745.57
医疗保健支出	元	1046.21	435.52	1784.13	539.26	619.18	1241.95	951.17	2334.46	735.44	1076.37
交通通信支出	元	554.95	727.74	824.80	730.76	538.49	1189.72	1695.13	737.10	1137.12	903.98
其中：因外出打工而产生的交通费支出	元	373.93	417.93	637.89	274.11	477.63	374.77	219.96	322.61	272.75	374.62
文教娱乐用品及服务支出	元	12428.82	358.05	823.10	240.35	2839.70	4732.83	1206.49	12346.51	2880.85	4206.30

(续表)

指标名称	单位	沙河沿镇	翰章乡	黄泥河镇	横道河镇	南屯基镇	沙河镇	乌兰花镇	什花道乡	双岗镇	吉林省
其中：子女教育支出	元	11052.39	4909.07	4537.89	5557.57	4983.73	7705.29	7269.47	12028.63	13304.71	7927.64
其他商品消费支出（化妆品、金银珠宝饰品，以及手表、迷信用品等其他生活用商品的消费支出）	元	473.88	337.26	248.87	388.05	432.62	601.36	434.28	127.52	872.42	435.14
其他服务消费支出（旅店住宿费、洗澡费、美容美发费、照相费、殡殓费）	元	151.65	242.07	127.64	138.28	204.23	347.32	179.11	109.24	562.35	229.10
家庭成员外出务工成本支出（指中介费、职业介绍费、培训费、办证费及其他费用）	元				2.15	0.54	6.45			6.86	4.00

4.3.6 农户家庭财产性支出和转移性支出

指标名称	单位	沙河沿镇	翰章乡	黄泥河镇	横道河镇	南屯基镇	沙河镇	乌兰花镇	什花道乡	双岗镇	吉林省
非生产性贷款或借款的利息支出	元	0.00	0.00	0.00	0.00	0.00	0.00	0.00	0.00	0.00	0.00
宅基地使用费	元										
土地承包费（包括承包集体和其他农户等）	元	6950.74	1587.95		508.78	565.31		1978.58	1856.10	5257.38	2672.12
承包租赁村组集体资产支出（不包括承包土地）	元										
寄给和带给家庭非常住人口的金额	元		1000.00		1000.00	500.00	600.00		1000.00	500.00	766.67
赠送亲友	元	736.31	923.73		521.73	654.50	1595.34	343.61	409.06	2331.65	939.49
赡养费、抚养费	元	1382.09	1575.03	415.81	789.77	3402.07	1256.88	664.95	494.85	812.72	1199.35
公益事业捐赠（指对灾害、贫困、残疾人等群体或个人，以及对文教卫体事业、环境保护、社会公共设施建设等社会公共和福利事业的爱心捐赠）	元	65.94	119.45	74.65	101.53	49.77	150.97	132.72		995.38	211.30
迷信、宗教活动捐赠	元		26.69		13.34	595.97					212.00
人情礼支出	元	2543.53	2939.27	2664.36	2835.86	4258.29	4997.65	1520.16	1558.29	1451.14	2752.06
嫁妆、聘礼	元	775.00	258.33		7233.33	258.33	645.83			129.17	1550.00
各种红白喜事宴请支出（婚丧、升学、盖房等）	元	3957.68	3481.51	2274.74	2818.73	4225.13	5748.19	6625.78	607.58	1677.76	3490.79

(续表)

指标名称	单位	沙河沿镇	翰章乡	黄泥河镇	横道河镇	南屯基镇	沙河镇	乌兰花镇	什花道乡	双岗镇	吉林省
交纳党费、团费	元	49.50	60.91	40.33	8.24	5.42	8.88	15.55	15.63	18.57	24.78
交纳保险费支出	元	888.48	2157.30	733.84	1097.08	1295.04	683.85	676.23	173.73	474.02	908.84
其中：农村新型合作医疗支出	元	584.05	571.05	589.27	695.44	631.04	587.33	536.48	500.58	475.71	574.55
城镇医疗保险支出	元	228.38	377.20	137.03		91.35			28.55		172.50
商业医疗保险支出	元	20.82	34.41	740.15				4.63			200.00
农村养老保险支出	元	250.84	250.53	387.80	326.52	299.37	219.64	171.89	411.82	590.75	323.24
城镇养老保险支出	元	787.03	86.67				28.11				300.60
商业养老保险支出	元										
工伤保险支出	元										
车辆保险支出	元	2239.71	1318.20	2562.85	1867.54	1330.01	2904.57	1883.14	1245.77	1102.99	1828.31
其他保险支出（如人身意外险、疾病保险、财产保险及各种储蓄型保险）	元	27.71	54.80	133.00	12.47	831.25	122.17		27.71		172.73
罚款（如违反计划生育罚款、交通违章罚款、违反治安管理处罚条例罚款等）、赔款	元	255.56	106.48				340.74	170.37	276.85		230.00
购买彩票	元										
其他（如遗失、被盗等）	元										

4.3.7 农户家庭生活用燃料数量及支出

4.3.7.1 农户家庭生活用燃料购买数量（不含交通用燃料）

指标名称	单位	沙河沿镇	翰章乡	黄泥河镇	横道河镇	南屯基镇	沙河镇	乌兰花镇	什花道乡	双岗镇	吉林省
秸秆	吨	8.40	4.18	8.76	120.31	22.76	116.83	61.66	42.86	73.78	51.06

(续表)

指标名称	单位	沙河沿镇	翰章乡	黄泥河镇	横道河镇	南屯基镇	沙河镇	乌兰花镇	什花道乡	双岗镇	吉林省
薪柴	吨	0.28	313.56	37.45	14.71	37.39	138.53	0.16	15.79	9.76	63.07
煤炭	吨	0.15	157.06	150.62	18.71	41.33	32.75	0.00	95.13	0.32	55.12
罐装液化石油气	千克	34.77	32.69	31.41	30.20	21.34	18.09	4.96		12.95	23.30
管道天然气	米³	0.00	0.00	0.00	0.00	0.00	0.00	0.00	0.00	0.00	0.00
管道煤气	米³	0.00	0.00	0.00	0.00	0.00	0.00	0.00	0.00	0.00	0.00
汽油	升	8.23	7.13	7.64	7.91	7.84	8.22	8.54	7.90	7.95	7.93
柴油	升	6.17	6.16	6.00	6.24	6.19	6.02	5.88	6.03	6.02	6.08
沼气	米³	0.00	0.00	0.00	0.00	0.00	0.00	0.00	0.00	0.00	0.00

4.3.7.2 农户家庭生活用燃料购买金额(不含交通用燃料)

指标名称	单位	沙河沿镇	翰章乡	黄泥河镇	横道河镇	南屯基镇	沙河镇	乌兰花镇	什花道乡	双岗镇	吉林省
秸秆	元	103.82	153.68	36.06	501.48	192.35	278.09	209.66	202.29	173.86	205.70
薪柴	元	111.04	226.62	241.12	19.04	13.30	59.57	6.35	10.15	76.91	84.90
煤炭	元	37.83	167.97	307.31	45.92	42.82	55.26	0.00	15.84	134.36	89.70
罐装液化石油气	元	204.81	208.58	250.87	354.51	221.41	323.55	237.57		220.14	252.68
管道天然气	元				0.00		0.00	29.10		21.82	12.73
管道煤气	元	0.00	0.00	0.00	0.00	0.00	0.00	0.00	0.00	0.00	0.00
汽油	元	521.49	620.85	355.86	233.56	214.34	429.61	1125.65	126.11	1568.94	577.38
柴油	元	631.52	1022.40	529.67	234.28	258.34	264.66	1812.78	1295.67	898.33	771.96
沼气	元	0.20				6.08					3.14

5

2017年分乡镇样本的农户统计

5.1 农户家庭基本情况

5.1.1 家庭成员基本特征

指标名称	单位	沙河沿镇	翰章乡	黄泥河镇	横道河镇	南屯基镇	沙河镇	乌兰花镇	什花道乡	双岗镇	吉林省
年龄	周岁	55.27	58.17	52.22	52.36	49.83	50.43	56.48	56.81	51.18	53.64
受教育年限	年	8.66	7.40	8.95	7.69	7.75	7.77	7.44	7.45	8.07	7.91
本年累计在家居住时间	月	11.35	10.52	11.68	11.91	11.03	10.95	11.60	11.58	10.91	11.28
本年务工天数	天	80.84	59.71	9.87	124.72	72.09	69.29	7.57	18.03	12.30	50.49
本年如有务工，平均月工资	元	1634.45	1471.87	785.70	435.19	4144.26	1396.29	661.64	1401.65	912.76	1427.09
本年全家报销的医疗费用（含新农合、商业保险等）金额	元	207.53	140.60	267.65	69.16	413.78	262.96	100.37	3322.25	0.00	531.59

5.1.2 土地、家庭信贷及其他情况

5.1.2.1 土地情况

指标名称	单位	沙河沿镇	翰章乡	黄泥河镇	横道河镇	南屯基镇	沙河镇	乌兰花镇	什花道乡	双岗镇	吉林省
家庭承包的土地面积（即依法承包村集体的土地面积）	亩	27.66	22.46	17.40	9.36	18.49	18.34	27.64	16.81	18.87	19.67
耕地面积	亩	27.48	22.33	17.26	9.28	13.79	18.17	27.48	16.72	18.76	19.03
园地面积	亩						0.04				0.04
林地面积	亩	0.21	0.06	0.50	0.29	0.24	0.18	0.28	0.08	0.04	0.21
草地面积	亩					13.62			8.87		11.25
荒山、荒沟、荒丘、荒滩面积	亩		0.07		0.03	0.02	6.87				1.75

（续表）

指标名称	单位	沙河沿镇	翰章乡	黄泥河镇	横道河镇	南屯基镇	沙河镇	乌兰花镇	什花道乡	双岗镇	吉林省
未计入承包地的耕地面积（如自留地、开荒地）	亩	2.94	8.76	2.52	3.74	5.04	5.68				4.78
撂荒的耕地面积	亩			2.65		2.00					2.33
承包的耕地面积	亩	23.36	32.14	10.85	7.60	18.09	15.53		30.33		19.70
本年转出耕地的面积	亩	24.03	22.74	12.19	5.46	5.70	17.69	33.45	13.25	17.50	16.89
本年转出耕地的收入（含实物折价）	元/（亩·年）	80.16	56.82	55.93	38.45	1221.09	187.36	66.18	140.66	419.46	251.79
本年转入耕地的面积	亩	38.61	29.19	12.04	11.71	24.12	10.78	63.69	57.56	85.12	36.98
本年转入耕地的支出（含实物折价）	元/（亩·年）	296.33	132.96	117.67	66.78	262.99	68.64	51.92	863.60	368.69	247.73
本年经营耕地面积（即实际耕种面积）	亩	54.59	33.97	19.01	13.29	22.78	23.81	42.91	44.82	58.39	34.84
其中：<1亩耕地的块数	块	2.54	2.43	1.14	2.17	3.11	2.37	6.63	2.87	1.85	2.79
1（含）~3亩耕地的块数	块	3.16	1.82	2.00	1.98	3.08	3.10	6.01	2.71	1.96	2.87
3（含）~5亩耕地的块数	块	2.96	1.80	1.89	1.55	2.26	1.47	3.46	3.15	2.88	2.38
≥5亩耕地的块数	块	4.36	2.22	2.02	1.17	1.76	1.34	2.89	4.78	3.85	2.71
其中：水田面积	亩	27.17		13.56	4.15	9.42	4.76	14.47	4.52		11.15
水浇地面积	亩		22.00		2.31	5.63	2.69	17.40	23.21	6.07	11.33
旱地面积	亩	40.42	34.74	22.95	11.69	22.22	20.21	42.68	51.71	58.04	33.85
本年经营温室大棚面积	亩			2.64		10.94	16.02	0.00		12.04	8.33
本年经营园地面积	亩		0.57		0.57	1.14		0.00			0.57
其中：果园面积	亩										
茶园面积	亩	0.00	0.00	0.00	0.00	0.00	0.00	0.00	0.00	0.00	0.00
桑园面积	亩										
本年经营林地面积	亩	10.78	5.20	15.05	11.78			18.20			12.2
本年经营草地面积	亩				14.89						14.89
其中：天然草地面积	亩									30.00	30.00
本年经营水面面积	亩	0.00	0.00	0.00	0.00	0.00	0.00	0.00	0.00	0.00	0.00
其中：海水养殖面积	亩										
淡水养殖面积	亩										

5.1.2.2 家庭存款、贷款及投资

指标名称	单位	沙河沿镇	翰章乡	黄泥河镇	横道河镇	南屯基镇	沙河镇	乌兰花镇	什花道乡	双岗镇	吉林省
年底家庭银行存款总额	元	23180.52	26377.61	27106.66	48390.15	12983.28	20751.89	6217.74	27143.89	11052.07	22578.20
年底家中存有现金金额	元	6279.32	2779.02	2150.89	3205.44	1620.25	8768.38	4243.77	4196.54	3501.22	4082.76
年底家庭持有的全部对外投资	元										
其中：持有股票、基金、债券等证券类投资金额	元				100.00						100.00
对企业、合作社等投入的股权类投资金额	元						5000.00				5000.00
本年全年家庭外借出去的金额	元	12823.30	2959.22		7233.66	13809.71	7649.15			9864.08	9056.52
家庭借给别人的钱到年底还没有收回的金额	元	12749.24			5577.79	7968.28	3550.31			5179.38	7005.00
年底家庭所欠外债金额	元	22803.88	14799.75	25031.14	62220.26	31140.78	12522.87	9195.11	24170.01	15325.19	24134.33
这些外债有多少来自银行、信用社等正规金融机构	元		3868.14	45128.32		8767.79	16761.95	59454.77	38681.42	25787.61	28350.00
其中：年利率	%		2.52	4.27	0.09	0.07	3.64	8.03	0.55	0.90	2.51
这些外债有多少来自民间借贷机构（如农村资金互助社）	元	67.06			894.08	194.16	44.70				300.00
其中：年利率	%	0.00	0.00	0.00	0.00	0.00	0.00	0.00	0.00	0.00	0.00
这些外债有多少来自亲戚朋友等私人关系	元	6267.45	21488.41	13430.26	71628.05	9920.48	5372.10	3282.95	16554.04	6565.90	17167.74
其中：年利率	%	0.00	0.00	0.00	0.00	0.00	0.00	0.00	0.00	0.00	0.00

5.1.2.3 其他

指标名称	单位	沙河沿镇	翰章乡	黄泥河镇	横道河镇	南屯基镇	沙河镇	乌兰花镇	什花道乡	双岗镇	吉林省
取饮用水往返一次需多长时间	分钟			0.65	0.21	1.79	0.08	0.05	0.06	2.83	0.81
如果购买了农业保险，支付了多少保费	元	148.34	95.96	64.18	644.30	51.65	45.71	192.07	135.03	66.44	160.41

5.1.3 住房、生产性固定资产和耐用消费品

指标名称	单位	沙河沿镇	翰章乡	黄泥河镇	横道河镇	南屯基镇	沙河镇	乌兰花镇	什花道乡	双岗镇	吉林省
年底在本村住房面积	米²	75.53	63.76	77.44	77.73	60.70	102.48	76.76	65.30	80.96	75.63
年底在城镇住房面积	米²	167.10	55.97	158.42	14.54	47.12	14.39	0.00	92.77	57.18	67.50
生产性用房面积（如烤烟房、生产车间、仓库等）	米²	25.88	53.26	126.97	24.18	12.55	30.13	20.17	10.47	68.99	41.40
拖拉机	台	0.27	0.25	0.20	0.29	0.23	8.35	0.24	0.22	0.20	1.14
三轮摩托车	台	0.99	0.99	0.99	0.99	0.99	0.83	0.99	0.89		0.96
机引农具	台	0.29	0.17	0.15	0.17	0.34	8.95	0.16	0.14	0.15	1.17
畜引农具	台		1.05		0.53	1.05	0.53		0.53	1.05	0.79
喷雾器、喷雾机	个	0.37	0.24	0.34	0.31	0.28	8.88	0.23	0.22	0.30	1.24
风车	架										
手推车、板车、三轮车、四轮车	辆	0.06	0.10		0.06	0.08	8.33	0.06	0.06	0.06	1.10
打稻（谷）机	台	1.20					0.80				1.00
脱粒机	台	1.00	1.00		1.00		1.00	1.00			1.00
抽水机	台	0.05	0.05	0.05	0.06	0.06	8.57	0.05	0.05	0.05	1.00
电动机	台	0.93	1.33	0.93	1.16	0.93	0.93	0.93	0.93	0.93	1.00
柴油机	台	0.95			0.95	0.95	1.19	0.95	1.04	0.95	1.00
加工机械	台					1.00				1.00	1.00
船	只										
粉碎机	台	1.75	0.88			0.88	0.88	0.88	0.88	0.88	1.00
木工多用机	台						1.00				
温室大棚	米²	432.32	103.76	65.37		207.51					202.24
牛、羊等牲畜养殖场	米²	37.06	23.72	44.76	17.14	63.02	40.19	42.97	53.71	204.10	58.52
生猪养殖场	米²		20.29		1.62	1.59	69.55			5.70	19.75
鸡、鸭、鹅等禽类养殖场	米²		0.94		2.79	55.46	4.15	5.37		2.99	11.95

(续表)

指标名称	单位	沙河沿镇	翰章乡	黄泥河镇	横道河镇	南屯基镇	沙河镇	乌兰花镇	什花道乡	双岗镇	吉林省
兔子、貂等特种养殖场	米²										
鱼塘	米²										
缝纫机	台	1.00	1.00	1.00	1.00	1.00	1.00	1.00	1.00	1.00	1.00
电冰箱、空调	台	0.22	0.22	0.24	0.25	0.23	7.83	0.21	0.22	0.21	1.07
电视卫星接收器	台	0.99	0.99	0.99	1.24	0.99	0.74	0.99	0.99	0.99	0.99
收音机、VCD、DVD	台				1.00	1.00					1.00
组合音响	套	0.87	0.87	0.65		0.65		0.98		1.96	1.00
电话座机、手机	部	0.75	0.87	0.76	0.99	0.87	13.51	0.78	0.74	0.78	2.23
电饭锅、微波炉、压力锅、电磁炉	个	0.27	0.27	0.24	0.28	0.26	8.75	0.33	0.25	0.23	1.21
抽油烟机	台	0.96	0.96	1.03	0.96	1.28	0.96	0.96	0.96	0.96	1.00
彩色电视机	台	0.22	0.23	0.22	0.28	0.22	7.99	0.22	0.22	0.21	1.09
沼气灶、炉子	台	0.99	1.32		0.99	0.99	0.99	0.99	0.99		1.04
照相机	台	1.00	1.00				1.00				1.00
摄像机	台										
吸尘器	台										
自行车	辆	0.08	0.09	0.08	0.10	0.09	7.66	0.08		0.08	1.03
电动车	辆	1.03	1.15	1.03	1.03	1.37	1.03	1.03	1.03	1.03	1.08
摩托车	辆	0.15	0.15	0.15	0.16	0.15	7.98	0.15	0.15	0.15	1.02
小汽车	辆	1.14	0.97	0.97	0.97	0.97	1.04	0.97	0.97	0.97	1.00
电脑	台	1.06	0.99	0.99	0.99	0.99	0.99	0.99	0.99	0.99	1.00
洗衣机	台	0.16	0.17	0.17	0.16	0.17	7.67	0.16	0.16	0.16	1.00
电风扇、电暖气	台	0.09	0.14	0.09	0.11	0.10	8.89	0.10	0.10	0.09	1.08
热水器	个	0.02	0.02		0.02	0.02	6.86	0.02	0.02		1.00
太阳能设备	台	1.00	1.00	1.00	1.00			1.00		1.00	1.00
床、炕	个	0.34	0.41	0.39	0.46	0.41	11.11	0.36	0.27	0.30	1.56
柜子、碗柜、衣柜	个	0.25	0.28	0.26	0.21	0.34	12.53	0.28	0.24	0.19	1.62
写字台、桌子	个	1.64	0.98	0.98	0.98	1.15	1.23	1.15	0.98	0.98	1.12
箱子	只	1.34	0.89	1.78	1.78	1.64	1.78	3.12	0.89	0.89	1.57
椅子、沙发	个	0.85	0.85	1.04	1.92	1.95	2.32		2.99	1.59	1.69
压面机	台			1.00		1.00					1.00

5.2 农户家庭生产情况

5.2.1 种植业

5.2.1.1 稻谷

（1）稻谷生产及销售情况

指标名称	单位	沙河沿镇	翰章乡	黄泥河镇	横道河镇	南屯基镇	沙河镇	乌兰花镇	什花道乡	双岗镇	吉林省
年初库存	千克	2.61		3.22		342.63	9.06				89.38
播种面积	亩	13.03			2.36	6.08	2.57				6.01
当年产量	千克	5723.43			1200.52	2922.14	1387.03				2808.28
因灾减产	千克	451.24				150.91	26.41				209.52
获得农业保险赔偿金额	元	233.00					33.66				133.33
自食或送人数量	千克	672.87			345.63	418.83					479.11
用于饲料数量	千克						124.12				124.12
总销售量	千克	5863.65			964.02	3271.49	1238.32				2834.37
总销售收入	元	17165.03			3291.93	6103.39	3745.20				7576.39
留种自用	千克				299.29						299.29
年底库存	千克	530.49			265.24	596.80	100.79				373.33
本年副产品收入	元						431.67				431.67
翌年预计播种面积	亩	10.16			1.87	6.48	2.25				5.19

（2）稻谷成本投入

指标名称	单位	沙河沿镇	翰章乡	黄泥河镇	横道河镇	南屯基镇	沙河镇	乌兰花镇	什花道乡	双岗镇	吉林省
种子、秧苗数量	千克	214.85				14.83	32.64				87.44
种子、秧苗金额	元	1771.02				201.57	257.52				743.37
化肥施用量	千克	2149.63				228.77	214.72				864.37
化肥金额	元	8799.59				679.48	558.69				3345.92
自产有机肥价值	元	500.00					100.00				300.00
外购有机肥金额	元					3389.09	198.03				1793.56
农药、除草剂费	元	652.06				204.00	149.48				335.18
农膜费	元	696.37				130.22	246.28				357.62
排灌费	元	55.29				395.88	391.45				280.87

（续表）

指标名称	单位	沙河沿镇	翰章乡	黄泥河镇	横道河镇	南屯基镇	沙河镇	乌兰花镇	什花道乡	双岗镇	吉林省
机械费	元	2771.21				3111.16	252.04				2044.80
土地租赁费（含实物折价）	元/年	16037.94				1584.87	49.68				5890.83
自家投入劳动力数量	工日	44.78				22.58	69.83				45.73
雇工数量	工日	19.97				19.84	12.18				17.33
雇工平均价格	元/工日	156.77				209.03	60.62				142.14
运输仓储费	元					200.00	200.00				200.00
贷款利息	元	0.00	0.00	0.00	0.00	0.00	0.00	0.00	0.00	0.00	0.00
保险费支出	元	58.88				23.07	29.05				37.00
其他费用	元	926.39					259.87				593.13

5.2.1.2 大豆

（1）大豆生产及销售情况

指标名称	单位	沙河沿镇	翰章乡	黄泥河镇	横道河镇	南屯基镇	沙河镇	乌兰花镇	什花道乡	双岗镇	吉林省
年初库存	千克		64.58	287.50							176.04
播种面积	亩	28.77	23.61	13.65					30.00		24.01
当年产量	千克	5653.52	3390.31	2254.80					1500.00		3199.66
因灾减产	千克	963.21	362.22	1273.50							866.31
获得农业保险赔偿金额	元	858.89	611.57	423.33							631.26
自食或送人数量	千克	203.33	800.00	925.00							642.78
用于饲料数量	千克	1133.33	1090.00	739.00							987.44
总销售量	千克	5905.57	3279.02	2142.57					1500.00		3206.79
总销售收入	元	16608.00	10166.80	5284.41					1000.00		8264.80
留种自用	千克		50.00	3000.00							1525.00
年底库存	千克		1800.00	750.00							1275.00
本年副产品收入	元		1500.00								1500.00
翌年预计播种面积	亩	29.14	20.60	12.12					30.00		22.97

(2）大豆成本投入

指标名称	单位	沙河沿镇	翰章乡	黄泥河镇	横道河镇	南屯基镇	沙河镇	乌兰花镇	什花道乡	双岗镇	吉林省
种子、秧苗数量	千克	111.80	95.13	69.56					25.00		75.37
种子、秧苗金额	元	807.00	693.17	511.94					200.00		553.03
化肥施用量	千克	787.97	805.04	509.80					400.00		625.70
化肥金额	元	2566.07	2096.78	1410.41					1200.00		1818.32
自产有机肥价值	元	1600.00	700.00								1150.00
外购有机肥金额	元		670.00								670.00
农药、除草剂费	元	390.00	369.47	209.68					500.00		367.29
农膜费	元										
排灌费	元	150.00									150.00
机械费	元	763.53	451.61	496.67							570.60
土地租赁费（含实物折价）	元/年	8030.00		20.00							4025.00
自家投入劳动力数量	工日	29.56	20.10	13.25					20.00		20.73
雇工数量	工日		3.33	5.67							4.50
雇工平均价格	元/工日		803.33	536.67							670.00
运输仓储费	元	200.00	1000.00								600.00
贷款利息	元		350.00								350.00
保险费支出	元	142.00	87.07	98.57							109.21
其他费用	元	1081.82	478.08								779.95

5.2.1.3 玉米

(1) 玉米生产及销售情况

指标名称	单位	沙河沿镇	翰章乡	黄泥河镇	横道河镇	南屯基镇	沙河镇	乌兰花镇	什花道乡	双岗镇	吉林省
年初库存	千克	39.01	45.52	83.45	248.13	1362.17	1.52	36.21	66.53	65.69	216.47
播种面积	亩	0.87	0.59	0.35	24.04	0.90	0.82	98.34	34.58	1.50	18.00
当年产量	千克	14583.37	4707.28	3016.04	8322.22	13518.96	14613.67	3287.22	7703.43	17060.46	9645.85
因灾减产	千克	954.97	159.70	699.23	352.23	2095.00	905.69	329.83	1987.07	1507.19	998.99
获得农业保险赔偿金额	元	168.20	80.92	195.29	55.30	159.32	131.94	469.08	357.95	217.30	203.92
自食或送人数量	千克	285.98		115.49	120.99	439.97	139.32	170.71	325.57		228.29
用于饲料数量	千克	2376.08	695.33	239.70	1083.05	496.33	599.94	1027.79	1257.84	734.42	945.61

（续表）

指标名称	单位	沙河沿镇	翰章乡	黄泥河镇	横道河镇	南屯基镇	沙河镇	乌兰花镇	什花道乡	双岗镇	吉林省
总销售量	千克	11005.72	4331.01	2648.45	7747.05	11105.71	14010.32	5900.51	7328.27	24372.35	9827.71
总销售收入	元	11093.49	6571.76	3526.74	12250.39	19276.36	21402.80	8668.35	9587.73	41036.84	14823.83
留种自用	千克			40.59	189.88	51.18				40.59	80.56
年底库存	千克	918.77	1298.86	765.65	1100.89	3649.24	2026.62	236.99	351.00	266.31	1179.37
本年副产品收入	元					152.35	376.80			170.12	233.09
翌年预计播种面积	亩	23.44	13.51	7.46	8.16	17.37	14.84	33.33	18.72	24.09	17.88

（2）玉米成本投入

指标名称	单位	沙河沿镇	翰章乡	黄泥河镇	横道河镇	南屯基镇	沙河镇	乌兰花镇	什花道乡	双岗镇	吉林省
种子、秧苗数量	千克	29.89	18.40	11.73	16.66	140.44	45.30	36.89	17.10	32.60	38.78
种子、秧苗金额	元	731.20	323.68	230.11	509.85	1080.24	1948.67	1158.43	1131.42	1875.23	998.76
化肥施用量	千克	956.37	373.81	348.13	698.52	1468.51	1131.61	856.52	587.17	1118.67	837.70
化肥金额	元	2272.83	1255.43	1105.49	2003.97	4305.34	2752.60	2990.20	1716.12	3290.82	2410.31
自产有机肥价值	元	1067.22	490.92				461.04		640.33	931.39	718.18
外购有机肥金额	元		117.51			0.88	1894.92			440.68	613.50
农药、除草剂费	元	406.72	201.76	152.14	257.28	396.50	299.90	373.58	210.09	514.60	312.51
农膜费	元	49.47				180.53					115.00
排灌费	元	119.03					39.68	2797.16	212.27	1020.07	837.64
机械费	元	827.29	408.14	338.58	485.54	1506.85	939.46	1562.66	630.39	1499.91	910.98
土地租赁费（含实物折价）	元/年	2363.92			567.34	975.12	295.49	7109.50	1871.44	7491.55	2953.48
自家投入劳动力数量	工日	27.70	14.86	9.74	73.11	65.77	121.80	25.06	11.66	55.67	45.04
雇工数量	工日	6.01	1.46	2.46	8.19	1.64	3.28	21.84			6.41
雇工平均价格	元/工日	81.98	251.42	191.29	69.69	77.88	27.46	60.12			108.55
运输仓储费	元	87.29	545.58		93.71		63.05	654.70		872.93	386.21
贷款利息	元		234.96					898.38			566.67
保险费支出	元	25.65	16.94	6.16	399.98	210.07	22.53	82.65	103.03	26.42	99.27
其他费用	元	258.99	282.01		429.92	258.99	244.93	323.73	1942.41	771.98	564.12

5.2.2 畜牧业

5.2.2.1 生猪

（1）生猪生产及销售情况

指标名称	单位	沙河沿镇	翰章乡	黄泥河镇	横道河镇	南屯基镇	沙河镇	乌兰花镇	什花道乡	双岗镇	吉林省
年底存栏数量	头	3.00	6.00		5.00			2.00	1.00	1.00	3.00
年底能繁母畜存栏数量	头	0.41	0.82		0.61			0.05			0.47
新生、新购数量	头	3.81	8.89		6.35			0.42	0.32	0.32	3.35
出栏或产量	头	11.38	8.13		9.75						9.75
因灾减产或死亡数量	头	2.00	6.00								4.00
获得农业保险赔偿金额	元										
自食或送人数量	千克	1.00	1.00		1.00			1.00		1.00	1.00
总销售收入	元		10269.54		10269.54			1232.34			7257.14
仔（中）畜销售收入	元	26400.00			26400.00						26400.00
平均出栏活重或单产	千克/头	189.00	81.00		135.00						135.00
副产品收入	元										
翌年计划生产数量	头	29.99	20.00						2.00		17.33

（2）生猪成本投入

指标名称	单位	沙河沿镇	翰章乡	黄泥河镇	横道河镇	南屯基镇	沙河镇	乌兰花镇	什花道乡	双岗镇	吉林省
仔畜自繁数量	头	5.00	4.38					0.23		0.16	2.44
仔畜外购数量	头				0.95			2.14			1.55
仔畜外购金额	元	77.70			434.70			115.59			209.33
饲料外购数量	千克	822.46	1265.32		506.13			178.41			693.08
饲料外购金额	元	9752.52	2053.16		256.65			65.02		102.66	2446.00
饲料自产数量	千克	2256.41	410.26		102.56			30.77			700.00
饲料自产折价金额	元	5913.04	1739.13		278.26					69.57	2000.00
防疫及兽药金额	元	728.57	273.21							273.21	425.00
水电费	元	360.00	200.00								280.00
自家投入劳动力数量	工日	365.01	180.00		180.00						241.67
雇工数量	工日										
雇工平均价格	元/工日										

指标名称	单位	沙河沿镇	翰章乡	黄泥河镇	横道河镇	南屯基镇	沙河镇	乌兰花镇	什花道乡	双岗镇	吉林省
场地租赁费（包括实物折价）	元/年										
贷款利息	元										
保险费支出	元										
其他费用	元	500.00									500.00

5.2.2.2 肉牛

（1）肉牛生产及销售情况

指标名称	单位	沙河沿镇	翰章乡	黄泥河镇	横道河镇	南屯基镇	沙河镇	乌兰花镇	什花道乡	双岗镇	吉林省
年底存栏数量	头	13.47	16.84		3.64	1.91	4.59		10.72		8.53
年底能繁母畜存栏数量	头	8.46	9.18		1.20	1.20	1.99		7.98		5.00
新生、新购数量	头	4.88	6.10		2.64	0.81	2.03		4.34		3.47
出栏或产量	头	5.82	5.92		5.75	2.15	4.31		3.95		4.65
因灾减产或死亡数量	头	2.00	2.50								2.25
获得农业保险赔偿金额	元	0.00	0.00	0.00	0.00	0.00	0.00	0.00	0.00	0.00	0.00
自食或送人数量	千克	0.00	0.00	0.00	0.00	0.00	0.00	0.00	0.00	0.00	0.00
总销售收入	元	33432.64	53676.25		6134.43		26838.13		10543.55		26125.00
仔（中）畜销售收入	元	8000.00			8000.00	15000.00	15000.00				11500.00
平均出栏活重或单产	千克/头		451.03		281.89		281.89		177.19		298.00
副产品收入	元										
翌年计划生产数量	头	10.00	27.50		8.25		6.75		12.50		13.00

（2）肉牛成本投入

指标名称	单位	沙河沿镇	翰章乡	黄泥河镇	横道河镇	南屯基镇	沙河镇	乌兰花镇	什花道乡	双岗镇	吉林省
仔畜自繁数量	头	4.29	7.71				1.34		3.69		4.26
仔畜外购数量	头		1.47				1.47				1.47
仔畜外购金额	元		4195.15		1222.59	599.31	3535.91				2388.24
饲料外购数量	千克	1134.33	425.37		1276.12	2268.66	538.81		56.72		950.00
饲料外购金额	元	3288.97	1356.70		1356.70		12744.75		197.34		3788.89
饲料自产数量	千克	5027.01	5347.89		1256.75		802.99		1871.76		2861.28

(续表)

指标名称	单位	沙河沿镇	翰章乡	黄泥河镇	横道河镇	南屯基镇	沙河镇	乌兰花镇	什花道乡	双岗镇	吉林省
饲料自产折价金额	元	5106.98	9377.84		438.22	315.52	6181.05		2147.26		3927.81
防疫及兽药金额	元	926.65	804.39		173.75		943.81		193.05		608.33
水电费	元	531.76	613.57			61.36	285.31				373.00
自家投入劳动力数量	工日	117.98	271.55				204.13		337.10		232.69
雇工数量	工日	357.52							362.48		360.00
雇工平均价格	元/工日	50.00							70.00		60.00
场地租赁费（包括实物折价）	元/年										
贷款利息	元										
保险费支出	元										
其他费用	元		400.00				945.00				672.50

5.2.2.3 肉羊

（1）肉羊生产及销售情况

指标名称	单位	沙河沿镇	翰章乡	黄泥河镇	横道河镇	南屯基镇	沙河镇	乌兰花镇	什花道乡	双岗镇	吉林省
年底存栏数量	只		47.06				7.06		27.09	225.31	76.63
年底能繁母畜存栏数量	只		7.83				4.18		14.62	118.37	36.25
新生、新购数量	只		18.38				6.56		22.75	238.03	71.43
出栏或产量	只		4.29				4.40		21.44	178.68	52.20
因灾减产或死亡数量	只		0.78				1.17		2.20	28.53	8.17
获得农业保险赔偿金额	元										
自食或送人数量	千克								5.00	20.00	12.50
总销售收入	元		4302.79				4780.88		12908.37	98007.97	30000.00
仔（中）畜销售收入	元		18000.00				1.00				9000.50
平均出栏活重或单产	千克/只								13.71	34.29	24.00
副产品收入	元										
翌年计划生产数量	只		113.75				16.25		65.00		65.00

（2）肉羊成本投入

指标名称	单位	沙河沿镇	翰章乡	黄泥河镇	横道河镇	南屯基镇	沙河镇	乌兰花镇	什花道乡	双岗镇	吉林省
仔畜自繁数量	只		20.04				0.14		31.48	183.18	58.71

指标名称	单位	沙河沿镇	翰章乡	黄泥河镇	横道河镇	南屯基镇	沙河镇	乌兰花镇	什花道乡	双岗镇	吉林省
仔畜外购数量	只	0.00	0.00	0.00	0.00	0.00	0.00	0.00	0.00	0.00	0.00
仔畜外购金额	元	0.00	0.00	0.00	0.00	0.00	0.00	0.00	0.00	0.00	0.00
饲料外购数量	千克		77.15				40.12		30.86	7251.88	1850.00
饲料外购金额	元		1797.20				5189.12		2875.52	13179.48	5760.33
饲料自产数量	千克						6750.00		4500.00	2250.00	4500.00
饲料自产折价金额	元						7229.63		5602.96	1807.41	4880.00
防疫及兽药金额	元		260.63				130.32		325.79	4083.26	1200.00
水电费	元		157.01				172.71		628.04	722.24	420.00
自家投入劳动力数量	工日		25.69				85.64		310.45	446.77	217.14
雇工数量	工日										
雇工平均价格	元/工日										
场地租赁费（包括实物折价）	元/年										
贷款利息	元										
保险费支出	元										
其他费用	元						100.00			2500.00	1300.00

5.2.2.4 肉鸡

（1）肉鸡生产及销售情况

指标名称	单位	沙河沿镇	翰章乡	黄泥河镇	横道河镇	南屯基镇	沙河镇	乌兰花镇	什花道乡	双岗镇	吉林省
年底存栏数量	只	27.82			4.64					28.75	20.40
年底能繁母禽存栏数量	只				0.80					6.80	3.80
新生、新购数量	只				0.40						0.40
出栏或产量	只				2.00						2.00
因灾减产或死亡数量	只	18.00									18.00
获得农业保险赔偿金额	元										
自食或送人数量	只	13.50			11.25					24.75	16.50
总销售收入	元										
禽苗销售收入	元										
平均出栏活重或单产	千克/只										

(续表)

指标名称	单位	沙河沿镇	翰章乡	黄泥河镇	横道河镇	南屯基镇	沙河镇	乌兰花镇	什花道乡	双岗镇	吉林省
副产品收入	元										
翌年计划生产数量	只										

(2) 肉鸡成本投入

指标名称	单位	沙河沿镇	翰章乡	黄泥河镇	横道河镇	南屯基镇	沙河镇	乌兰花镇	什花道乡	双岗镇	吉林省
禽苗自繁数量	只	0.00	0.00	0.00	0.00	0.00	0.00	0.00	0.00	0.00	0.00
禽苗外购数量	只									23.00	23.00
禽苗外购金额	元	100.00								333.34	216.67
饲料外购数量	千克	200.00									200.00
饲料外购金额	元	226.09								293.91	260.00
饲料自产数量	千克										
饲料自产折价金额	元									250.00	250.00
防疫及兽药金额	元									213.33	213.33
水电费	元	30.00									30.00
自家投入劳动力数量	工日	150.00									150.00
雇工数量	工日										
雇工平均价格	元/工日										
场地租赁费（包括实物折价）	元/年										
贷款利息	元										
保险费支出	元										
其他费用	元										

5.3 农户家庭收支情况

5.3.1 农户家庭收入

指标名称	单位	沙河沿镇	翰章乡	黄泥河镇	横道河镇	南屯基镇	沙河镇	乌兰花镇	什花道乡	双岗镇	吉林省
出售家庭资产收入（如房子、机械、家电等）	元	0.00	0.00	0.00	0.00	0.00	0.00	0.00	0.00	0.00	0.00

（续表）

指标名称	单位	沙河沿镇	翰章乡	黄泥河镇	横道河镇	南屯基镇	沙河镇	乌兰花镇	什花道乡	双岗镇	吉林省
县域内农业务工收入	元	11722.62	8924.15	11484.40	423.11	8777.84	12527.06				8976.53
县域内工业、建筑业、采矿业打工收入	元	15340.28	12622.36	7544.40	15088.80	8385.28	8487.45			33195.35	14380.56
县域内交通运输业、邮电业打工收入	元		5000.00								5000.00
县域内批发和零售贸易、餐饮业打工收入	元	22253.23	25783.79		8558.93	21397.33				4279.47	16454.55
县域内社会服务业、文教卫生业打工收入	元	46497.49	1557.67				2944.84				17000.00
县域外农业务工收入	元					1050.00	18040.91			1909.09	7000.00
县域外工业、建筑业、采矿业打工收入	元		19428.93	27755.61	21741.89	7401.50	36132.76			41633.41	25682.35
县域外交通运输业、邮电业打工收入	元		10105.26		8916.41		28978.33				16000.00
县域外批发和零售贸易、餐饮业打工收入	元	35380.30	12383.10		32687.46		19075.88		24766.21	5307.04	21600.00
县域外社会服务业、文教卫生业打工收入	元		11757.28		31076.51		25366.20				22733.33
利息	元	149.14			1980.59	184.25	390.46				676.11
股息	元										
土地征用补偿金额	元										
土地出租租金	元	3699.05	1559.53				2560.88	4703.25	521.66	2608.31	2608.78
房屋租赁收入	元										
机械设备租赁收入	元										
从村集体分得福利收入	元					300.00					300.00
种粮补贴（包括粮食直接补贴、粮食作物良种补贴、农业生产资料综合补贴和农机具购置补贴）	元	2288.31	2539.40	1795.11	1675.39	2355.28	3101.97	2308.19	870.92	1769.59	2078.24
非粮食类农作物良种补贴	元	700.00								700.00	700.00
畜牧业补贴	元										

（续表）

指标名称	单位	沙河沿镇	翰章乡	黄泥河镇	横道河镇	南屯基镇	沙河镇	乌兰花镇	什花道乡	双岗镇	吉林省
渔业补贴	元										
林业补贴（不包括退耕还林还草）	元										
退耕还林还草补偿	元				83.63	1007.47	88.89				393.33
草原生态补贴	元				1000.00						1000.00
救济金、救灾款	元										
无偿扶贫款	元										
抚恤金	元										
低保金	元	2903.64		2005.45	2071.46	1210.82	1693.79	1234.05	1408.27		1789.64
退休金	元	2540.96	110.88		2732.53	18.48	1108.78	9.15	110.88		947.38
合作社利润返还	元										
社会保障收入	元	1200.00						1200.00			1200.00
其中：农村新型合作医疗报销	元	369.76	392.24	677.58	283.61	1393.99	1084.15	1314.95	4506.44		1252.84
农村养老保险年金	元	2760.79	931.01	978.52	552.62	319.83	1903.37	1064.49	1776.73		1285.92
城镇医疗保险报销	元										
城镇养老保险年金	元					3000.00	700.00				1850.00
棋牌娱乐收入（如亏损，用负数表示）	元		571.43		114.29	1142.85					533.33
人情礼收入	元	1409.08			6605.04	6154.92	9980.96				6037.50
彩礼、陪嫁	元					17.20	2149.68	1433.12			1200.00
商业保险赔付	元										
家庭非常住人口寄回或带回、亲友赠送金额	元	1929.09	1507.10	12918.00	1363.57		645.90				3672.73
新农村建设建房补贴	元	6958.58				4262.13			3479.29		4900.00

5.3.2 农户家庭收入（分行业）

指标名称	单位	沙河沿镇	翰章乡	黄泥河镇	横道河镇	南屯基镇	沙河镇	乌兰花镇	什花道乡	双岗镇	吉林省
农业生产服务总收入	元	23472.88	24845.64	61452.58	22707.89	20306.45	20957.39	38576.00	39862.50	54930.43	23638.09
林业总收入	元	0.00	0.00	0.00	0.00	0.00	0.00	0.00	0.00	0.00	0.00
工业总收入	元	0.00	0.00	0.00	0.00	0.00	0.00	0.00	0.00	0.00	0.00
建筑业总收入	元		5788.93		5184.11	5184.11	9687.64			25488.55	10266.67
交通运输业、邮电业总收入	元		2031.97		38354.01	5976.38				597.64	11740.00
批发和零售贸易、餐饮业总收入	元		29042.32		55068.95	13767.24	28115.76			4589.08	26116.67
社会服务业总收入	元		1099.62	3192.43			1707.95				2000.00
文教卫生业总收入	元										
农业生产服务纯收入	元	4017.89	13540.00	27026.66	9222.66	15526.99	13487.48	14809.94	19897.26	18970.43	15166.59
林业纯收入	元	0.00	0.00	0.00	0.00	0.00	0.00	0.00	0.00	0.00	0.00
工业纯收入	元	0.00	0.00	0.00	0.00	0.00	0.00	0.00	0.00	0.00	0.00
建筑业纯收入	元		4678.81		4986.30	4088.77	9761.06			24100.46	9523.08
交通运输业、邮电业纯收入	元		1570.97		13934.78	5512.17	1267.80				5571.43
批发和零售贸易、餐饮业纯收入	元		10240.63		34244.16		11795.21				18760.00
社会服务业纯收入	元		6463.80	14154.30			11181.90				10600.00
文教卫生业纯收入	元										

5.3.3 农户家庭经营支出、生产性固定资产支出和税费支出

指标名称	单位	沙河沿镇	翰章乡	黄泥河镇	横道河镇	南屯基镇	沙河镇	乌兰花镇	什花道乡	双岗镇	吉林省
农业生产服务支出	元	2292.27	1720.70	20113.31	3026.25	5030.10	3249.31	17560.04	8290.07	16247.09	8614.35
林业支出	元	0.00	0.00	0.00	0.00	0.00	0.00	0.00	0.00	0.00	0.00
工业生产支出	元	0.00	0.00	0.00	0.00	0.00	0.00	0.00	0.00	0.00	0.00
建筑业生产支出	元		42.13			26.61	99.53			812.98	245.31

(续表)

指标名称	单位	沙河沿镇	翰章乡	黄泥河镇	横道河镇	南屯基镇	沙河镇	乌兰花镇	什花道乡	双岗镇	吉林省
交通运输业、邮电业支出	元		65.37	118.86	4666.50	71.32	208.01			237.72	894.63
批发和零售贸易、餐饮业支出	元		690.63				563.19				626.91
社会服务业支出	元		26.88				8.40			22.40	19.23
文教卫生业支出	元	4997.11	299.83	999.42	507.57	999.42	913.76			1021.63	1391.25
其他家庭经营费用支出	元	702.99		4135.21	82.70	186.08	1049.31		144.73	13170.66	2781.67
建造和购置生产性固定资产的费用支出	元			629.05	1107.14		1056.81				931.00
生产性固定资产折旧（使用年限15年）	元			1896.90			303.50				1100.20
第一产业纳税（农业、林业、畜牧业和渔业）	元					96.50					96.15
第二产业纳税（工业和建筑业）	元	0.00	0.00	0.00	0.00	0.00	0.00	0.00	0.00	0.00	0.00
第三产业纳税（商业和服务业）	元	0.00	0.00	0.00	0.00	0.00	0.00	0.00	0.00	0.00	0.00
"一事一议"筹资	元								18.00		18.00
其他各项集资收费	元	0.00	0.00	0.00	0.00	0.00	0.00	0.00	0.00	0.00	0.00

5.3.4 农户家庭食品消费数量及支出

5.3.4.1 农户家庭全年食品购买数量（不含自产自用）

指标名称	单位	沙河沿镇	翰章乡	黄泥河镇	横道河镇	南屯基镇	沙河镇	乌兰花镇	什花道乡	双岗镇	吉林省
面粉	千克	72.44	90.35	104.72	105.24	76.56	64.64	117.04	120.78	88.02	93.31
大米	千克	153.31	131.11	153.69	205.55	204.53	147.36	142.93	179.60	115.08	159.24
玉米面	千克	44.00	9.78	11.08	23.47	23.47	26.05	30.98	70.10	27.38	29.59
小米	千克	21.46	13.22	10.98	9.59	19.98	17.79	21.69	50.94	12.55	19.80
高粱米	千克	0.00	0.00	0.00	0.00	0.00	0.00	0.00	0.00	0.00	0.00
其他谷物及其制品（荞麦、燕麦、大麦、糜子、籽粒苋等，谷物制品折粮计算）	千克		0.97	1.94		19.35	0.32	9.21		9.68	6.91
薯类（甘薯、马铃薯、木薯、芋类等，不包括菜用）	千克	47.57	48.96	40.17	93.41	74.30	86.27	76.17	92.71	56.94	68.50
粮食复制品（利用原粮加工而成的食品，如挂面、年糕等，但不包括用粮食加工成的豆油、豆腐、粉条、酒等）	千克	34.99	11.79	55.24	14.03	11.54	14.45	6.23	10.65	11.54	18.94

（续表）

指标名称	单位	沙河沿镇	翰章乡	黄泥河镇	横道河镇	南屯基镇	沙河镇	乌兰花镇	什花道乡	双岗镇	吉林省
大豆	千克	26.69	23.21		29.02	12.12	8.55	10.82	11.98	6.25	16.08
杂豆（绿豆、红豆、蚕豆、豌豆、豇豆、扁豆、黑豆等）	千克	7.37	7.52	5.08	8.47	5.33	9.85	4.45	15.24	2.03	7.26
豆制品（各种豆腐、豆腐干/皮/丝、千张、素鸡、腐竹、豆浆粉、豆浆、豆奶、豆腐脑等）	千克	22.67	18.16	14.82	30.72	48.00	21.82	9.90	12.66	8.63	20.82
植物性食用油（花生油、芝麻油、菜籽油、豆油、茶油等）	千克	47.25	33.01	55.91	50.66	33.69	42.12	31.03	30.04	14.95	37.63
动物性食用油（猪油、牛油、羊油等）	千克	23.38			9.02	20.04	20.37	28.13	19.41	25.05	20.77
猪肉及其制品	千克	41.07	31.59	38.48	39.87	34.17	78.00	34.81	74.21	31.45	44.85
牛肉及其制品	千克	8.02	9.00	8.68	7.16	5.12	24.14	4.46	5.80	6.81	8.80
羊肉及其制品	千克	1.56	1.55	1.28	1.38	1.26	18.64	1.52	32.17	1.92	6.81
鸡肉及其制品	千克	10.60	12.99	21.74	12.89	9.51	28.04	16.59	16.24	7.22	15.09
其他禽肉及其制品（鸭、鹅、鹌鹑、鸽、麻雀、火鸡等）	千克	5.95	14.28	2.38	11.90	4.96	24.39	8.92	4.76	2.38	8.88
其他肉类及其制品（狗肉、驴肉、马肉、蛇肉、兔肉、鹿肉、蛙肉等，但不包括鱼、虾等水产品）	千克	3.54	1.77	11.81	2.36	1.18	20.97	1.98	11.81	1.18	6.29
畜禽下水（内脏）及其制品	千克				0.40		8.29	2.56			3.75
鸡蛋及其制品	千克	12.86	15.98	16.83	15.15	43.43	77.46	18.59	11.96	9.69	24.66
鸭蛋及其制品	千克	5.27	6.85		6.85		8.22	13.70			8.18
其他蛋类及其制品（鹅蛋、鹌鹑蛋、鸽蛋等）	千克				5.00	60.00	12.50	20.00		5.00	2.50
鲜奶（牛奶、羊奶等）	千克	16.18	17.48	33.55	9.81	11.34	3.57	19.04	7.14	9.52	14.18
奶制品（酥油、奶粉、酸奶、炼乳、可可奶、麦乳精等）	千克		9.17	4.58	6.11	4.58	11.00	5.16		18.34	8.42
鱼类及其制品	千克	17.14	17.53	17.11	17.47	10.01	19.09	18.53	31.85	15.80	18.28
虾蟹类及其制品	千克	1.35	6.74	0.79	2.83	1.50	13.83	1.20		5.99	4.28
其他水产品及其制品	千克	3.71			1.68		12.76	5.65			5.95
蔬菜及菜制品（鲜菜、干菜，以及腌菜、榨菜、泡菜、酱菜等各类菜制品和蔬菜罐头，蔬菜和菜制品按鲜菜数量进行统计）	千克	102.04	85.14	121.51	96.67	83.80	105.38	90.31	117.84	98.67	100.15

(续表)

指标名称	单位	沙河沿镇	翰章乡	黄泥河镇	横道河镇	南屯基镇	沙河镇	乌兰花镇	什花道乡	双岗镇	吉林省
水果及水果制品（各类鲜食水果、果用瓜、果干及水果罐头等）	千克	37.21	36.21	30.66	56.34	38.90	56.57	30.21	36.81	31.26	39.35
坚果及果仁制品（核桃、板栗、开心果等坚果、果仁及其制品）	千克	6.29	5.89	14.24	1.36	7.63	23.93	16.95	3.39		9.96
卷烟（盒装）	盒	227.60	229.68	293.64	211.09	221.58	358.14	102.40	56.98	109.16	201.14
烟丝、烟叶等其他烟	千克	0.73	25.68	1.55	9.55	2.39	0.40	3.66	9.08		6.63
酒类（白酒、黄酒、啤酒、果酒等）	千克	38.44	35.51	28.65	40.76	22.31	88.27	43.88	41.08	38.74	41.96
食糖（白糖、红糖、冰糖、方糖等，不包括糖果、糖精）	千克	6.84	5.14	6.41	14.63	3.49	9.41	4.82	4.82	6.61	6.91
蜂蜜	千克	1.94	1.98	2.05	0.71	0.46	15.12	1.64	4.10		3.50
茶叶	千克	1.21	0.64	1.14	0.89	0.31	15.02	2.67	1.03	0.50	2.60
其他饮料（瓶/桶装水、碳酸类等除酒、茶外的各种固/液体饮料以及雪糕等冷饮）	千克	25.03	13.88	22.43	20.19	17.52	71.50	3.89			24.92
调味品	千克	11.95	5.34	44.52	13.84	5.95	6.38	10.60	11.93	22.31	14.76

5.3.4.2 农户家庭全年食品购买金额（不含自产自用）

指标名称	单位	沙河沿镇	翰章乡	黄泥河镇	横道河镇	南屯基镇	沙河镇	乌兰花镇	什花道乡	双岗镇	吉林省
面粉	元	423.31	402.73	424.03	286.70	306.94	241.65	407.05	481.26	385.12	373.20
大米	元	717.59	652.77	710.04	754.58	814.60	1156.41	563.60	621.13	502.33	721.45
玉米面	元	44.48	131.90	55.36	37.64	40.04	83.76	113.95	144.69	103.20	83.89
小米	元	213.92	136.68	93.05	55.16	120.56	121.68	96.23	168.58	75.68	120.17
高粱米	元	0.00	0.00	0.00	0.00	0.00	0.00	0.00	0.00	0.00	0.00
其他谷物及其制品（荞麦、燕麦、大麦、糜子、黍子、薏仁、籽粒苋等，谷物制品折粮计算）	元		8.71	8.54	5.70	18.98	5.81	11.68		23.73	11.88
薯类（甘薯、马铃薯、木薯、芋类等，不包括菜用）	元	75.12	68.56	98.90	180.29	187.04	187.65	140.72	161.19	68.00	129.72
粮食复制品（利用原粮加工而成的食品，如挂面、年糕等，但不包括用粮食加工成的豆油、豆腐、粉条、酒等）	元	205.28	54.74	304.78	39.93	79.18	45.56	15.20	41.95	60.82	94.16
大豆	元	190.30	78.91		103.50	46.67	42.13	41.36	30.99	33.58	70.93

(续表)

指标名称	单位	沙河沿镇	翰章乡	黄泥河镇	横道河镇	南屯基镇	沙河镇	乌兰花镇	什花道乡	双岗镇	吉林省
杂豆（绿豆、红豆、蚕豆、豌豆、豇豆、扁豆、黑豆等）	元	37.30	19.67	48.91	27.72	11.62	38.29	20.79	151.63		44.49
豆制品（各种豆腐、豆腐干/皮/丝、千张、素鸡、腐竹、豆浆粉、豆浆、豆奶、豆腐脑等）	元	221.39	130.10	124.90	141.38	242.24	185.51	63.22	76.93	121.51	145.24
植物性食用油（花生油、芝麻油、菜籽油、豆油、茶油、棉籽油等）	元	423.93	319.31	698.22	438.33	340.52	300.48	255.05	212.05	240.68	358.73
动物性食用油（猪油、牛油、羊油等）	元	261.28			93.16	373.26	140.30	301.84	295.81	576.59	291.75
猪肉及其制品	元	970.40	729.20	1051.64	972.30	609.86	760.11	730.38	1182.45	958.48	884.98
牛肉及其制品	元	555.51	428.78	315.74	466.70	325.18	267.58	225.55	256.97	370.44	356.94
羊肉及其制品	元	193.13	188.18	153.49	195.66	186.95	226.03	167.93	216.47	160.38	187.58
鸡肉及其制品	元	149.65	209.97	240.32	156.74	200.16	249.59	211.68	107.09	484.60	223.31
其他禽肉及其制品（鸭、鹅、鹌鹑、鸽、麻雀、火鸡等）	元	50.32	137.22	30.49	94.53	44.86	9.15	63.28		126.55	69.55
其他肉类及其制品（狗肉、驴肉、马肉、蛇肉、兔肉、鹿肉、蛙肉等，但不包括鱼、虾等水产品）	元	56.26	36.20	88.06	19.57	58.71	38.94	78.39	97.85	35.23	56.58
畜禽下水（内脏）及其制品	元	32.40			10.12		20.25	42.18		20.25	25.04
鸡蛋及其制品	元	135.79	133.63	180.19	134.91	191.74	493.56	112.66	158.42	148.41	187.70
鸭蛋及其制品	元	33.64	50.89	15.52	25.87		81.07	43.99			41.83
其他蛋类及其制品（鹅蛋、鹌鹑蛋、鸽蛋等）	元				4.12	1.57	4.20	1.24			2.78
鲜奶（牛奶、羊奶等）	元	125.93	86.53	157.96	118.05	144.18	55.61	123.58	40.16	123.58	108.40
奶制品（酥油、奶粉、酸奶、炼乳、可可奶、麦乳精等）	元		23.19	32.85	68.61	38.65	56.05	56.05	135.28	115.96	65.83
鱼类及其制品	元	366.01	154.02	249.14	236.27	177.22	215.78	195.37	229.56	304.16	236.39
虾蟹类及其制品	元	42.29	25.77	15.63	20.93	19.82	48.29	158.58			47.33
其他水产品及其制品	元	39.56		7.19	8.39		55.15	18.66			25.79
蔬菜及菜制品（鲜菜、干菜，以及腌菜、榨菜、泡菜、酱菜等各类菜制品和蔬菜罐头，蔬菜和菜制品按鲜菜数量进行统计）	元	804.58	354.04	761.59	403.67	366.38	619.23	385.43	350.81	167.36	468.12

(续表)

指标名称	单位	沙河沿镇	翰章乡	黄泥河镇	横道河镇	南屯基镇	沙河镇	乌兰花镇	什花道乡	双岗镇	吉林省
水果及水果制品（各类鲜食水果、果用瓜、果干、蜜饯及水果罐头等）	元	362.49	203.58	273.18	284.53	357.20	383.05	199.37	185.93	204.16	272.61
坚果及果仁制品（核桃、板栗、开心果、榛子、杏仁等坚果、果仁及其制品）	元	100.74	34.75	121.88	27.36	279.84	97.51	108.20	26.12		99.55
卷烟（盒装）	元	1769.07	1883.44	1708.54	1278.95	1453.24	1401.32	489.93	316.80	819.03	1235.59
烟丝、烟叶等其他烟	元	60.79	40.93	62.38		68.77	24.56	187.88	106.43		78.82
酒类（白酒、黄酒、啤酒、果酒等）	元	596.99	530.22	308.11	348.11	268.03	578.39	388.94	463.23	492.47	441.61
食糖（白糖、红糖、冰糖、方糖等，不包括糖果、糖精）	元	76.11	44.55	72.23	46.60	35.33	90.27	47.27	44.25	85.27	60.21
蜂蜜	元	57.14	62.10	72.64	28.81	33.90	181.12	30.35	56.50	7.26	58.87
茶叶	元	117.16	107.81	109.92	159.19	115.23	295.29	135.72	73.75	62.50	130.73
其他饮料（瓶/桶装水、碳酸类、果汁类、冲泡类等除酒、茶外的各种固/液体饮料，以及雪糕等冷饮）	元	137.27	75.27	158.51	77.00	96.38	259.52	63.96		87.62	119.44
调味品	元	221.38	111.53	213.34	155.67	133.39	99.40	124.32	157.11	204.61	157.86
其他户内食品消费支出	元	337.59	102.24	144.68	57.87	21.22	38.31	12.54	192.91		113.42
食品加工费	元	32.34		7.03		17.36	7.03				15.94

5.3.4.3 家庭成员户外食品消费支出

指标名称	单位	沙河沿镇	翰章乡	黄泥河镇	横道河镇	南屯基镇	沙河镇	乌兰花镇	什花道乡	双岗镇	吉林省
在外吃饭的外出务工成员的户外食品	元	3736.19	474.76		2403.21	3136.34	681.24	1081.13	383.20	3831.99	1919.52
在外吃饭的学生及陪读成员的户外食品	元	6645.49	909.06	1854.55		1571.73	1583.33	531.25	1541.60	4955.14	2036.61
在医院吃饭的病号及陪护成员的户外食品	元	144.86	49.25			80.40	169.97	398.36	651.87		325.15
在家吃饭的家庭成员外出办事、购物、探亲访友、旅游等偶然性或临时性户外食品	元	1398.11	722.95	692.28		591.51	813.65	798.41	1150.15	646.28	800.00
其他户外食品消费支出	元	0.00	0.00	0.00	0.00	0.00	0.00	0.00	0.00	0.00	0.00

5.3.5 农户家庭非食品生活消费支出

指标名称	单位	沙河沿镇	翰章乡	黄泥河镇	横道河镇	南屯基镇	沙河镇	乌兰花镇	什花道乡	双岗镇	吉林省
衣着消费支出	元	2638.70	1594.56	978.58	1937.40	1829.67	2026.39	1454.33	1237.53	787.71	1609.43
居住消费支出	元	52.38	104.76	39.29	26.19	8.02	699.21	69.25	16.74		126.98
其中：在家居住成员租赁生活用房所付的租金（不包括外出住旅店和招待所支付的住宿费，以及外出打工、在外陪读、在医院陪护等的房屋租赁支出或住宿费）	元	0.00	0.00	0.00	0.00	0.00	0.00	0.00	0.00	0.00	0.00
外出打工成员租赁生活用房所付的租金或在外住宿费	元	566.43	254.89	1227.26	1132.86	141.61	194.47	11.80	239.55		471.11
生活用水费	元	92.09	95.59	126.04	102.96	26.41	164.09	165.37	103.83	92.56	107.66
生活用电费	元	430.50	461.73	557.25	659.70	643.58	390.65	383.55	502.35	483.55	501.43
生活用燃料支出（用于做饭、烧水、照明、洗漱和取暖等的生活能源支出，但不包括加热饲料用的燃料以及交通用柴油、汽油等燃料）	元	344.67	570.74	1935.66	505.83	362.97	695.72	234.68	659.45	2174.06	831.53
家庭设备、用品及服务支出	元	1875.59	896.15	662.65	515.07	243.98	942.65	652.64	322.40		763.89
医疗保健支出	元	374.91	161.86	333.45	1226.27	909.17	477.76	413.53	6544.45	159.98	1177.93
交通通信支出	元	688.45	699.53	532.46	1018.61	579.12	3236.45	682.99	654.82	460.71	950.35
其中：因外出打工而产生的交通费支出	元	910.43	323.97	109.65	478.47	313.44	425.54	104.67	207.67		359.23
文教娱乐用品及服务支出	元	1369.12	1022.21	19819.10	3831.22	790.87	3720.88	2152.40	170.49	1704.87	3842.35
其中：子女教育支出	元	12832.31	2797.17	5708.38	7694.57	10607.13	7595.43	11993.72	10109.83	9419.46	8750.89
其他商品消费支出（化妆品、金银珠宝饰品，以及手表、迷信用品等其他生活用商品的消费支出）	元	534.14	422.20	305.78	541.37	809.66	686.59	317.51	318.42	265.35	466.78
其他服务消费支出（旅店住宿费、洗澡费、美容美发费、照相费、殡殓费）	元	301.05	208.93	153.15	263.82	246.98	425.81	296.81	126.74	249.58	252.54

指标名称	单位	沙河沿镇	翰章乡	黄泥河镇	横道河镇	南屯基镇	沙河镇	乌兰花镇	什花道乡	双岗镇	吉林省
家庭成员外出务工成本支出（指中介费、职业介绍费、培训费、办证费及其他费用）	元		8.69		30.40	4.34	30.40				18.46

5.3.6 农户家庭财产性支出和转移性支出

指标名称	单位	沙河沿镇	翰章乡	黄泥河镇	横道河镇	南屯基镇	沙河镇	乌兰花镇	什花道乡	双岗镇	吉林省
非生产性贷款或借款的利息支出	元										
宅基地使用费	元										
土地承包费（包括承包集体和其他农户等）	元	6092.22	1243.37	1689.11	1088.53	1002.91	1741.89		2023.41	7552.25	2804.21
承包租赁村组集体资产支出（不包括承包土地）	元										
寄给和带给家庭非常住人口的金额	元	4670.67		467.07	700.60		1167.67			105.09	1422.22
赠送亲友	元	683.24	452.38		635.57	1271.15	635.57		953.36		771.88
赡养费、抚养费	元	1807.17	782.54	940.00	487.87	680.27	2915.25	680.27	293.75		1073.39
公益事业捐赠（指对灾害、贫困、残疾人等群体或个人，以及对文教卫体事业、环境保护、社会公共设施建设等社会公共和福利事业的爱心捐赠）	元	179.79	87.90	81.91	239.72	59.93	171.23	346.27	23.25		148.75
迷信、宗教活动捐赠	元		69.67		88.47	212.33	247.72				154.55
人情礼支出	元	4021.43	1783.26	1980.07	3167.40	2776.38	4115.63	672.25	1790.84	1043.54	2372.31
嫁妆、聘礼	元		1882.35	1317.65	1317.65	18823.53		470.59	188.24		4000.00
各种红白喜事宴请支出（婚丧、升学、盖房等）	元	2421.84	1835.65	3341.74	3084.31	3639.28	1968.34	8682.20	788.02	1267.88	3003.25
交纳党费、团费	元	7.84	4.84	6.41	0.96	0.47	14.56	198.86	1.54	2.47	26.44
交纳保险费支出	元	726.75	222.58	2166.83	1449.18	903.01	1145.48	205.15	1780.66	482.71	1009.15
其中：农村新型合作医疗支出	元	573.13	609.89	492.51	633.30	644.74	575.49	395.93	513.68	550.67	554.37
城镇医疗保险支出	元	466.48	125.23	338.12	250.46		150.28	250.46	125.23		243.75
商业医疗保险支出	元		252.80	0.00	83.92		113.29				150.00
农村养老保险支出	元	399.01	182.68	292.29	267.65	246.62	302.73	157.77	182.68	616.55	294.22

(续表)

指标名称	单位	沙河沿镇	翰章乡	黄泥河镇	横道河镇	南屯基镇	沙河镇	乌兰花镇	什花道乡	双岗镇	吉林省
城镇养老保险支出	元			4.77	1326.96	9.54	9.54	6.36			271.43
商业养老保险支出	元	330.10	194.17				75.73				200.00
工伤保险支出	元										
车辆保险支出	元	2319.75	815.03	884.65	1741.04	591.24	5418.49	857.01	692.16	914.14	1581.50
其他保险支出（如人身意外险、疾病保险、财产保险及各种储蓄型保险）	元	118.94	72.28	219.58	13.72	21.50	28.13	2058.53	85.09		327.22
罚款（如违反计划生育罚款、交通违章罚款、违反治安管理处罚条例罚款等）、赔款	元	160.00	160.00	480.00		400.00					300.00
购买彩票	元										
其他（如遗失、被盗等）	元										

5.3.7 农户家庭生活用燃料数量及支出

5.3.7.1 农户家庭生活用燃料购买数量（不含交通用燃料）

指标名称	单位	沙河沿镇	翰章乡	黄泥河镇	横道河镇	南屯基镇	沙河镇	乌兰花镇	什花道乡	双岗镇	吉林省
秸秆	吨	3.74	39.26		106.60	4.80	127.70	1.83	64.03	57.55	50.69
薪柴	吨	27.46	114.52	99.99	8.18		191.15				88.26
煤炭	吨	5.90	23.08	248.23	7.79	22.82	7.14	55.44		20.24	48.83
罐装液化石油气	千克	9.54	9.11	54.51	23.85	9.16	15.98	43.40	30.57	18.70	23.87
管道天然气	米³	0.00	0.00	0.00	0.00	0.00	0.00	0.00	0.00	0.00	0.00
管道煤气	米³	0.00	0.00	0.00	0.00	0.00	0.00	0.00	0.00	0.00	0.00
汽油	升	1.50	1.44	14.03	1.09	6.58			1.34	39.06	9.29
柴油	升	3.95	3.94	7.58	1.88	11.22	5.23		6.35	23.45	7.95
沼气	米³	0.00	0.00	0.00	0.00	0.00	0.00	0.00	0.00	0.00	0.00

5.3.7.2 农户家庭生活用燃料购买金额（不含交通用燃料）

指标名称	单位	沙河沿镇	翰章乡	黄泥河镇	横道河镇	南屯基镇	沙河镇	乌兰花镇	什花道乡	双岗镇	吉林省
秸秆	元	200.95	67.27	100.47	461.58	218.89	234.91	219.92	184.04	163.37	205.71
薪柴	元	48.30	130.15	210.13	4.85		111.32				100.95

(续表)

指标名称	单位	沙河沿镇	翰章乡	黄泥河镇	横道河镇	南屯基镇	沙河镇	乌兰花镇	什花道乡	双岗镇	吉林省
煤炭	元	20.02	29.06	476.88	0.00	21.07	19.53	37.28	0.00	38.30	71.35
罐装液化石油气	元	189.01	168.37	520.10	270.65	221.97	303.89	242.82	106.28	131.16	239.36
管道天然气	元		10.84	4.88		7.32				8.13	7.79
管道煤气	元	0.00	0.00	0.00	0.00	0.00	0.00	0.00	0.00	0.00	0.00
汽油	元	321.11	381.73	249.14	64.62	158.61	145.39		365.09	2810.87	562.07
柴油	元	1109.88	637.53	335.42	101.64	426.12	250.48		971.59	1216.54	631.15
沼气	元						1.23				1.23

6 2016年分乡镇样本的农户统计

6.1 农户家庭基本情况

6.1.1 家庭成员基本特征

指标名称	单位	沙河沿镇	翰章乡	黄泥河镇	横道河镇	南屯基镇	沙河镇	乌兰花镇	什花道乡	双岗镇	吉林省
年龄	周岁	53.90	55.97	51.59	52.55	48.79	51.05	54.02	57.09	48.98	52.66
受教育年限	年	8.87	7.36	8.90	7.03	8.29	7.01	7.66	7.36	8.25	7.86
本年累计在家居住时间	月	11.24	11.19	11.86	11.75	11.98	11.39	11.28	11.94	11.68	11.59
本年务工天数	天	47.86	106.45	31.71	87.59	31.94	89.88	14.40	116.35	35.16	62.37
本年如有务工,平均月工资	元	1120.13	1664.13	2627.13	2431.82	1890.93	1954.75	357.03	1861.65	885.10	1643.63
本年全家报销的医疗费用(含新农合、商业保险等)金额	元	583.68	148.23	222.57	133.77	1979.85	226.29	127.56	908.21		541.27

6.1.2 土地、家庭信贷及其他情况

6.1.2.1 土地情况

指标名称	单位	沙河沿镇	翰章乡	黄泥河镇	横道河镇	南屯基镇	沙河镇	乌兰花镇	什花道乡	双岗镇	吉林省
家庭承包的土地面积(即依法承包村集体的土地面积)	亩	25.47	32.23	21.74	9.48	12.20	14.47	25.97	27.49	13.93	20.33
耕地面积	亩	29.42	21.99	17.37	8.57	14.03	15.21	30.00	16.61	16.09	18.81
园地面积	亩					0.02	0.02				0.02

(续表)

指标名称	单位	沙河沿镇	翰章乡	黄泥河镇	横道河镇	南屯基镇	沙河镇	乌兰花镇	什花道乡	双岗镇	吉林省
林地面积	亩		0.24	0.57	0.17		0.10				0.27
草地面积	亩								17.63		17.63
荒山、荒沟、荒丘、荒滩面积	亩	0.00	0.00	0.00	0.00	0.00	0.00	0.00	0.00	0.00	0.00
未计入承包地的耕地面积（如自留地、开荒地）	亩										4.31
撂荒的耕地面积	亩	0.00	0.00	0.00	0.00	0.00	0.00	0.00	0.00	0.00	0.00
承包的耕地面积	亩	53.49	9.58	16.42	8.55	12.75	10.45	8.47	20.29		17.50
本年转出耕地的面积	亩	28.01	16.18	22.50	5.37	7.24	9.72		11.65	9.98	13.83
本年转出耕地的收入（含实物折价）	元/（亩·年）	246.45	1239.08	143.76	711.96	180.73	1086.19		1054.10	387.74	631.25
本年转入耕地的面积	亩	53.68	34.06	14.10	8.97	8.64	17.57	49.80	36.62	87.68	34.57
本年转入耕地的支出（含实物折价）	元/（亩·年）	474.90	144.70	75.89	168.65	657.75	269.84	67.46	839.74	446.83	349.53
本年经营耕地面积（即实际耕种面积）	亩	47.89	42.52	24.11	13.60	18.35	22.36	39.91	39.60	58.45	34.09
其中：<1亩耕地的块数	块	1.86	3.42	2.07	3.13	3.26	3.28	1.47	3.56	1.36	2.60
1（含）~3亩耕地的块数	块	2.76	1.67	2.82	2.55	2.55	2.85	2.59	2.87	2.01	2.52
3（含）~5亩耕地的块数	块	2.52	2.17	2.57	1.77	1.58	2.51	2.47	3.26	2.51	2.37
≥5亩耕地的块数	块	3.60	3.54	2.31	1.64	1.19	1.96	3.11	3.84	2.92	2.68
其中：水田面积	亩	26.80		10.76	3.00	2.63	3.70	0.96	46.65		13.50
水浇地面积	亩	2.47	42.87		1.65	0.93	0.00	13.46	12.37	50.36	17.73
旱地面积	亩	33.72	50.60	24.58	11.92	18.94	19.48	48.46	33.64	58.26	33.29
本年经营温室大棚面积	亩	17.09	19.43	4.64			9.47				12.66
本年经营园地面积	亩		5.17		0.23		0.45				1.95
其中：果园面积	亩										
茶园面积	亩										
桑园面积	亩										

指标名称	单位	沙河沿镇	翰章乡	黄泥河镇	横道河镇	南屯基镇	沙河镇	乌兰花镇	什花道乡	双岗镇	吉林省
本年经营林地面积	亩	11.31	17.07	20.25	16.30				16.97		16.38
本年经营草地面积	亩								23.75		23.75
其中：天然草地面积	亩								30.83		30.83
本年经营水面面积	亩										
其中：海水养殖面积	亩										
淡水养殖面积	亩										

6.1.2.2 家庭存款、贷款及投资

指标名称	单位	沙河沿镇	翰章乡	黄泥河镇	横道河镇	南屯基镇	沙河镇	乌兰花镇	什花道乡	双岗镇	吉林省
年底家庭银行存款总额	元	44428.19	33336.76	28461.48	32931.85	21392.04	33282.30	8348.82	32725.77	3144.96	26450.23
年底家中存有现金金额	元	15729.99	4039.90	2745.18	4705.78	2212.82	5947.11	1916.68	8592.01	5403.05	5699.17
年底家庭持有的全部对外投资	元	7383.30	899.49		899.49	1124.36	224.87	1124.36	5846.67	4497.44	2750.00
其中：持有股票、基金、债券等证券类投资金额	元										
对企业、合作社等投入的股权类投资金额	元				8000.00						8000.00
本年全年家庭外借出去的金额	元	31274.73	2331.04	17482.77	10295.41	6216.10	4079.31	1165.52	8741.39	2913.80	9388.89
家庭借给别人的钱到本年底还没有收回的金额	元	29504.07	6755.70	6255.28	14074.38	6672.30	2032.97	1251.06	1876.58	3127.64	7950.00
年底家庭所欠外债金额	元		16238.72	18043.02	5863.98	99236.61	1202.87	17613.42	7517.93	32076.48	24724.14
这些外债有多少来自银行、信用社等正规金融机构	元		41813.42		9557.35	11946.69		14933.36		35840.07	22818.18

(续表)

指标名称	单位	沙河沿镇	翰章乡	黄泥河镇	横道河镇	南屯基镇	沙河镇	乌兰花镇	什花道乡	双岗镇	吉林省
其中：年利率	%		0.58	0.05	0.87	1.82		0.87	1.37	0.66	0.89
这些外债有多少来自民间借贷机构（如农村资金互助社）	元	0.00	0.00	0.00	0.00	0.00	0.00	0.00	0.00	0.00	0.00
其中：年利率	%									0.06	0.06
这些外债有多少来自亲戚朋友等私人关系	元		11609.75		7463.41		1658.54	22804.87		41463.40	17000.00
其中：年利率	%										

6.1.2.3 其他

指标名称	单位	沙河沿镇	翰章乡	黄泥河镇	横道河镇	南屯基镇	沙河镇	乌兰花镇	什花道乡	双岗镇	吉林省
取饮用水往返一次需多长时间	分钟			1.16	0.21	3.38	0.48	1.36	4.19	0.49	1.61
如果购买了农业保险，支付了多少保费	元	515.49	131.78	83.66	56.63	67.62	90.80	167.32	120.00	136.59	152.21

6.1.3 住房、生产性固定资产和耐用消费品

指标名称	单位	沙河沿镇	翰章乡	黄泥河镇	横道河镇	南屯基镇	沙河镇	乌兰花镇	什花道乡	双岗镇	吉林省
年底在本村住房面积	米^2	81.51	71.63	73.72	80.23	77.09	80.89	90.03	72.60	76.66	78.26
年底城镇住房面积	米^2	19.81	74.45	164.13	118.85	11.58	3.06			88.04	68.56
生产性用房面积（如烤烟房、生产车间、仓库等）	米^2	25.53	74.24	95.37	31.77	0.05	72.65	10.80	21.16	23.84	39.49
拖拉机	台	0.07	0.07	0.06	0.07	0.06	0.06	9.30	0.06	0.06	1.09
三轮摩托车	台	1.00	1.00	1.00	1.00	1.00	1.00	0.83	1.00		0.98
机引农具	台	1.47	1.29	1.15	1.15	1.15	1.50	1.78	1.61	1.15	1.36
畜引农具	台			0.81	0.81	1.22	0.81	0.81	0.81		0.88
喷雾器、喷雾机	个	1.30	1.17	1.54	1.46	1.09	1.12	1.23	0.99	1.17	1.23
风车	架	0.00	0.00	0.00	0.00		0.00		0.00	0.00	0.00
手推车、板车、三轮车、四轮车	辆	1.12	1.12	1.35	1.26	1.12	1.28	1.01	1.12	1.67	1.03
打稻（谷）机	台									1.00	1.00

(续表)

指标名称	单位	沙河沿镇	翰章乡	黄泥河镇	横道河镇	南屯基镇	沙河镇	乌兰花镇	什花道乡	双岗镇	吉林省
脱粒机	台						1.00	1.00	1.00	1.00	1.00
抽水机	台		0.82	0.98	0.82	0.82	0.91	1.54	0.82	1.29	1.00
电动机	台		1.13	1.05	0.94	1.51	0.75	0.38			0.96
柴油机	台			0.81	0.81	1.62		0.86	0.81	0.86	1.00
加工机械	台										
船	只										
粉碎机	台	1.00	1.00		1.00		1.00	1.00	1.00	1.00	1.00
木工多用机	台										
温室大棚	米²			443.33							443.33
牛、羊等牲畜养殖场	米²	101.12	112.29	110.48	35.54	18.11	36.35	90.56	72.45	27.17	67.12
生猪养殖场	米²	33.68	6.74		16.84		45.81		13.47	8.08	20.77
鸡、鸭、鹅等禽类养殖场	米²				10.11	5.52	12.52			9.93	9.52
兔子、貂等特种养殖场	米²										
鱼塘	米²										
缝纫机	台						1.00				1.00
电冰箱、空调	台	0.99	0.96	1.05	1.06	0.96	1.61	0.94	0.94	0.94	1.05
电视卫星接收器	台	0.82		0.74	1.11	0.74	0.80	2.29	0.74	0.74	1.00
收音机、VCD、DVD	台	1.00		1.00			1.00	1.00	1.00	1.00	1.00
组合音响	套	1.30		0.52	0.52		1.04	1.57		1.04	1.00
电话座机、手机	部	2.15	2.06	2.08	2.37	1.99	2.69	2.95	1.74	1.95	2.22
电饭锅、微波炉、压力锅、电磁炉	个	1.14	1.09	1.19	1.37	1.14	1.65	1.15	0.99	0.99	1.19
抽油烟机	台	1.19	0.96	1.12	0.96	0.96	0.96	0.96	0.96	0.96	1.00
彩色电视机	台	0.94	0.92	0.96	1.16	0.94	1.54	1.39	0.89	0.89	1.07
沼气灶、炉子	台		1.00	1.00		1.00		1.00		1.00	1.00
照相机	台	0.92	0.92	0.92	0.62		0.92	0.92		0.92	0.88
摄像机	台										
吸尘器	台										
自行车	辆	1.09	1.13	1.11	1.28	1.01	1.01	1.01		1.01	1.08
电动车	辆	1.01	1.23	1.01	0.94	1.01	1.01	1.01	1.01	1.01	1.03
摩托车	辆	0.94	0.94	0.94	0.99	0.94	1.51	0.94	0.94	0.97	1.01

指标名称	单位	沙河沿镇	翰章乡	黄泥河镇	横道河镇	南屯基镇	沙河镇	乌兰花镇	什花道乡	双岗镇	吉林省
小汽车	辆	1.00	1.00	1.00	1.00	1.00	1.00	1.00	1.00	1.00	1.00
电脑	台	1.00	1.00	1.00	1.00	1.00	1.00	1.00	1.00	1.00	1.00
洗衣机	台	1.00	1.00	1.00	1.00	1.00	1.00	1.00	1.00	1.00	1.00
电风扇、电暖气	台	0.88	1.32	0.88	0.88	0.88	0.95	1.64	0.88	0.88	1.02
热水器	个	1.00	1.00	1.00	1.00	1.00	1.00			1.00	1.00
太阳能设备	台	1.00	1.00	1.00	1.00		1.00	1.00		1.00	1.00
床、炕	个	0.90	0.93	0.99	1.22	1.20	7.77	0.73	0.59	0.88	1.69
柜子、碗柜、衣柜	个	1.71	1.40	1.71	2.71	2.21	1.45	2.05	1.96		1.90
写字台、桌子	个	0.93	0.93	1.03	1.04	0.93	1.50	0.93			1.04
箱子	只	1.36		1.48		1.14		1.02			1.25
椅子、沙发	个	3.30	1.16	3.85	3.26	4.89	2.22	2.12		3.84	3.08
压面机	台						1.00				1.00

6.2 农户家庭生产情况

6.2.1 种植业

6.2.1.1 稻谷

（1）稻谷生产及销售情况

指标名称	单位	沙河沿镇	翰章乡	黄泥河镇	横道河镇	南屯基镇	沙河镇	乌兰花镇	什花道乡	双岗镇	吉林省
年初库存	千克	187.03		331.48		333.43					283.98
播种面积	亩	14.22	10.82	1.58	2.07	2.26					6.19
当年产量	千克	8509.08	1811.59	1703.70	2267.03	1923.45					3242.97
因灾减产	千克	320.00		120.00		280.00					240.00
获得农业保险赔偿金额	元	623.85		93.58	155.96	94.62					242.00
自食或送人数量	千克	272.39		268.24	723.82	265.71					382.54
用于饲料数量	千克					135.00					135.00
总销售量	千克	8557.03	1866.79	1550.06	2361.61	1703.06					3207.71
总销售收入	元	25454.84	6798.81	4444.38	4534.54	5032.77					9253.07
留种自用	千克	99.99		166.65	333.30						200.00

(续表)

指标名称	单位	沙河沿镇	翰章乡	黄泥河镇	横道河镇	南屯基镇	沙河镇	乌兰花镇	什花道乡	双岗镇	吉林省
年底库存	千克	218.92			246.28	710.01	268.51				360.93
本年副产品收入	元						101.25				101.25
翌年预计播种面积	亩	10.54	12.12		1.03	1.60	1.76				5.41

（2）稻谷成本投入

指标名称	单位	沙河沿镇	翰章乡	黄泥河镇	横道河镇	南屯基镇	沙河镇	乌兰花镇	什花道乡	双岗镇	吉林省
种子、秧苗数量	千克	458.85	144.08		12.49	24.59	32.00				134.40
种子、秧苗金额	元	1986.56	1136.38		159.89	174.22	224.35				736.28
化肥施用量	千克	1210.43	856.21		258.28	204.99	269.18				559.82
化肥金额	元	2873.40	2561.18		558.95	409.60	713.72				1423.37
自产有机肥价值	元	0.00	0.00		0.00	0.00	0.00				0.00
外购有机肥金额	元	0.00	0.00		0.00	0.00	0.00				0.00
农药、除草剂费	元	911.38	348.70		115.02	154.12	146.77				335.20
农膜费	元	797.61			255.96	84.35	252.08				347.50
排灌费	元	420.40			308.69	424.57	231.14				346.20
机械费	元	4026.24	1752.99		1079.08	738.10	384.89				1596.26
土地租赁费（含实物折价）	元/年	12039.33									12039.33
自家投入劳动力数量	工日	48.54	34.42		16.56	16.31	32.92				29.75
雇工数量	工日				3.38		7.12				5.25
雇工平均价格	元/工日		310.35		174.14		91.96				192.15
运输仓储费	元						125.00				125.00
贷款利息	元		40.00								40.00
保险费支出	元	242.25	48.45		44.45		110.82				111.49
其他费用	元		230.17				252.33				241.25

6.2.1.2 大豆

（1）大豆生产及销售情况

指标名称	单位	沙河沿镇	翰章乡	黄泥河镇	横道河镇	南屯基镇	沙河镇	乌兰花镇	什花道乡	双岗镇	吉林省
年初库存	千克										
播种面积	亩	15.31	15.67	78.65							36.55

(续表)

指标名称	单位	沙河沿镇	翰章乡	黄泥河镇	横道河镇	南屯基镇	沙河镇	乌兰花镇	什花道乡	双岗镇	吉林省
当年产量	千克	2557.78	3190.58	2380.24							2709.53
因灾减产	千克	93.33	1744.32	223.78							687.14
获得农业保险赔偿金额	元	100.00	38.77	23.74							54.17
自食或送人数量	千克	5.00	23.33	97.30							41.88
用于饲料数量	千克	266.67	225.71	137.89							210.09
总销售量	千克	2550.00	1829.46	1692.00							2023.82
总销售收入	元	11278.44	5872.16	4504.25							7218.29
留种自用	千克	333.33	28.57	0.00							180.95
年底库存	千克	266.67	331.83	86.49							228.33
本年副产品收入	元		57.14	277.78							167.46
翌年预计播种面积	亩	16.66	16.35	11.74							14.92

(2) 大豆成本投入

指标名称	单位	沙河沿镇	翰章乡	黄泥河镇	横道河镇	南屯基镇	沙河镇	乌兰花镇	什花道乡	双岗镇	吉林省
种子、秧苗数量	千克	83.34	83.16	68.60							78.37
种子、秧苗金额	元	606.43	712.59	588.49							635.84
化肥施用量	千克	503.30	458.75	779.07							580.37
化肥金额	元	1279.25	1346.97	1740.00							1455.41
自产有机肥价值	元		187.50	1000.00							593.75
外购有机肥金额	元		250.00								250.00
农药、除草剂费	元	208.87	352.26	221.95							261.03
农膜费	元										
排灌费	元										
机械费	元	883.00	446.33	681.82							670.38
土地租赁费(含实物折价)	元/年		4996.67								4996.66
自家投入劳动力数量	工日	18.59	13.68	20.40							17.56
雇工数量	工日	6.50		14.73							10.61
雇工平均价格	元/工日	167.50		1719.17							943.33
运输仓储费	元	375.00									375.00
贷款利息	元			40.00							40.00

指标名称	单位	沙河沿镇	翰章乡	黄泥河镇	横道河镇	南屯基镇	沙河镇	乌兰花镇	什花道乡	双岗镇	吉林省
保险费支出	元	272.00	89.82	94.57							152.13
其他费用	元		831.11	84.00							457.56

6.2.1.3 玉米

（1）玉米生产及销售情况

指标名称	单位	沙河沿镇	翰章乡	黄泥河镇	横道河镇	南屯基镇	沙河镇	乌兰花镇	什花道乡	双岗镇	吉林省
年初库存	千克	115.83		258.97	56.31	1426.23	113.66	77.69	107.94	158.34	289.37
播种面积	亩	12.20	8.82	2.97	92.98	6.35	6.88	32.99	7.83	11.16	20.24
当年产量	千克	19325.86	11780.76	6260.35	11039.47	13514.48	14273.01	7019.40	9156.66	12266.85	11626.31
因灾减产	千克	1333.50	199.14	755.65	437.16	1039.43	320.04	288.32	1707.95	1452.88	837.12
获得农业保险赔偿金额	元	513.12	114.54	119.83	85.19	202.16	158.30	135.66	408.85	135.07	208.08
自食或送人数量	千克	215.91		253.74	77.14		121.79	62.22	152.24	152.55	147.94
用于饲料数量	千克	1235.97	490.79	334.52	601.76	580.35	631.08	523.35	831.13	2184.71	823.74
总销售量	千克	21704.04	12139.54	6536.05	12444.35	14553.40	14885.82	10938.97	8737.14	17639.33	13286.51
总销售收入	元	24772.53	14427.37	6333.37	14002.44	20836.86	18492.59	15887.97	10231.65	21851.82	16315.17
留种自用	千克	15.03				22.22	20.04	6.01	20.04		16.67
年底库存	千克	1085.29	357.31	417.42	1027.50	586.58	401.04	620.17	1440.10	1252.26	798.63
本年副产品收入	元				12.49		53.60		374.80	249.87	172.69
翌年预计播种面积	亩	24.52	18.18	7.66	11.69	16.11	19.71	25.44	20.48	28.81	19.18

（2）玉米成本投入

指标名称	单位	沙河沿镇	翰章乡	黄泥河镇	横道河镇	南屯基镇	沙河镇	乌兰花镇	什花道乡	双岗镇	吉林省
种子、秧苗数量	千克	54.50	26.95	27.31	40.95	75.34	108.88	24.46	20.32	26.74	45.05
种子、秧苗金额	元	940.70	610.65	404.97	800.47	893.68	1367.53	1459.96	1318.78	2176.62	1108.15
化肥施用量	千克	1333.71	762.81	491.49	965.90	1076.62	1836.60	731.34	688.01	1027.21	990.41
化肥金额	元	4276.82	2284.57	1108.19	2506.21	3442.85	2780.18	3030.80	1768.04	3117.01	2701.63
自产有机肥价值	元		226.84	907.36	136.10		438.56			957.77	444.44
外购有机肥金额	元		260.79		907.08		195.02			1020.46	476.67

(续表)

指标名称	单位	沙河沿镇	翰章乡	黄泥河镇	横道河镇	南屯基镇	沙河镇	乌兰花镇	什花道乡	双岗镇	吉林省
农药、除草剂费	元	541.89	371.41	165.29	233.24	396.08	353.04	357.87	205.75	556.21	353.42
农膜费	元			329.90	494.85	109.97	102.63	219.93		934.71	365.33
排灌费	元	2087.15					292.20	453.13	649.33	725.32	701.19
机械费	元	2654.68	599.12	864.23	478.40	548.98	721.82	1207.69	917.68	1783.03	1086.18
土地租赁费（含实物折价）	元/年	4192.78	2913.31	1656.12	2118.02	345.03	153.97	970.38	3390.46	14568.68	3367.64
自家投入劳动力数量	工日	32.74	31.20	18.54	70.29	78.38	60.31	65.16	9.28	63.75	47.74
雇工数量	工日	8.22	1.13	5.80	13.61	28.83	11.34				11.49
雇工平均价格	元/工日	99.13	143.08	119.67	104.06	80.21	86.72				105.48
运输仓储费	元	421.49			227.91	364.25	546.37	993.40		298.02	475.24
贷款利息	元		226.45					943.55			585.00
保险费支出	元	85.90	86.66	41.55	59.82	102.28	111.77	69.01	157.42	127.62	93.56
其他费用	元	2402.71	335.68	30.19	148.48		139.87	205.36		281.80	443.01

6.2.2 畜牧业

6.2.2.1 生猪

（1）生猪生产及销售情况

指标名称	单位	沙河沿镇	翰章乡	黄泥河镇	横道河镇	南屯基镇	沙河镇	乌兰花镇	什花道乡	双岗镇	吉林省
年底存栏数量	头	0.00	0.00	0.00	0.00	0.00	0.00	0.00	0.00	0.00	0.00
年底能繁母畜存栏数量	头	0.00	0.00	0.00	0.00	0.00	0.00	0.00	0.00	0.00	0.00
新生、新购数量	头	10.00					10.00				10.00
出栏或产量	头	10.00					10.00				10.00
因灾减产或死亡数量	头										
获得农业保险赔偿金额	元										
自食或送人数量	千克						3.00				3.00
总销售收入	元	28000.00									28000.00
仔（中）畜销售收入	元										
平均出栏活重或单产	千克/头						20.00				20.00
副产品收入	元										
翌年计划生产数量	头										

（2）生猪成本投入

指标名称	单位	沙河沿镇	翰章乡	黄泥河镇	横道河镇	南屯基镇	沙河镇	乌兰花镇	什花道乡	双岗镇	吉林省
仔畜自繁数量	头						0.50				0.50
仔畜外购数量	头	6.67					0.67				3.67
仔畜外购金额	元	566.67									566.67
饲料外购数量	千克										
饲料外购金额	元										
饲料自产数量	千克	3000.00					1000.00				2000.00
饲料自产折价金额	元	2448.89					7217.77				4833.33
防疫及兽药金额	元						400.00				400.00
水电费	元						1000.00				1000.00
自家投入劳动力数量	工日	100.00					100.00				100.00
雇工数量	工日										
雇工平均价格	元/工日										
场地租赁费（包括实物折价）	元/年										
贷款利息	元										
保险费支出	元										
其他费用	元										

6.2.2.2 肉牛

（1）肉牛生产及销售情况

指标名称	单位	沙河沿镇	翰章乡	黄泥河镇	横道河镇	南屯基镇	沙河镇	乌兰花镇	什花道乡	双岗镇	吉林省
年底存栏数量	头	15.05	11.12	5.85	2.93		4.10				7.81
年底能繁母畜存栏数量	头	8.74	7.12	2.22	1.67		1.20				4.19
新生、新购数量	头	6.63	7.02	2.65	0.99		2.21				3.90
出栏或产量	头	7.24	10.17		2.77		4.01				6.05
因灾减产或死亡数量	头	2.00	3.00								2.50
获得农业保险赔偿金额	元				48.00						48.00
自食或送人数量	千克	0.00	0.00	0.00	0.00	0.00	0.00	0.00	0.00	0.00	0.00
总销售收入	元	43626.76	34901.41		12822.85		13515.74				26216.67
仔（中）畜销售收入	元				12369.75		19630.25				16000.00

（续表）

指标名称	单位	沙河沿镇	翰章乡	黄泥河镇	横道河镇	南屯基镇	沙河镇	乌兰花镇	什花道乡	双岗镇	吉林省
平均出栏活重或单产	千克/头		272.91		60.04		342.05				225.00
副产品收入	元										
翌年计划生产数量	头	25.47	14.66		1.82		21.53				15.87

（2）肉牛成本投入

指标名称	单位	沙河沿镇	翰章乡	黄泥河镇	横道河镇	南屯基镇	沙河镇	乌兰花镇	什花道乡	双岗镇	吉林省
仔畜自繁数量	头	7.51	6.82		0.84		1.51				4.17
仔畜外购数量	头		2.08		2.55		0.80				1.81
仔畜外购金额	元		2702.23		1292.67		143.01				1379.31
饲料外购数量	千克		2812.25		7194.68		703.06				3570.00
饲料外购金额	元		5517.76		211.58		90.68				1940.00
饲料自产数量	千克	2740.77	1370.38		2910.20		919.33				1985.17
饲料自产折价金额	元	3106.59	3452.06		2221.89		873.85				2413.60
防疫及兽药金额	元	1649.92	583.16	568.94	243.83		238.24				656.82
水电费	元	228.53	472.81				113.28				271.54
自家投入劳动力数量	工日	96.59	276.81		32.66		117.58				130.91
雇工数量	工日	300.00									300.00
雇工平均价格	元/工日										
场地租赁费（包括实物折价）	元/年										
贷款利息	元		4000.00								4000.00
保险费支出	元										
其他费用	元		451.95				338.05				395.00

6.2.2.3 肉羊

（1）肉羊生产及销售情况

指标名称	单位	沙河沿镇	翰章乡	黄泥河镇	横道河镇	南屯基镇	沙河镇	乌兰花镇	什花道乡	双岗镇	吉林省
年底存栏数量	只		60.99				56.93	35.58		30.50	46.00
年底能繁母畜存栏数量	只		41.14				40.11	30.86		20.57	33.17
新生、新购数量	只		46.99				5.53	27.64		33.17	28.33

(续表)

指标名称	单位	沙河沿镇	翰章乡	黄泥河镇	横道河镇	南屯基镇	沙河镇	乌兰花镇	什花道乡	双岗镇	吉林省
出栏或产量	只		53.87				30.17	37.71		26.93	37.17
因灾减产或死亡数量	只		10.00				2.00			5.00	5.67
获得农业保险赔偿金额	元	0.00	0.00	0.00	0.00	0.00	0.00	0.00	0.00	0.00	0.00
自食或送人数量	千克		1.00								1.00
总销售收入	元		35250.00				16450.00	14100.00		9400.00	18800.00
仔(中)畜销售收入	元							4500.00			4500.00
平均出栏活重或单产	千克/只						50.00				50.00
副产品收入	元									500.00	500.00
翌年计划生产数量	只		90.00				60.00	30.00		40.00	55.00

（2）肉羊成本投入

指标名称	单位	沙河沿镇	翰章乡	黄泥河镇	横道河镇	南屯基镇	沙河镇	乌兰花镇	什花道乡	双岗镇	吉林省
仔畜自繁数量	只	23.38	140.30				14.03	28.06		23.38	45.83
仔畜外购数量	只	3.00									3.00
仔畜外购金额	元	2500.00									2500.00
饲料外购数量	千克			9175.20			137.63	38.23		382.30	2433.33
饲料外购金额	元			20400.00			18000.00	2000.00		2000.00	10600.00
饲料自产数量	千克	860.81	16355.33				860.81	645.61		860.81	3916.67
饲料自产折价金额	元	798.80	6070.86				228.23	205.41		296.70	1520.00
防疫及兽药金额	元	324.04	1944.22				667.52	324.04		777.69	807.50
水电费	元	300.00	1000.00				350.00	1000.00		500.00	630.00
自家投入劳动力数量	工日	348.94	353.79				66.88	218.09		348.94	267.33
雇工数量	工日		100.00								100.00
雇工平均价格	元/工日		120.00								120.00
场地租赁费（包括实物折价）	元/年		500.00								500.00
贷款利息	元		2000.00								2000.00
保险费支出	元										
其他费用	元	200.00					100.00			500.00	266.67

6.2.2.4 肉鸡

(1) 肉鸡生产及销售情况

指标名称	单位	沙河沿镇	翰章乡	黄泥河镇	横道河镇	南屯基镇	沙河镇	乌兰花镇	什花道乡	双岗镇	吉林省
年底存栏数量	只		20.00		20.00		23.00				21.00
年底能繁母禽存栏数量	只		5.00								5.00
新生、新购数量	只		6.67								6.67
出栏或产量	只		25.00				7.00				16.00
因灾减产或死亡数量	只		5.00								5.00
获得农业保险赔偿金额	元										
自食或送人数量	只		20.00		20.00		2.00				14.00
总销售收入	元						790.00				790.00
禽苗销售收入	元										
平均出栏活重或单产	千克/只		5.00				4.00				4.50
副产品收入	元						790.00				790.00
翌年计划生产数量	只	30.00			30.00					30.00	30.00

(2) 肉鸡成本投入

指标名称	单位	沙河沿镇	翰章乡	黄泥河镇	横道河镇	南屯基镇	沙河镇	乌兰花镇	什花道乡	双岗镇	吉林省
禽苗自繁数量	只	0.00	0.00	0.00	0.00	0.00	0.00	0.00	0.00	0.00	0.00
禽苗外购数量	只				20.00		23.00				21.50
禽苗外购金额	元				100.00		230.00				165.00
饲料外购数量	千克										
饲料外购金额	元										
饲料自产数量	千克				500.00		100.00				300.00
饲料自产折价金额	元				600.00		120.00				360.00
防疫及兽药金额	元						27.00				27.00
水电费	元						30.00				30.00
自家投入劳动力数量	工日				10.00		29.00				19.50
雇工数量	工日										
雇工平均价格	元/工日										
场地租赁费（包括实物折价）	元/年										
贷款利息	元										

(续表)

指标名称	单位	沙河沿镇	翰章乡	黄泥河镇	横道河镇	南屯基镇	沙河镇	乌兰花镇	什花道乡	双岗镇	吉林省
保险费支出	元										
其他费用	元										

6.3 农户家庭收支情况

6.3.1 农户家庭收入

指标名称	单位	沙河沿镇	翰章乡	黄泥河镇	横道河镇	南屯基镇	沙河镇	乌兰花镇	什花道乡	双岗镇	吉林省
出售家庭资产收入（如房子、机械、家电等）	元	7.25	0.22		0.87		1.48		7.79		3.52
县域内农业务工收入	元	403.42	1213.17	1411.34	1069.64	228.13	835.73			169.69	761.59
县域内工业、建筑业、采矿业打工收入	元		3391.52		627.61	928.02	1615.29			592.87	1431.06
县域内交通运输业、邮电业打工收入	元		7474.33		6324.43		20744.14				11514.29
县域内批发和零售贸易、餐饮业打工收入	元		10900.25			27637.55	8386.34		13266.02	13266.02	14691.25
县域内社会服务业、文教卫生业打工收入	元		19350.36		33863.14	2638.69	17224.76				18269.23
县域外农业务工收入	元	14843.03		3587.44	1345.29	2152.46			8071.74		6000.00
县域外工业、建筑业、采矿业打工收入	元	39917.01		10977.18	4419.38	28493.14			19958.51	11404.86	19195.00
县域外交通运输业、邮电业打工收入	元						24000.00				24000.00
县域外批发和零售贸易、餐饮业打工收入	元	21996.84			12423.08		27080.04				20500.00
县域外社会服务业、文教卫生业打工收入	元				16500.00						16500.00
利息	元			1000.00							1000.00
股息	元										
土地征用补偿金额	元		558.66						3441.35		2000.00
土地出租租金	元	5205.75	1231.73				2413.79		1068.73		2480.00
房屋租赁收入	元										
机械设备租赁收入	元										

(续表)

指标名称	单位	沙河沿镇	翰章乡	黄泥河镇	横道河镇	南屯基镇	沙河镇	乌兰花镇	什花道乡	双岗镇	吉林省
从村集体分得福利收入	元										
种粮补贴（包括粮食直接补贴、粮食作物良种补贴、农业生产资料综合补贴和农机具购置补贴）	元	2443.76	2110.94	1968.26	2391.95	1884.82	3326.81	3229.21	1221.27	1587.12	2240.46
非粮食类农作物良种补贴	元	110.95							590.17		350.56
畜牧业补贴	元										
渔业补贴	元										
林业补贴（不包括退耕还林还草）	元										
退耕还林还草补偿	元			788.80	236.64		146.71		72.44	402.45	329.41
草原生态补贴	元								176.67		176.67
救济金、救灾款	元										
无偿扶贫款	元										
抚恤金	元										
低保金	元	2385.07		2775.35	2060.31	1574.15	2263.65	1092.80	1802.90		1993.46
退休金	元	3617.76	162.80	90.44	2848.99						1680.00
合作社利润返还	元										
社会保障收入	元						2300.00				2300.00
其中：农村新型合作医疗报销	元	185.43	292.68	373.97	1728.64	1712.01	230.46	500.39	1435.07		807.33
农村养老保险年金	元	1166.12	1057.29	1097.45	1505.00	1165.13	1864.87	1372.82	1385.35	1735.30	1372.15
城镇医疗保险报销	元										
城镇养老保险年金	元				2500.00					20000.00	11250.00
棋牌娱乐收入（如亏损，用负数表示）	元						500.00				500.00
人情礼收入	元	7256.91	6047.43		483.79		5523.31	241.90	846.64		3400.00
彩礼、陪嫁	元										
商业保险赔付	元										

（续表）

指标名称	单位	沙河沿镇	翰章乡	黄泥河镇	横道河镇	南屯基镇	沙河镇	乌兰花镇	什花道乡	双岗镇	吉林省
家庭非常住人口寄回或带回、亲友赠送金额	元		3141.03	4487.19	1121.80	448.72	224.36				1884.62
新农村建设建房补贴	元										

6.3.2 农户家庭收入（分行业）

指标名称	单位	沙河沿镇	翰章乡	黄泥河镇	横道河镇	南屯基镇	沙河镇	乌兰花镇	什花道乡	双岗镇	吉林省
农业生产服务总收入	元	41411.16	22971.99	76785.97	14742.35	16823.46	23058.98	17536.61	7641.42	23644.24	27179.56
林业总收入	元	0.00	0.00	0.00	0.00	0.00	0.00	0.00	0.00	0.00	0.00
工业总收入	元	0.00	0.00	0.00	0.00	0.00	0.00	0.00	0.00	0.00	0.00
建筑业总收入	元	34452.04	7546.64	3322.16	2091.73	2153.25	9617.04		5742.01		9275.00
交通运输业、邮电业总收入	元		3089.43		2279.09		28488.60				11285.71
批发和零售贸易、餐饮业总收入	元		28034.52		20546.88		28518.57				25700.00
社会服务业总收入	元	3793.60		2276.16	440.06	113.81	876.32				1500.00
文教卫生业总收入	元										
农业生产服务纯收入	元	30465.47	11885.23	41811.13	7674.52	12913.26	19405.20	8523.52	5894.92	9959.26	16503.61
林业纯收入	元	0.00	0.00	0.00	0.00	0.00	0.00	0.00	0.00	0.00	0.00
工业纯收入	元	0.00	0.00	0.00	0.00	0.00	0.00	0.00	0.00	0.00	0.00
建筑业纯收入	元	15221.68	5137.32	2530.60	5708.13	1664.87	6753.26		15221.68		7462.50
交通运输业、邮电业纯收入	元		9000.00								9000.00
批发和零售贸易、餐饮业纯收入	元		20777.03				23647.96				22212.50
社会服务业纯收入	元	5709.78		3806.52	285.49	2198.27					3000.00
文教卫生业纯收入	元										

6.3.3 农户家庭经营支出、生产性固定资产支出和税费支出

指标名称	单位	沙河沿镇	翰章乡	黄泥河镇	横道河镇	南屯基镇	沙河镇	乌兰花镇	什花道乡	双岗镇	吉林省
农业生产服务支出	元	11352.27	4479.20	24731.42	3610.03	3888.03	4047.50	3793.93	2449.74	14973.40	8147.28
林业支出	元	0.00	0.00	0.00	0.00	0.00	0.00	0.00	0.00	0.00	0.00
工业生产支出	元	0.00	0.00	0.00	0.00	0.00	0.00	0.00	0.00	0.00	0.00
建筑业生产支出	元	183.18	21.37		916.92		4.67		33.58	76.33	206.00
交通运输业、邮电业支出	元		873.48	1532.41	94.30		2291.55	139.49	44.20		829.24
批发和零售贸易、餐饮业支出	元		800.33	2608.49			1634.11	109.35			1288.07
社会服务业支出	元	65.22									65.22
文教卫生业支出	元	1803.94		1737.13	1042.28		1316.21		200.44		1220.00
其他家庭经营费用支出	元	3437.30	3308.68		1025.69		3099.13		2223.96		2618.95
建造和购置生产性固定资产的费用支出	元		1723.72	1091.69			86.19				967.20
生产性固定资产折旧（使用年限15年）	元	1853.22			712.78	71.28					879.09
第一产业纳税（农业、林业、畜牧业和渔业）	元	0.00	0.00	0.00	0.00	0.00	0.00	0.00	0.00	0.00	0.00
第二产业纳税（工业和建筑业）	元	0.00	0.00	0.00	0.00	0.00	0.00	0.00	0.00	0.00	0.00
第三产业纳税（商业和服务业）	元	0.00	0.00	0.00	0.00	0.00	0.00	0.00	0.00	0.00	0.00
"一事一议"筹资	元		10.44								10.44
其他各项集资收费	元	0.00	0.00	0.00	0.00	0.00	0.00	0.00	0.00	0.00	0.00

6.3.4 农户家庭食品消费数量及支出

6.3.4.1 农户家庭全年食品购买数量（不含自产自用）

指标名称	单位	沙河沿镇	翰章乡	黄泥河镇	横道河镇	南屯基镇	沙河镇	乌兰花镇	什花道乡	双岗镇	吉林省
面粉	千克	79.45	87.65	133.86	70.72	119.15	80.35	105.11	120.81	117.04	101.57
大米	千克	103.33	140.78	230.30	190.99	215.96	158.63	130.42	144.95	123.11	159.83
玉米面	千克			50.35	52.08	6.58	35.31	43.17	55.54	39.49	40.36
小米	千克		14.01	12.85	11.51	16.86	28.30	25.49	52.05	38.78	24.98
高粱米	千克										

（续表）

指标名称	单位	沙河沿镇	翰章乡	黄泥河镇	横道河镇	南屯基镇	沙河镇	乌兰花镇	什花道乡	双岗镇	吉林省
其他谷物及其制品（荞麦、燕麦、大麦、糜子、黍子、籽粒苋等，谷物制品折粮计算）	千克			1.81	0.36		7.23	5.41	24.85	18.07	9.62
薯类（甘薯、马铃薯、木薯、芋类等，不包括菜用）	千克	75.84	33.60	80.41	68.24	30.05	124.38	56.88	99.27	83.10	72.42
粮食复制品（利用原粮加工而成的食品，如挂面、年糕等，但不包括用粮食加工成的豆油、豆腐、粉条、酒等）	千克		3.35	34.03	5.35	6.86	9.96	4.06	64.97	5.41	16.75
大豆	千克	20.85	9.51	26.15	20.92	23.01	12.17	8.30	6.85	10.21	15.33
杂豆（绿豆、红豆、蚕豆、豌豆、豇豆、扁豆、黑豆等）	千克		11.22	9.50	21.52	10.56	20.62	9.00	4.22	10.56	12.15
豆制品（各种豆腐、豆腐干/皮/丝、千张、素鸡、腐竹、豆浆粉、豆浆、豆奶、豆腐脑等）	千克	8.42	12.49	14.37	38.82	60.08	34.22	6.20	16.40	8.97	22.22
植物性食用油（花生油、芝麻油、菜籽油、豆油、茶油等）	千克	42.57	29.83	72.04	34.64	48.41	53.53	31.77	16.60	20.63	38.89
动物性食用油（猪油、牛油、羊油等）	千克		32.06			86.03	25.49	16.73	35.48	37.55	27.45
猪肉及其制品	千克	40.67	22.16	54.06	48.69	43.50	40.99	29.55	77.62	50.45	45.30
牛肉及其制品	千克	12.26	9.55	11.53	10.65	6.04	14.09	8.15	5.09		9.67
羊肉及其制品	千克	7.03	7.54	5.80	3.57	8.92	16.16	8.50		7.44	8.12
鸡肉及其制品	千克	15.64	14.07	19.76	14.08	9.73	22.53	14.85	12.65	15.56	15.43
其他禽肉及其制品（鸭、鹅、鹌鹑、鸽、麻雀、火鸡等）	千克	18.34	22.18	4.44	9.76	19.96	13.31	13.31	17.75		14.88
其他肉类及其制品（狗肉、驴肉、马肉、蛇肉、兔肉、鹿肉、蛙肉等，但不包括鱼、虾等水产品）	千克		0.91	17.75	2.28		9.10	5.20		12.52	7.96
畜禽下水（内脏）及其制品	千克		3.97		2.83	6.14	12.75	5.67			6.27
鸡蛋及其制品	千克	21.03	22.31	27.04	28.81	21.10	38.64	28.14	14.68	7.13	23.21
鸭蛋及其制品	千克	7.39	6.08	3.28		26.28	17.88	12.32	3.28		10.93
其他蛋类及其制品（鹅蛋、鹌鹑蛋、鸽蛋等）	千克				2.20	8.81	5.03	3.96			5.00
鲜奶（牛奶、羊奶等）	千克	12.67	24.70	17.70	34.99	7.60	15.20	10.86		30.53	19.28
奶制品（酥油、奶粉、酸奶、炼乳、可可奶、麦乳精等）	千克	5.46	15.74	4.37	5.46	10.93	13.03			30.05	12.15
鱼类及其制品	千克	20.69	17.60	23.88	13.84	13.71	25.63	26.19	18.54	19.20	19.92
虾蟹类及其制品	千克		4.33	1.95	0.78	0.00	8.78				3.96

(续表)

指标名称	单位	沙河沿镇	翰章乡	黄泥河镇	横道河镇	南屯基镇	沙河镇	乌兰花镇	什花道乡	双岗镇	吉林省
其他水产品及其制品	千克	5.91	2.36				8.16	11.81			7.06
蔬菜及菜制品（鲜菜、干菜，以及腌菜、榨菜、泡菜、酱菜等各类菜制品和蔬菜罐头，蔬菜和菜制品按鲜菜数量进行统计）	千克	58.67	66.38	406.37	60.00	81.01	51.90	108.72	91.33	41.05	107.27
水果及水果制品（各类鲜食水果、果用瓜、果干及水果罐头等）	千克	49.63	33.63	34.22	57.96	97.47	54.92	23.65	37.84	30.54	46.65
坚果及果仁制品（核桃、板栗、开心果等坚果、果仁及其制品）	千克	5.01	4.35	6.95	11.64	30.60	6.75	3.25	8.34		9.61
卷烟（盒装）	盒	194.87	261.53	271.19	198.52	209.96	144.89	113.52	80.51	81.30	172.92
烟丝、烟叶等其他烟	千克	2.21	2.30	6.13	9.39	10.21	15.25		9.87		7.91
酒类（白酒、黄酒、啤酒、果酒等）	千克	29.74	53.92	36.88	44.86	66.14	58.30	62.57	44.31	64.25	51.22
食糖（白糖、红糖、冰糖、方糖等，不包括糖果、糖精）	千克	5.66	6.77	9.41	7.09	5.51	5.88	6.81	5.88	5.86	6.54
蜂蜜	千克	3.88	6.10	4.13	4.48		3.40	3.10		2.07	3.88
茶叶	千克		4.04	4.00	0.88	2.23	2.09	7.13	1.72	1.59	2.96
其他饮料（瓶/桶装水、碳酸类等除酒、茶外的各种固/液体饮料，以及雪糕等冷饮）	千克	14.08	26.24	45.20	20.01	31.61	22.22	12.07			24.49
调味品	千克	4.61	3.28	41.22	30.46	9.35	6.69	11.44	9.24	12.40	14.30

6.3.4.2 农户家庭全年食品购买金额（不含自产自用）

指标名称	单位	沙河沿镇	翰章乡	黄泥河镇	横道河镇	南屯基镇	沙河镇	乌兰花镇	什花道乡	双岗镇	吉林省
面粉	元	277.05	406.95	563.38	262.22	356.57	279.48	452.99	410.12	495.31	389.34
大米	元	464.72	724.36	1179.57	1111.75	959.16	827.56	629.91	546.90	668.42	790.26
玉米面	元			165.18	83.44	24.70	53.44	89.52	109.74	37.06	80.44
小米	元		104.37	101.38	60.64	77.65	152.26	158.93	176.89	172.44	125.57
高粱米	元	0.00	0.00	0.00	0.00	0.00	0.00	0.00	0.00	0.00	0.00
其他谷物及其制品（荞麦、燕麦、大麦、糜子、黍子、薏仁、籽粒苋等，谷物制品折粮计算）	元			5.48	5.48		21.92	14.56	26.67		14.82
薯类（甘薯、马铃薯、木薯、芋类等，不包括菜用）	元	139.33	74.75	126.27	142.58	64.88	320.72	108.88	208.04	119.45	144.99

(续表)

指标名称	单位	沙河沿镇	翰章乡	黄泥河镇	横道河镇	南屯基镇	沙河镇	乌兰花镇	什花道乡	双岗镇	吉林省
粮食复制品（利用原粮加工而成的食品，如挂面、年糕等，但不包括用粮食加工成的豆油、豆腐、粉条、酒等）	元		41.12	388.18	30.99	26.68	73.32	39.05	127.35	48.11	96.85
大豆	元	68.47	86.79	85.70	88.27	122.93	35.85	87.93	24.30	38.31	70.95
杂豆（绿豆、红豆、蚕豆、豌豆、豇豆、扁豆、黑豆等）	元		25.88	73.84	76.57		103.82	46.57	18.27	12.18	51.02
豆制品（各种豆腐、豆腐干/皮/丝、千张、素鸡、腐竹、豆浆粉、豆浆、豆奶、豆腐脑等）	元	56.61	131.64	213.81	214.44	258.54	269.07	74.59	140.01	109.74	163.16
植物性食用油（花生油、芝麻油、菜籽油、豆油、茶油、棉籽油等）	元	418.07	351.75	946.96	350.40	298.40	385.96	200.13	210.17	236.44	377.59
动物性食用油（猪油、牛油、羊油等）	元		220.26		13.32	475.78	119.10	115.38	283.74	477.89	243.64
猪肉及其制品	元	876.78	479.71	1305.66	656.68	562.40	985.25	582.14	1312.45	1293.66	894.97
牛肉及其制品	元	531.77	348.39	486.83	246.72	178.12	608.95	240.30	138.04		347.39
羊肉及其制品	元	219.37	156.29	165.14	101.74	56.34	427.06	198.91		77.71	175.32
鸡肉及其制品	元	402.00	208.00	257.89	186.51	141.85	335.58	181.53	168.11	264.30	238.42
其他禽肉及其制品（鸭、鹅、鹌鹑、鸽、麻雀、火鸡等）	元	172.07	73.52	31.29	96.47	37.54	56.32	77.17	93.86		79.78
其他肉类及其制品（狗肉、驴肉、马肉、蛇肉、兔肉、鹿肉、蛙肉等，但不包括鱼、虾等水产品）	元	58.05	8.13	44.99	23.22		46.44	32.92		127.71	48.78
畜禽下水（内脏）及其制品	元		28.26		6.21	9.63	31.68	12.42			17.64
鸡蛋及其制品	元	160.24	157.41	214.57	180.05	97.93	463.08	253.36	126.91	53.19	189.64
鸭蛋及其制品	元	59.43	19.10	27.62			84.59	32.26	40.75		43.96
其他蛋类及其制品（鹅蛋、鹌鹑蛋、鸽蛋等）	元			0.78	0.78		1.34	0.70			0.90
鲜奶（牛奶、羊奶等）	元	176.19	74.61	238.02	146.99	110.46	154.41	35.63		63.84	125.02
奶制品（酥油、奶粉、酸奶、炼乳、可可奶、麦乳精等）	元	139.88	87.78	19.34	28.85	55.95	36.45			30.60	56.98
鱼类及其制品	元	295.34	161.86	298.02	151.88	187.36	321.32	270.03	232.59	283.17	244.62
虾蟹类及其制品	元	40.79	54.77	29.80	15.46		73.73				42.91
其他水产品及其制品	元	24.58	12.29				14.34	12.91			16.03

(续表)

指标名称	单位	沙河沿镇	翰章乡	黄泥河镇	横道河镇	南屯基镇	沙河镇	乌兰花镇	什花道乡	双岗镇	吉林省
蔬菜及菜制品（鲜菜、干菜，以及腌菜、榨菜、泡菜、酱菜等各类菜制品和蔬菜罐头，蔬菜和菜制品按鲜菜数量进行统计）	元	980.92	246.49	1158.86	356.34	334.83	445.35	343.05	315.10	132.14	479.23
水果及水果制品（各类鲜食水果、果用瓜、果干、蜜饯及水果罐头等）	元	415.03	188.77	348.75	280.20	403.76	434.91	180.73	235.69	251.76	304.40
坚果及果仁制品（核桃、板栗、开心果、榛子、杏仁等坚果、果仁及其制品）	元	195.67	46.94	49.41	94.43	148.23	155.42	49.41	75.76		101.91
卷烟（盒装）	元	1028.16	3045.59	1700.40	883.53	1562.62	912.18	527.40	506.87	534.41	1189.02
烟丝、烟叶等其他烟	元	56.06	31.65	132.61	60.28	62.39	35.41	90.42	30.14		62.37
酒类（白酒、黄酒、啤酒、果酒等）	元	342.77	657.61	352.59	332.60	564.92	369.25	454.68	394.90	504.98	441.59
食糖（白糖、红糖、冰糖、方糖等，不包括糖果、糖精）	元	123.43	66.74	105.79	44.71	77.93	42.16	50.71	49.68	75.78	70.77
蜂蜜	元	38.88	70.35	82.14	90.42		52.95	35.77		20.73	55.89
茶叶	元		108.26	117.11	75.90	207.53	231.81	127.13	76.61	69.33	126.71
其他饮料（瓶/桶装水、碳酸类、果汁类、冲泡类等除酒、茶外的各种固/液体饮料，以及雪糕等冷饮）	元	52.81	93.47	117.05	59.93	129.66	98.37	107.41			94.10
调味品	元	158.64	60.70	378.66	249.89	75.24	69.04	154.74	114.78	182.18	160.43
其他户内食品消费支出	元	35.88	205.97	16.38	44.95	71.15	124.82	156.04			93.60
食品加工费	元		22.09								22.09

6.3.4.3 家庭成员户外食品消费支出

指标名称	单位	沙河沿镇	翰章乡	黄泥河镇	横道河镇	南屯基镇	沙河镇	乌兰花镇	什花道乡	双岗镇	吉林省
在外吃饭的外出务工成员的户外食品	元	3870.11	1237.05	569.76	892.28	1032.03	942.72	322.51		3225.10	1511.50
在外吃饭的学生及陪读成员的户外食品	元	4860.78	666.02	382.31	2684.36	860.19	1591.36	2432.72		2676.17	2019.24
在医院吃饭的病号及陪护成员的户外食品	元		161.30		125.45		358.43	179.22			206.10

(续表)

指标名称	单位	沙河沿镇	翰章乡	黄泥河镇	横道河镇	南屯基镇	沙河镇	乌兰花镇	什花道乡	双岗镇	吉林省
在家吃饭的家庭成员外出办事、购物、探亲访友、旅游等偶然性或临时性户外食品	元	641.71	948.38	1103.32	558.93	726.90		1033.86			835.52
其他户外食品消费支出	元						29.17				29.17

6.3.5 农户家庭非食品生活消费支出

指标名称	单位	沙河沿镇	翰章乡	黄泥河镇	横道河镇	南屯基镇	沙河镇	乌兰花镇	什花道乡	双岗镇	吉林省
衣着消费支出	元	2120.20	1389.07	1339.03	1464.00	2371.40	2845.80	1144.85	1214.79	737.75	1625.21
居住消费支出	元	117.58	154.04	104.43	151.51	112.71	33.37	161.74			92.82
其中：在家居住成员租赁生活用房所付的租金（不包括外出住旅店和招待所支付的住宿费，以及外出打工、在外陪读、在医院陪护等的房屋租赁支出或住宿费）	元	0.00	0.00	0.00	0.00	0.00	0.00	0.00	0.00	0.00	0.00
外出打工成员租赁生活用房所付的租金或在外住宿费	元	426.87	550.06			269.03	125.55	31.39	7.53		201.49
生活用水费	元	67.53	239.41	68.74	26.60	36.25	68.27	54.89	351.07	92.36	111.68
生活用电费	元	363.04	474.54	659.46	440.87	637.91	515.75	357.82	416.97	570.71	493.01
生活用燃料支出（用于做饭、烧水、照明、洗漱和取暖等的生活能源支出，但不包括加热饲料用的燃料以及交通用柴油、汽油等燃料）	元	344.69	568.35	2989.05	861.98	354.55	904.48	624.90	526.73	197.62	819.15
家庭设备、用品及服务支出	元	1251.44	961.47	966.11	378.61	242.80	624.40		186.95	213.66	603.19
医疗保健支出	元	472.89	909.96	3228.27	1138.08	1602.22	606.51	727.52	1942.22	375.31	1222.54
交通通信支出	元	3271.93	642.73	574.51	513.65	838.72	643.90	368.13	411.98	360.12	847.23
其中：因外出打工而产生的交通费支出	元	1205.63	297.47	57.47	162.64	689.60	200.57	114.93	170.76	446.60	371.74
文教娱乐用品及服务支出	元	2569.38	1442.67	666.41	4764.83	942.06	2892.77	2539.02		999.62	2102.12
其中：子女教育支出	元	9723.84	3077.44	10360.12	5636.14	3742.55	11714.04	9049.29	14891.76	11913.41	8901.00

指标名称	单位	沙河沿镇	翰章乡	黄泥河镇	横道河镇	南屯基镇	沙河镇	乌兰花镇	什花道乡	双岗镇	吉林省
其他商品消费支出（化妆品、金银珠宝饰品，以及手表、迷信用品等其他生活用商品的消费支出）	元	524.23	654.66	174.34	573.50	774.86	381.95	295.68	302.19	174.34	428.42
其他服务消费支出（旅店住宿费、洗澡费、美容美发费、照相费、殡殓费）	元	330.03	186.50	165.13	463.99	131.16	245.60	213.14	176.25	163.96	230.64
家庭成员外出务工成本支出（指中介费、职业介绍费、培训费、办证费及其他费用）	元	13.41	15.08		53.63		40.22			6.70	25.81

6.3.6 农户家庭财产性支出和转移性支出

指标名称	单位	沙河沿镇	翰章乡	黄泥河镇	横道河镇	南屯基镇	沙河镇	乌兰花镇	什花道乡	双岗镇	吉林省
非生产性贷款或借款的利息支出	元	0.00	0.00	0.00	0.00	0.00	0.00	0.00	0.00	0.00	0.00
宅基地使用费	元	0.00	0.00	0.00	0.00	0.00	0.00	0.00	0.00	0.00	0.00
土地承包费（包括承包集体和其他农户等）	元	288.25	167.05		33.92	5.83	12.34		108.54	488.63	138.07
承包租赁村组集体资产支出（不包括承包土地）	元	0.00	0.00	0.00	0.00	0.00	0.00	0.00	0.00	0.00	0.00
寄给和带给家庭非常住人口的金额	元		1531.34		2268.66						1900.00
赠送亲友	元		1672.79		604.39		565.13	580.60	180.84	226.05	638.30
赡养费、抚养费	元	1255.67	1081.23		655.61	1782.24	1604.02	356.45	504.97	267.34	938.44
公益事业捐赠（指对灾害、贫困、残疾人等群体或个人以及对文教卫体事业、环境保护、社会公共设施建设等社会公共和福利事业的爱心捐赠）	元	163.50	244.25		62.81	183.19		122.13	104.68		146.76
迷信、宗教活动捐赠	元		46.46		165.82	6.70	309.92	112.70	225.39		144.50
人情礼支出	元	2478.37	1953.05	2575.01	2612.15	4530.78	3823.71	1073.63	1708.12	864.96	2402.20
嫁妆、聘礼	元		5167.31			1734.48			610.68	234.88	1936.84
各种红白喜事宴请支出（婚丧、升学、盖房等）	元	3929.56	2412.27	3112.77	4151.39	3159.34	8370.66	1881.50	453.41	3758.00	3469.88
交纳党费、团费	元	20.27	37.91	54.99	8.68	4.39	5.85	4.39	44.85	39.61	24.55

(续表)

指标名称	单位	沙河沿镇	翰章乡	黄泥河镇	横道河镇	南屯基镇	沙河镇	乌兰花镇	什花道乡	双岗镇	吉林省
交纳保险费支出	元	702.84	1476.39	1159.81	455.85	491.30	425.54	446.11	490.45	417.26	673.95
其中：农村新型合作医疗支出	元	484.17	468.86	451.03	511.26	533.47	306.11	339.12	336.28	401.53	425.76
城镇医疗保险支出	元	177.69					426.45	255.87			286.67
商业医疗保险支出	元										
农村养老保险支出	元	621.35	116.25	170.21	137.74	179.74	91.45	111.22	74.26	464.14	218.49
城镇养老保险支出	元						300.00		300.00		300.00
商业养老保险支出	元										
工伤保险支出	元										
车辆保险支出	元	2612.44	1648.76	301.43	3349.28	1507.17	2316.02	1632.77	1280.54	1245.93	1766.04
其他保险支出（如人身意外险、疾病保险、财产保险及各种储蓄型保险）	元		108.97				315.78	16.01		17.79	114.64
罚款（如违反计划生育罚款、交通违章罚款、违反治安管理处罚条例罚款等）、赔款	元		300.00					400.00		200.00	300.00
购买彩票	元										
其他（如遗失、被盗等）	元										

6.3.7 农户家庭生活用燃料数量及支出

6.3.7.1 农户家庭生活用燃料购买数量（不含交通用燃料）

指标名称	单位	沙河沿镇	翰章乡	黄泥河镇	横道河镇	南屯基镇	沙河镇	乌兰花镇	什花道乡	双岗镇	吉林省
秸秆	吨	1.69	0.51	14.60	173.58	100.04	71.64	39.02	31.73	58.40	54.58
薪柴	吨	5.57	116.41	183.48	17.20	3.13	174.07		4.84		72.10
煤炭	吨			180.75		18.47	15.52	95.41		10.70	64.17
罐装液化石油气	千克	20.28	20.53	51.59	15.66	23.06	6.65				22.96

(续表)

指标名称	单位	沙河沿镇	翰章乡	黄泥河镇	横道河镇	南屯基镇	沙河镇	乌兰花镇	什花道乡	双岗镇	吉林省
管道天然气	米³	0.00	0.00	0.00	0.00	0.00	0.00	0.00	0.00	0.00	0.00
管道煤气	米³	0.00	0.00	0.00	0.00	0.00	0.00	0.00	0.00	0.00	0.00
汽油	升	26.69	23.50	4.21	5.48	2.30	1.56		0.38		9.16
柴油	升	17.33	29.15	9.10	7.15	4.02	2.35	0.38	0.36	0.38	7.80
沼气	米³	0.00	0.00	0.00	0.00	0.00	0.00	0.00	0.00	0.00	0.00

6.3.7.2 农户家庭生活用燃料购买金额（不含交通用燃料）

指标名称	单位	沙河沿镇	翰章乡	黄泥河镇	横道河镇	南屯基镇	沙河镇	乌兰花镇	什花道乡	双岗镇	吉林省
秸秆	元	70.18	17.52	157.85	357.81	623.59	310.81	214.55	136.17	159.76	227.58
薪柴	元	51.33	124.32	221.12	10.24		55.64				92.53
煤炭	元		33.97	318.58		16.00	27.82	184.25		19.21	99.97
罐装液化石油气	元	151.07	164.91	587.85	221.92	163.21	234.92				253.98
管道天然气	元	11.03								9.65	10.34
管道煤气	元	0.00	0.00	0.00	0.00	0.00	0.00	0.00	0.00	0.00	0.00
汽油	元	844.22	1028.63	273.24	340.00	73.48	395.71		502.94		494.03
柴油	元	1157.87	870.71	340.26	282.07	104.91	259.13	1070.07	1337.59	1070.07	721.41
沼气	元	0.00	0.00	0.00	0.00	0.00	0.00	0.00	0.00	0.00	0.00

第二部分
2016—2020年村庄统计

7

2016—2020年全部样本的村庄统计

7.1 行政村基本情况

7.1.1 概况

指标名称	单位	2016年	2017年	2018年	2019年	2020年
本村（行政村，全书同）的自然村数量	个	4.44	4.26	4.30	4.19	4.41
本村农户数量	户	371.7	361.59	381.04	378.48	387.96
其中：只务农的农户数	户	277.31	261.65	248.74	249.59	248.74
完全不务农的农户数	户	52.73	60.83	74.67	76.31	75.02
务农兼业农户数	户	43.43	39.42	53.00	42.48	53.40
不务农兼业农户数	户	31.18	16.10	31.00	23.80	30.48
其中：有自营工商业农户数	户	10.00	6.33	13.70	7.56	6.00
本村人均纯收入	元	8393.57	8293.13	8938.55	9365.19	9244.63
其中：非农收入	元	3455.46	2821.43	4953.20	3653.04	4588.89
本村村委会距县政府距离	千米	32.79	31.35	31.30	31.72	31.87
本村村委会距乡镇政府距离	千米	7.22	7.40	6.63	7.42	7.22
本村村委会距最近的集贸市场距离	千米	5.98	6.07	6.12	6.36	6.53
本村村委会距最近的车站、码头距离	千米	6.61	4.95	4.18	5.86	5.46
本村村委会距最近的幼儿园距离	千米	4.43	4.38	4.29	4.30	4.56
本村村委会距最近的小学距离	千米	3.80	3.78	3.71	3.08	3.39
本村村委会距最近的初中距离	千米	5.90	7.05	6.81	6.18	6.22
本村村委会距最近的卫生所（站）距离	千米	2.10	0.62	1.40	2.51	1.91
本村村委会距最近的农业生产资料销售点距离	千米	4.59	4.65	5.34	5.28	5.08
本村村委会距最近的邮政所距离	千米	5.60	6.46	5.48	7.29	7.33

7.1.2 土地、水等资源

指标名称	单位	2016 年	2017 年	2018 年	2019 年	2020 年
本村村域土地总面积	亩	11017.95	9804.78	18036.42	17941.42	18420.94
其中：宅基地面积	亩	372.27	372.43	309.08	344.95	385.12
本村耕地总面积	亩	5987.95	6130.60	6604.48	6759.06	6959.39
其中：水田面积	亩	775.45	743.51	1145.08	803.59	840.10
水浇地面积	亩	2232.00	1352.86	1986.80	1685.59	1530.33
旱地面积	亩	5213.47	5267.08	5241.16	5113.59	5660.93
其中：家庭经营的本村耕地面积	亩	4761.00	5209.81	5676.30	5403.62	5504.92
集体经营的本村耕地面积	亩	328.45	36.57	371.33	341.94	362.80
合作经营的本村耕地面积	亩	55.37	74.47	442.28	364.74	307.88
企业经营的本村耕地面积	亩	0.00	0.00	15.00	13.95	14.70
其他形式经营的本村耕地面积	亩	0.00	0.00			
其中：撂荒的本村耕地面积	亩	64.17	0.00	176.50	0.00	0.00
本村园地面积（果园、茶园、桑园等）	亩	103.69	360.97	293.60	257.60	226.98
本村林地面积（包括退耕还林）	亩	6537.12	5573.48	3147.53	4848.90	5122.30
本村草地面积（包括退耕还草）	亩	4460.78	3593.91	2141.08	2970.02	3378.11
本村水面面积（包括鱼塘）	亩	40.86	67.31	70.25	75.00	69.93
本村年内新增耕地面积（若减少，则用负数表示）	亩	42.80	0.00	0.00	0.00	0.00
本村土地流转面积	亩	524.97	519.31	672.78	652.12	685.69
其中：转包	亩	460.76	471.82	690.26	638.63	627.77
出租	亩	90.86	80.06	566.67	469.55	462.70
互换	亩	0.00	25.00		0.00	0.00
转让	亩	12.50	38.67			
入股	亩	0.00	0.00			
抵押	亩	0.00	0.00			
其他	亩	0.00	0.00			
本村未开发可以用于农业生产的土地面积	亩	218.75	150.00	0.00	174.17	152.00
本村被征用土地面积	亩	206.25	75.00	0.00	59.54	48.45
其中：耕地	亩	137.50	75.00		30.00	30.00
其他农用地	亩	22.50	0.00	65.00		

（续表）

指标名称	单位	2016 年	2017 年	2018 年	2019 年	2020 年
工矿建设用地、村民住宅、道路等建设用地	亩	0.00	0.00	0.00	0.00	0.00
本村空闲地、荒山、荒地、荒滩、荒沟等未利用地	亩	15.00	0.00	0.00	0.00	0.00
本村农业生产用水单价	元/亩	6.94	1.12	1.50	1.50	1.94
本村饮水困难人口比例	%	1.06	10.20	0.00	0.00	0.00
本村饮水不安全人口比例	%	1.06	1.50	0.00	0.00	0.00

7.1.3 人口、劳动力及就业情况

指标名称	单位	2016 年	2017 年	2018 年	2019 年	2020 年
本村总人口	人	1236.11	1259.11	1250.04	1233.93	1233.30
其中：15 岁及以下	人	158.96	180.15	169.26	154.37	180.85
16~40 岁	人	393.89	367.00	332.08	387.26	366.96
41~60 岁	人	430.74	443.70	312.08	443.22	428.00
61 岁及以上	人	231.08	245.35	203.10	249.07	257.48
其中：男性人口所占比例	%	54.53	54.32	51.82	52.39	53.60
少数民族人口所占比例	%	14.37	10.20	12.20	12.76	12.75
其中：不识字或识字很少	人	84.83	97.44	74.17	91.59	98.09
小学	人	262.81	276.65	211.77	267.11	232.76
初中	人	559.46	562.56	347.60	455.98	474.04
高中/技校/职高	人	111.92	142.40	120.05	99.02	116.31
大专及以上	人	49.40	48.29	42.86	48.93	49.37
其中：留守儿童（父母双方或一方在外打工累计 6 个月以上）	人	6.96	23.85	9.96	14.06	11.17
留守老人（全部子女在外累计 6 个月以上的 60 岁以上老人）	人	17.14	28.42	14.52	24.17	21.39
留守妇女	人	12.67	23.88	17.35	18.13	16.29
本村常住人口（一年在本村居住累计 6 个月以上）	人	1018.32	845.91	850.22	810.61	744.89
其中：15 岁及以下	人	136.83	138.32	131.00	101.37	116.59
16~40 岁	人	291.23	254.08	231.96	227.00	200.91
41~60 岁	人	323.77	300.17	227.92	290.30	239.98
61 岁以上	人	208.92	202.04	172.70	203.56	195.44

(续表)

指标名称	单位	2016年	2017年	2018年	2019年	2020年
本村劳动力（男16~60岁，女16~55岁）总数	人	732.41	675.56	635.83	697.31	595.93
其中：常年（累计6个月以上）外出务工人数	人	175.64	192.63	212.55	216.93	204.83
外出务工劳动力返乡创业的人数	人	7.58	4.82	3.79	9.48	9.21
其中：第一产业从业人员人数（农业）	人	540.12	442.21	400.74	463.96	548.56
第二产业从业人员人数（工业）	人	104.59	107.27	120.69	89.77	138.29
第三产业从业人员人数（商业与服务业）	人	57.21	76.47	122.71	90.09	94.80
举家外出户数	户	46.60	37.14	23.13	36.59	33.13
本地短期雇工工资	元/天	125.20	125.91	122.00	137.04	145.00

7.2 行政村经济发展

7.2.1 经济发展水平

指标名称	单位	2016年	2017年	2018年	2019年	2020年
本村农业经营总收入	万元	2027.73	4946.87	956.00	2768.79	3168.68
其中：种植业收入	万元	990.08	703.13	624.60	805.94	989.73
畜牧业收入	万元	135.39	177.43	94.38	134.73	141.57
渔业收入	万元	8.02	12.50	17.00	2.30	6.75
林业收入	万元	20.13	70.83	31.78	14.33	17.21
本村工业收入	万元	68.38	204.29	117.17	119.29	120.47
其中：建筑业收入	万元	164.66	217.78	122.83	160.60	121.97
本村第三产业收入（指商业、餐饮业、服务业、运输业、旅游业等收入）	万元	117.08	139.58	86.82	128.34	113.85

7.2.2 农业发展

7.2.2.1 种植业生产

（1）稻谷

指标名称	单位	2016年	2017年	2018年	2019年	2020年
播种面积或园地种植面积	亩	970.00	1008.59	1123.41	1228.71	950.64
总产量	千克	502949.50	623677.50	562978.50	597116.63	550243.33

（2）大豆

指标名称	单位	2016年	2017年	2018年	2019年	2020年
播种面积或园地种植面积	亩	2042.69	1742.25	1315.75	2041.55	1813.11
总产量	千克	389167.56	311687.50	297204.17	308310.00	301682.00

（3）玉米

指标名称	单位	2016年	2017年	2018年	2019年	2020年
播种面积或园地种植面积	亩	3391.18	3704.95	4105.35	4069.22	4049.63
总产量	千克	1636612.00	1910716.00	1835191.00	1634997.81	1560080.52

7.2.2.2 种植业现代化程度

指标名称	单位	2016年	2017年	2018年	2019年	2020年
本村有效灌溉面积	亩	963.64	940.34	1797.50	1818.03	1726.62
其中：机电灌溉面积	亩	412.00	812.96	1270.77	1645.63	1582.87
喷灌面积	亩	31.58	357.14	750.00	608.50	748.33
滴灌渗灌面积	亩	337.50	715.00	596.40	385.30	378.83
本村机耕面积	亩	4469.75	3796.07	3429.66	3676.78	4209.20
本村机播面积	亩	4797.02	3493.43	3268.82	3582.45	3222.30
本村机收面积	亩	2835.48	2816.06	3065.57	2969.48	2986.11
截至年底本村累计农用机械总动力	千瓦	5407.90	4273.50	11502.00	10123.83	5771.67
截至年底本村发展设施农业的温室和大棚总面积	亩	3.86	14.47	43.75	29.50	30.00
其中：温室面积（有调节温度设备）	亩	0.25	7.50	7.50	8.00	7.50
大棚面积（无调节温度设备，跨度≥5.9米）	亩	2.00	1.44	7.50	7.50	
中小棚面积（无调节温度设备，跨度＜5.9米）	亩	5.00	12.67	6.00		13.00
其中：种植蔬菜的温室和大棚面积	亩	14.00	1.63	5.67	15.00	2.00
种植水果的温室和大棚面积	亩	0.00	0.00	0.00	0.00	0.00
种植苗木花卉的温室和大棚面积	亩	0.00	0.00	0.00	0.00	0.00

7.2.2.3 畜牧业生产

（1）生猪

指标名称	单位	2016 年	2017 年	2018 年	2019 年	2020 年
年底存栏	头	353.50	244.60	250.57	275.07	330.87
年底能繁母畜存栏	头	129.45	95.46	66.55	102.00	114.40
出栏或产量	头	682.93	423.40	864.21	593.25	672.64

（2）肉牛

指标名称	单位	2016 年	2017 年	2018 年	2019 年	2020 年
年底存栏	头	321.94	469.08	210.00	228.03	393.06
年底能繁母畜（或产奶牛）存栏	头	248.25	227.90	142.73	176.14	191.48
出栏或产量	头	152.13	191.23	159.06	112.25	113.19

（3）肉羊

指标名称	单位	2016 年	2017 年	2018 年	2019 年	2020 年
年底存栏	只	1800.25	2122.22	971.43	1270.00	1011.86
年底能繁母畜存栏	只	871.25	1873.75	356.00	925.00	929.17
出栏或产量	只	1294.00	375.56	261.67	390.00	340.42

（4）肉鸡

指标名称	单位	2016 年	2017 年	2018 年	2019 年	2020 年
年底存栏	只	3072.86	9306.00	1971.43		3133.33
年底能繁母禽（产蛋禽）存栏	只	3122.00	1125.00	450.00		1350.00
出栏或产量	只	14260.00	1960.00	485.71		510.00

7.2.2.4 畜牧业标准化程度

指标名称	单位	2016 年	2017 年	2018 年	2019 年	2020 年
年底本村养殖场占地面积	亩	108.03	34.25	37.37	77.72	56.67
其中：标准化养殖场占地面积	亩	10.29	28.03	19.38	21.71	20.00
年底本村兽医与防疫员人数合计	人	1.30	0.95	1.25	1.44	1.56

7.2.3 农民专业合作社（指在工商部门正式登记注册的合作社，不包括民政部门批准的协会）

指标名称	单位	2016年	2017年	2018年	2019年	2020年
年底本村的农民专业合作社个数	个	4.12	4.70	4.90	5.50	5.04
年底本村入社总户数	户	65.32	90.50	74.24	91.19	57.48
年底本村示范合作社个数	个	1.17	1.44	1.11	1.30	1.20
其中：国家级示范合作社个数	个	0.00	0.00	1.00	0.00	1.00
省级示范合作社个数	个	1.00	0.60	1.00	1.38	1.67
截至年底，本村实现"农超对接"的合作社个数	个	0.00	0.00	0.00	0.00	0.00
截至年底，本村农产品对外出口的合作社个数（不包括经企业间接出口的情况）	个	0.00	0.00	0.00	0.00	0.00
本村获得优惠贷款的合作社个数	个	0.73	2.80	1.00	2.63	2.56
本村合作社获得各级政府财政补贴总额	元	122727.40	208002.20	327000.30	173333.33	185555.56
其中：国家级补贴额	元	21428.57	0.00			
省级补贴额	元	8333.33	25001.25	75000.00	62500.00	70000.00
地市级补贴额	元	0.00	0.00		0.00	
县级补贴额	元	164714.30	46668.33	50000.00	47500.00	40000.00
年底本村合作社拥有注册商标数	个	2.91	1.71	6.20	6.29	4.40
其中：省级及以上知名商标数	个	0.17	0.50	1.00	1.00	

7.2.4 行政村集体经济

7.2.4.1 本村集体资产与债权

指标名称	单位	2016年	2017年	2018年	2019年	2020年
年底本村集体资产总额	万元	82.22	127.17	272.50	205.36	271.32
年底本村集体存有生产性固定资产总额	万元	41.22	77.04	104.77	106.21	76.00
其中：村委会管理的资产数额	万元	22.19	67.92	95.43	96.38	74.19
本村集体固定投资完成额	万元	68.67	11.50	29.00	20.70	22.51
其中：农田水利建设投资完成额	万元	16.50	7.50	8.25	9.67	10.00
年底本村集体债权总额	万元	30.82	129.39	141.62	122.66	124.21

7.2.4.2 本村收入

指标名称	单位	2016 年	2017 年	2018 年	2019 年	2020 年
本村经营收入	元	59295.92	117642.90	121623.10	146190.48	171380.11
本村发包收入（指水面、山林、"四荒"、集体土地发包收入等）	元	62712.14	53619.50	72802.75	78573.57	73597.33
本村转移性收入（即补助收入，不包括上级政府拨给农民种粮补贴、良种补贴、农机补贴等收入）	元	107545.50	104036.40	113975.00	115025.23	124875.08
其中：上级政府拨款转移性收入	元	95400.00	108555.60	151126.50	161204.04	152485.83
计划生育罚款收入（指留在本村支配使用的罚款收入，非本村支配的不计）	元		0.00	0.00		
其他罚款收入	元		0.00	0.00		
出卖土地收入	元		0.00			
出卖企业收入	元		0.00	0.00		
出卖其他资产收入（包括树林、房屋等）	元		63000.00	0.00	0.00	0.00
其他收入	元		0.00	60000.00	97900.00	34250.00

7.2.4.3 本村支出

指标名称	单位	2016 年	2017 年	2018 年	2019 年	2020 年
专职干部与管理人员工资与补贴	元	67420.82	80890.80	83276.05	51406.30	58859.56
其他人员工资与补贴（非专职人员等）	元	11600.56	11364.40	12005.00	12378.08	11836.17
公共服务支出（运转和管理费用，不包括建设投资和大型维修）	元	64000.00	60984.90	64885.63	60759.94	61710.16
其中：道路维修支出	元	34327.50	24124.10	30643.75	34341.11	41316.72
灌溉设施维修支出	元	4800.00	28500.00	4250.00	4050.00	4250.00
环境卫生支出	元	11942.35	11519.30	31050.50	14849.52	14184.98
基础设施修缮支出（含电力、通信、办公楼等修缮费）	元	19000.00	17291.40	20188.89	14793.70	18363.00
教育文化和医疗卫生支出	元	20500.00	18625.00	17125.00	18750.00	14100.00
治安支出	元	3333.33	2125.00	350.00	4036.67	4000.00
社会福利和保障支出	元	14450.00	23320.00	3400.00	27850.00	8333.33
其他公共服务支出	元	6116.00	12692.40	14358.00	6000.00	7116.00
本村其他支出	元	6000.00	6666.70	2550.00	6472.50	

7.2.4.4 本村债务

指标名称	单位	2016年	2017年	2018年	2019年	2020年
截至年底，本村累计债务总额	元	373875.40	389923.40	457525.40	383652.07	434689.40
其中：欠上级政府	元	75000.00	116666.70	103333.30	85000.00	
欠信用社贷款本金	元	115490.00	164285.70	103956.00	82500.00	127004.80
欠信用社贷款利息	元		70000.00		63750.00	50000.00
欠村镇银行贷款本金	元			15000.00	10000.00	
欠村镇银行贷款利息	元					
欠中国农业发展银行贷款本金	元	50000.00		50000.00	50000.00	90000.00
欠中国农业发展银行贷款利息	元					
欠其他商业银行贷款本金	元					
欠其他商业银行贷款利息	元					
欠单位或个人拆借款本金	元	180798.00	148800.00	215000.00	232742.57	213209.80
欠单位或个人拆借款利息	元	50024.00		27500.00	26250.75	27500.18
欠工程款	元	178000.00	413333.30	233333.30	238200.00	146270.70
其他	元	2000.00	200000.00		32716.50	68000.33
本村新增负债总额	元	2857.14	0.00	25000.00		21676.67

7.3 行政村村庄治理

7.3.1 村两委会概况

指标名称	单位	2016年	2017年	2018年	2019年	2020年
本村党支部委员会委员的总人数	人	4.26	4.15	4.04	4.28	3.65
本村党支部委员会委员的平均年龄	岁	49.72	50.39	50.04	52.13	49.10
本村党支部委员会委员平均受教育年限	年	9.53	9.57	9.00	9.39	9.02
现任村党支部书记受教育年限	年	10.63	10.38	9.77	11.00	11.13
本村村民委员会委员的总人数	人	4.67	4.62	4.50		
本村村民委员会委员的平均年龄	岁	44.62	47.22	48.11	49.87	44.87
本村村民委员会委员平均受教育年限	年	8.96	9.00	9.04	9.02	9.96
现任村民委员会主任受教育年限	年	9.65	9.29	9.35	8.89	9.04

7.3.2 基层党组织建设发展

指标名称	单位	2016 年	2017 年	2018 年	2019 年	2020 年
本村党员的总人数	人	30.68	30.41	28.56	28.41	29.37
其中：50 岁以上的党员	人	18.80	17.22	15.88	11.15	12.54
30 岁以下的党员	人	4.68	5.41	4.32	4.52	4.19
其中：高中及以上文化程度	人	8.24	9.68	7.32	6.76	7.07
初中及以下文化程度	人	19.38	19.28	19.00	17.24	16.83
本村本年提交入党申请书的人数	人	3.96	3.65	3.38	3.80	4.09
本村本年发展党员人数	人	1.00	1.12	0.90	1.15	1.57

7.3.3 一事一议

指标名称	单位	2016 年	2017 年	2018 年	2019 年	2020 年
本村本年举行公共投资和基本建设一事一议的次数	次	2.50	2.71	3.30	4.23	4.13
其中：成功的次数	次	2.33	2.69	3.44	4.23	4.15
本村本年举行非基本建设一事一议的次数	次	2.29	2.42	2.22	3.14	3.59
本村本年需要筹资的一事一议次数	次	0.58	0.36	0.56	2.00	1.63

7.3.4 村庄管理及其他

指标名称	单位	2016 年	2017 年	2018 年	2019 年	2020 年
村务监督委员会成员数量	人	2.92	3.00	3.00	2.94	3.04
县乡组织村干部召开会议（不包括选举方面的会议）次数	次	16.44	20.67	14.80	16.07	17.54
县乡给村里下发红头文件的数量	个	10.13	9.65	11.10	14.63	12.50
土地纠纷中：宅基地纠纷数量	起	0.75	1.07	0.83	0.83	1.39
农村土地经营权纠纷数量	起	2.48	2.67	2.33	2.45	2.24

7.4 行政村社会发展

7.4.1 农村公共设施

指标名称	单位	2016 年	2017 年	2018 年	2019 年	2020 年
本村商店个数	个	6.19	5.85	5.19	5.00	4.96

(续表)

指标名称	单位	2016 年	2017 年	2018 年	2019 年	2020 年
本村集贸市场个数	个	0.15	0.15	0.15	0.20	0.36
本村道路硬化比例	%	78.96	83.81	84.00	85.50	86.11
本村水库、池塘个数	个	2.21	3.31	2.58	2.11	2.07
其中：病险水库、池塘个数	个	0.36	0.67	0.71	0.33	0.67
本村水库容量	万米^3	22.38	78.52	146.67	141.94	161.97
本村池塘总容量	万米^3	7.75	39.39	119.17	33.53	101.03
本村小水窖数量	口	0.00	0.00	0.00	0.00	0.00
本村小水窖合计储水量	米^3	0.00	0.00	0.00	0.00	0.00
本村自来水普及率	%	87.38	87.85	90.20	91.41	93.33
本村自来水单价	元/米^3	1.00	1.96	0.51	1.20	1.26
本村断电天数	天	5.13	5.94	5.78	4.98	4.83
本村农用电价格	元/千瓦时	0.53	0.55	0.55	0.54	0.54
本村天然气、液化气普及率	%	54.18	58.36	59.03	58.33	58.78
本村电话普及率（包括固定电话与手机）	部/100 人	94.62	94.25	91.15	95.30	95.52
本村接入互联网的户数比例	%	36.86	54.44	49.17	56.92	58.48
本村安装有线电视的户数比例	%	89.11	82.52	90.46	86.04	88.41
本村完成农村困难家庭危房改造户数	户	7.41	10.28	4.53	8.07	6.92
本村年底农村困难家庭危房户数	户	9.13	16.63	2.31	2.33	5.44
本村人畜混居的农户数	户	0.00	3.10	1.08	1.33	1.25
本村卫生厕所普及率	%	48.50	43.47	39.57	52.19	47.04
本村属于生态移民搬迁的农户数	户	0.36	0.45	0.46	0.47	0.43
本村垃圾集中堆放点数量	处	3.00	3.90	3.90	3.91	3.98
本村农村生活公共设施投资额	元	69694.00	79837.50	61709.50	63866.67	62155.00
其中：村集体投资额	元	20082.22	37000.00	12375.25	20833.33	23333.33
本村农业生产基础设施投资额	元	45000.00	60012.50	45375.00	46666.67	
其中：村集体投资额	元	11534.29	9750.00	20857.14	19666.67	

7.4.2 农村科教文卫体公共服务

指标名称	单位	2016 年	2017 年	2018 年	2019 年	2020 年
本村接受涉农职业教育的人数	人	108.06	99.44	68.35	58.19	59.04

(续表)

指标名称	单位	2016 年	2017 年	2018 年	2019 年	2020 年
本村具有或可以依托的科技特派员	人	1.00	0.50	1.00	1.20	1.50
本村具有或可以依托的科技示范户	户	6.82	4.78	4.40	6.20	6.93
本村具有或可以依托的农业专家大院	个	0.60	0.33	1.33	2.00	
本村开展农机推广服务和培训次数	次	2.77	3.58	2.67	2.43	2.23
本村卫生室床位数量	个	2.27	2.23	2.25	2.25	2.33
本村卫生技术人员	人	1.19	1.12	1.04	1.23	1.15
其中：获得从业资格的医生	人	1.15	1.04	1.09	1.96	1.15
本村卫生室医疗人员培训人次	人次	3.27	5.40	8.29	6.19	6.41
本村参加新农合的人数	人	1083.60	1084.70	1117.88	1076.74	1082.93
本村享受低保的人数	人	67.00	70.72	48.50	42.06	61.15
本村五保户人数	人	5.54	5.24	5.33	5.06	5.61
本村获得自然灾害救济人数	人	32.17	69.92	48.07	54.26	58.24
本村新型农村社会养老保险参保率	%	85.38	80.56	81.22	82.93	86.41
本村领取养老金的农村老年居民人数	人	171.73	224.68	214.74	211.21	222.37

7.5 行政村生态建设

7.5.1 水土气候资源状况

指标名称	单位	2016 年	2017 年	2018 年	2019 年	2020 年
截至年底，本村测土配方施肥耕地面积	亩	980.78	1442.05	672.44	982.54	969.18
截至年底，本村退耕还林面积	亩	415.75	215.93	239.46	444.56	423.25
截至年底，本村退耕还草面积	亩	0.00	0.00	0.00	0.00	0.00
截至年底，本村退牧还草面积	亩	0.00	0.00	0.00	0.00	0.00
截至年底，本村禁牧还草面积	亩	2418.00	2500.00	0.00	2400.00	
本村绿色农产品种植面积占农作物总播种面积比例	%	37.43	3.67	20.00	6.13	
本村有机农产品种植面积占农作物总播种面积比例	%	20.00	20.00	17.50	20.00	15.30
本村无公害农产品种植面积占农作物总播种面积比例	%	25.00	27.50	36.67	30.00	36.00
截至年底，本村有机畜禽产品占畜禽产品总量的比例	%	51.11	57.86	40.40	57.50	56.00
截至年底，本村有机水产品占水产品总量的比例	%	0.00	26.67	40.00	30.00	39.00
本村每亩生产用水总量	米³/亩	119.88	186.67	76.74	183.27	115.77

(续表)

指标名称	单位	2016年	2017年	2018年	2019年	2020年
本村每亩灌溉用水支出	元/亩	56.59	43.21	47.88	61.47	50.53
其中：污水灌溉支出	元/亩	0.00	0.00	1.25		
本村灌溉用水中地表水的比例	%	67.00	53.50	56.50	61.63	60.38

7.5.2 村污染和废弃物处理

指标名称	单位	2016年	2017年	2018年	2019年	2020年
本村生态环境建设方面的支出	元	13000.00	9586.36	34575.00	31516.33	29521.69
本村环境管理工作人员人数	人	3.10	2.47	3.91	3.67	3.20
其中：专职人数	人	1.58	1.70	2.69	2.21	2.27
兼职人数	人	2.77	2.17	4.60	4.80	2.87
本村改水受益人数	人	939.36	691.46	960.00	711.25	761.00
本村改厕受益人数	人	482.22	330.67	374.20	350.17	320.10
本村排污系统个数	个	0.17	0.43	0.38	0.41	
本村固态粪污弃物所占比例	%	59.60	49.83	54.75	55.93	53.42
本村液态粪污弃物所占比例	%	33.33	25.00	20.00	18.50	17.50
本村畜禽固体粪废弃物直接排入环境比例	%	0.50	0.00	17.00	1.00	0.50
本村畜禽固体粪废弃物出售比例	%	0.00	0.00	15.00	2.00	2.00
本村畜禽固体粪废弃物用于生产沼气比例	%	0.00	0.00	0.00	0.00	0.00
本村畜禽固体粪废弃物用作农田肥料还田比例	%	98.31	90.83	92.73	99.87	91.43
本村畜禽固体粪废弃物其他处理方式比例	%	1.00	0.00	0.00	0.00	0.00
本村畜禽污水排入氧化塘处理比例	%	0.00	0.00			
本村畜禽污水用于灌溉比例	%	63.33	56.67	60.00	56.25	65.00
本村畜禽污水用于生产沼气比例	%	0.00	0.00		0.00	
本村畜禽污水直接排入环境比例	%	76.25	66.00	70.00	65.33	70.00
本村畜禽污水其他处理方式比例	%	0.00	0.00			

7.5.3 生产能源使用

指标名称	单位	2016年	2017年	2018年	2019年	2020年
本村柴油使用量	升	16082.50	16656.32	23311.11	16540.74	16095.94
本村汽油使用量	升	2689.77	1750.68	3530.26	3363.00	3335.31

(续表)

指标名称	单位	2016年	2017年	2018年	2019年	2020年
本村电使用量	千瓦时	128643.50	81830.59	63097.43	64684.17	62603.95
本村煤使用量	吨	80.00	377.30	154.30	258.27	309.43
本村秸秆使用量	吨	1533.33	825.25	644.50	826.79	802.83
本村薪柴使用量	吨	673.33	763.75	750.00	690.92	725.00
本村沼气使用量	米^3	0.00	0.00	0.00	0.00	0.00
本村沼气池合计产气量	米^3	0.00	0.00	0.00	0.00	0.00
本村已有的大型沼气池个数	个	0.00	0.00	0.00	0.00	0.00
本村已有的联户沼气池个数	个	0.00	0.00	0.00	0.00	0.00
本村已有的户用沼气池个数	个	0.00	0.00	0.00	0.00	0.00
本村在用的大型沼气池个数	个	0.00	0.00	0.00	0.00	0.00
本村在用的联户沼气池个数	个	0.00	0.00	0.00	0.00	0.00
本村在用的户用沼气池个数	个	0.00	0.00	0.00	0.00	0.00
本村秸秆过腹还田利用的比例	%	46.00	62.78	47.50	46.33	44.67
本村秸秆作为食用菌培养基利用的比例	%	0.00	0.00	0.00	0.00	0.00
本村秸秆作为生活燃料利用的比例	%	52.93	42.10	39.18	44.81	34.31
本村秸秆田间焚烧利用的比例	%	22.00	25.44	26.00	25.54	24.25
本村秸秆出售的比例	%	8.75	10.00	15.00	12.25	13.67
本村秸秆作为沼气原料利用的比例	%	0.00	0.00			
本村秸秆其他利用的比例	%	6.67	52.50	35.00	40.00	41.67

8

2020年分乡镇样本的村庄统计

8.1 行政村基本情况

8.1.1 概况

指标名称	单位	沙河沿镇	翰章乡	黄泥河镇	横道河镇	南屯基镇	沙河镇	乌兰花镇	什花道乡	双岗镇	吉林省
本村的自然村数量	个	1.33	1.33	2.00	8.67	6.33	6.33	3.33	4.00	6.33	4.41
本村农户数量	户	469.60	247.93	205.58	417.64	411.99	217.15	498.69	395.05	628.01	387.96
其中：只务农的农户数	户	352.88	94.80	71.70	327.64	162.74	164.35	383.23	224.78	456.54	248.74
完全不务农的农户数	户	91.85	113.95	50.00	46.32	59.21	31.32	60.40	126.85	95.27	75.02
务农兼业农户数	户		77.50	18.53	18.11	163.69	5.33	55.59	42.12	46.33	53.40
不务农兼业农户数	户			93.75	15.06	16.94	4.77	40.66	22.59	19.58	30.48
其中：有自营工商业农户数	户		9.67	1.00	10.00	4.00	5.00	8.00	5.00	5.33	6.00
本村人均纯收入	元	12567.74	12503.07	13428.24	4398.44	9454.58	11499.24	7278.65	5700.15	6371.56	9244.63
其中：非农收入	元	4926.44	13794.04	1642.15	2627.44	4105.37	3817.99	1354.77	4926.44	4105.37	4588.89
本村村委会距县政府距离	千米	18.33	4.50	40.00	49.00	11.00	53.00	39.33	30.00	41.67	31.87
本村村委会距乡镇政府距离	千米	4.83	2.19	9.37	5.71	4.98	5.86	9.66	13.76	8.63	7.22
本村村委会距最近的集贸市场距离	千米	4.77	8.39	3.47	4.99	4.92	5.79	8.09	9.83	8.53	6.53
本村村委会距最近的车站、码头距离	千米	0.22	0.99	2.30	1.31	4.82	8.32	7.67	11.10	12.41	5.46

(续表)

指标名称	单位	沙河沿镇	翰章乡	黄泥河镇	横道河镇	南屯基镇	沙河镇	乌兰花镇	什花道乡	双岗镇	吉林省
本村村委会距最近的幼儿园距离	千米	3.83	1.74	2.55	2.90	3.94	4.64	6.49	8.12	6.84	4.56
本村村委会距最近的小学距离	千米	2.92	1.33	1.95	1.42	3.01	3.54	4.95	6.19	5.21	3.39
本村村委会距最近的初中距离	千米	4.16	1.89	8.32	4.92	4.29	5.30	7.06	8.83	11.22	6.22
本村村委会距最近的卫生所（站）距离	千米	0.50	0.93	2.00	1.33		0.17	0.33	9.00	1.00	1.91
本村村委会距最近的农业生产资料销售点距离	千米	3.94	1.79	3.76	3.35	4.07	4.78	5.50	11.47	7.05	5.08
本村村委会距最近的邮政所距离	千米	5.50	2.50	3.67	6.83	5.67	6.67	9.33	16.00	9.83	7.33

8.1.2 土地、水等资源

指标名称		单位	沙河沿镇	翰章乡	黄泥河镇	横道河镇	南屯基镇	沙河镇	乌兰花镇	什花道乡	双岗镇	吉林省
本村村域土地总面积		亩	3764.56	7150.12	2091.63	4404.53	9070.70	12421.23	33119.79	41799.36	51966.54	18420.94
	其中：宅基地面积	亩	5.06	16.79	2947.84	4.98	11.87	14.37	160.55	232.06	72.56	385.12
本村耕地总面积		亩	4358.57	3012.59	2942.76	4793.12	5233.38	3793.95	14703.72	8942.92	14853.47	6959.39
	其中：水田面积	亩	304.87			305.69	196.66	184.90			3208.37	840.10
	水浇地面积	亩						1554.97	1045.19		1990.83	1530.33
	旱地面积	亩	3773.59	3033.52	2963.21	3901.04	4674.41	3260.58	10229.12	5928.76	13184.13	5660.93
	其中：家庭经营的本村耕地面积	亩	3173.89	2626.45	2514.83	4148.63	4690.97	3091.03	10241.69	5838.07	13218.72	5504.92
	集体经营的本村耕地面积	亩	26.62	67.89			16.64	14.78		1688.08		362.80
	合作经营的本村耕地面积	亩	286.85	6.83				11.50	1172.75		61.47	307.88
	企业经营的本村耕地面积	亩						14.70				14.70
	其他形式经营的本村耕地面积	亩										

(续表)

指标名称	单位	沙河沿镇	翰章乡	黄泥河镇	横道河镇	南屯基镇	沙河镇	乌兰花镇	什花道乡	双岗镇	吉林省
本村劳动力（男16~60岁，女16~55岁）总数	人	237.00	541.67	291.00	955.00	761.00	697.00	754.33	476.33	650.00	595.93
其中：常年（累计6个月以上）外出务工人数	人	147.83	114.01	145.81	289.39	243.25	93.74	212.11	160.60	436.77	204.83
外出务工劳动力返乡创业的人数	人		1.48	20.66	5.41	6.69	0.74		0.00	29.51	9.21
其中：第一产业从业人员人数（农业）	人	150.50	171.33	381.00	853.33	350.00	621.50	606.33	403.00	1400.00	548.55
第二产业从业人员人数（工业）	人	78.00	108.00		174.33	210.00	100.00	186.00	150.00	100.00	138.29
第三产业从业人员人数（商业与服务业）	人	62.00	300.00	5.00	109.67	58.00	25.50	94.00	89.00	110.00	94.80
举家外出户数	户		37.75	16.31	33.83	7.25	14.35	51.65	74.45	29.45	33.13
本地短期雇工工资	元/天	175.00	156.67	133.33	140.00	150.00	100.00	145.00	150.00	155.00	145.00

8.2 行政村经济发展

8.2.1 经济发展水平

指标名称	单位	沙河沿镇	翰章乡	黄泥河镇	横道河镇	南屯基镇	沙河镇	乌兰花镇	什花道乡	双岗镇	吉林省
本村农业经营总收入	万元	935.33	2002.00	2833.33	19015.81	400.00	1427.13	1367.50	437.00	100.00	3168.68
其中：种植业收入	万元	765.37	436.50	1830.58	2019.15	321.93	910.85	1714.52	245.87	662.80	989.73
畜牧业收入	万元	10.97	265.10	251.79	366.90	17.99	161.56	81.11	46.76	71.94	141.57
渔业收入	万元		10.00				3.50				6.75
林业收入	万元				75.00		8.64			50.00	44.55
本村工业收入	万元	83.88	87.67		280.79	183.73	142.51		56.72	7.99	120.47
其中：建筑业收入	万元	81.80	120.76		273.85	179.19	138.99		51.42	7.79	121.97
本村第三产业收入（指商业、餐饮业等收入）	万元	23.27	315.86		418.93	13.30	18.94		3.32	3.32	113.85

8.2.2 农业发展

8.2.2.1 种植业生产

（1）稻谷

指标名称	单位	沙河沿镇	翰章乡	黄泥河镇	横道河镇	南屯基镇	沙河镇	乌兰花镇	什花道乡	双岗镇	吉林省
播种面积或园地种植面积	亩	1575.00			600.00	789.00	838.57				950.64
总产量	千克	1421205.77			374913.06	188271.56	216582.93				550243.33

（2）大豆

指标名称	单位	沙河沿镇	翰章乡	黄泥河镇	横道河镇	南屯基镇	沙河镇	乌兰花镇	什花道乡	双岗镇	吉林省
播种面积或园地种植面积	亩	390.00	3430.00	5041.55			54.00			150.00	1813.11
总产量	千克	24766.66	999924.99	466775.17			9999.25			6943.92	301682.00

（3）玉米

指标名称	单位	沙河沿镇	翰章乡	黄泥河镇	横道河镇	南屯基镇	沙河镇	乌兰花镇	什花道乡	双岗镇	吉林省
播种面积或园地种植面积	亩	3629.18	1299.30	1059.84	4583.57	2314.24	3235.60	8739.54	3955.68	7629.75	4049.63
总产量	千克	13042100.35	47980.98	60657.01	69.95	36235.98	179767.37	278874.88	57065.46	337972.69	1560080.52

8.2.2.2 种植业现代化程度

指标名称	单位	沙河沿镇	翰章乡	黄泥河镇	横道河镇	南屯基镇	沙河镇	乌兰花镇	什花道乡	双岗镇	吉林省
本村有效灌溉面积	亩	302.60			196.69	122.44	7343.60	1638.15	892.28	1590.59	1726.62
其中：机电灌溉面积	亩				145.51	4650.26	1578.65	751.52	788.40	1582.87	
喷灌面积	亩						800.41	1016.56	428.03	748.33	
滴灌渗灌面积	亩				95.55		169.04			871.90	378.83
本村机耕面积	亩	3672.51	2254.30	2919.33	2063.96	3045.83	1507.83	10969.46	6778.67	4670.92	4209.20
本村机播面积	亩	3579.11	1654.22	958.69	3937.82	1781.57	32.12	8913.10	4309.31	3834.76	3222.30
本村机收面积	亩	3191.52	1475.08	1709.74	1923.46	1538.77	197.90	8859.74	3063.29	4915.51	2986.11
截至年底本村累计农用机械总动力	千瓦	1800.00	3600.00			3500.00	3480.00		12500.00	9750.00	5771.67
截至年底本村发展设施农业的温室和大棚总面积	亩		30.00								30.00

(续表)

指标名称	单位	沙河沿镇	翰章乡	黄泥河镇	横道河镇	南屯基镇	沙河镇	乌兰花镇	什花道乡	双岗镇	吉林省
其中：温室面积（有调节温度设备）	亩		7.50								7.50
大棚面积（无调节温度设备，跨度≥5.9米）	亩										
中小棚面积（无调节温度设备，跨度＜5.9米）	亩		13.00								13.00
其中：种植蔬菜的温室和大棚面积	亩		2.00								2.00
种植水果的温室和大棚面积	亩	0.00	0.00	0.00	0.00	0.00	0.00	0.00	0.00	0.00	0.00
种植苗木花卉的温室和大棚面积	亩		0.00	0.00	0.00	0.00	0.00	0.00	0.00	0.00	0.00

8.2.2.3 畜牧业生产

(1) 生猪

指标名称	单位	沙河沿镇	翰章乡	黄泥河镇	横道河镇	南屯基镇	沙河镇	乌兰花镇	什花道乡	双岗镇	吉林省
年底存栏	头		200.00		192.33	500.00	295.00	450.00	302.50	376.25	330.87
年底能繁母畜存栏	头		22.48		17.56	702.36	17.84	4.21	22.83	13.52	114.40
出栏或产量	头		38.94		23.80	3245.33	574.42	90.87	62.47		672.64

(2) 肉牛

指标名称	单位	沙河沿镇	翰章乡	黄泥河镇	横道河镇	南屯基镇	沙河镇	乌兰花镇	什花道乡	双岗镇	吉林省
年底存栏	头	452.40	1258.75	223.21	372.02		172.59	129.54	256.96	279.01	393.06
年底能繁母畜（或产奶牛）存栏	头	33.33	157.98	14.03	1182.12		32.81	26.49	50.00	35.09	191.48
出栏或产量	头	31.62	245.22	24.40	393.33		95.05	34.33	63.49	18.07	113.19

(3) 肉羊

指标名称	单位	沙河沿镇	翰章乡	黄泥河镇	横道河镇	南屯基镇	沙河镇	乌兰花镇	什花道乡	双岗镇	吉林省
年底存栏	只		100.00	45.00	100.00	8.00		3155.00	1175.00	2500.00	1011.86

指标名称	单位	沙河沿镇	翰章乡	黄泥河镇	横道河镇	南屯基镇	沙河镇	乌兰花镇	什花道乡	双岗镇	吉林省
年底能繁母畜存栏	只		50.00	45.00	30.00			2507.50	1042.50	1900.00	929.17
出栏或产量	只		20.25	12.15	20.25			1315.43	326.07	348.35	340.42

（4）肉鸡

指标名称	单位	沙河沿镇	翰章乡	黄泥河镇	横道河镇	南屯基镇	沙河镇	乌兰花镇	什花道乡	双岗镇	吉林省
年底存栏	只		9276.31	30.92	92.76						3133.33
年底能繁母禽（或产蛋禽）存栏	只				771.43					1928.57	1350.00
出栏或产量	只		2000.00	10.00	10.00					20.00	510.0

8.2.2.4 畜牧业标准化程度

指标名称	单位	沙河沿镇	翰章乡	黄泥河镇	横道河镇	南屯基镇	沙河镇	乌兰花镇	什花道乡	双岗镇	吉林省
年底本村养殖场占地面积	亩		78.47	58.85	19.62	32.69	19.62			130.78	56.67
其中：标准化养殖场占地面积	亩		17.78	8.89			8.89			44.44	20.00
年底本村兽医与防疫员人数合计	人	1.00	1.00	1.50	2.01	1.00	1.50	2.01	1.00	3.01	1.56

8.2.3 农民专业合作社（指在工商部门正式登记注册的合作社，不包括民政部门批准的协会）

指标名称	单位	沙河沿镇	翰章乡	黄泥河镇	横道河镇	南屯基镇	沙河镇	乌兰花镇	什花道乡	双岗镇	吉林省
年底本村的农民专业合作社个数	个	2.00	7.00	4.00	1.67	11.00	1.00	6.67	7.00		5.04
年底本村入社总户数	户	30.00	13.33	58.33	93.33	79.50	17.00	126.67	41.67		57.48
年底本村示范合作社个数	个	2.32			0.19		0.39	0.39	2.71		1.20
其中：国家级示范合作社个数	个								1.00		1.00
省级示范合作社个数	个				0.63		0.63		3.75		1.67
截至年底，本村实现"农超对接"的合作社个数	个	0.00	0.00	0.00	0.00	0.00	0.00	0.00	0.00	0.00	0.00

（续表）

指标名称	单位	沙河沿镇	翰章乡	黄泥河镇	横道河镇	南屯基镇	沙河镇	乌兰花镇	什花道乡	双岗镇	吉林省
截至年底,本村农产品对外出口的合作社个数（不包括经企业间接出口的情况）	个	0.00	0.00	0.00	0.00	0.00	0.00	0.00	0.00	0.00	0.00
本村获得优惠贷款的合作社个数	个		2.06	0.56				5.05			2.56
本村合作社获得各级政府财政补贴总额	元		79523.81				216883.11	260259.73			185555.55
其中：国家级补贴额	元										
省级补贴额	元						63636.36	76363.64			70000.00
地市级补贴额	元										
县级补贴额	元		40000.00								40000.00
年底本村合作社拥有注册商标数	个			1.00	2.00		1.00	8.00	10.00		4.40
其中：省级及以上知名商标数	个										

8.2.4 行政村集体经济

8.2.4.1 本村集体资产与债权

指标名称	单位	沙河沿镇	翰章乡	黄泥河镇	横道河镇	南屯基镇	沙河镇	乌兰花镇	什花道乡	双岗镇	吉林省
年底本村集体资产总额	万元	62.00	62.00	214.34	214.51	35.76	295.80	736.92	707.20	113.33	271.32
年底本村集体存有生产性固定资产总额	万元			15.55	86.84	4.04	47.66	156.51	145.40		76.00
其中：村委会管理的资产数额	万元	20.27	20.27	59.61	165.71	14.89	67.14	230.74		14.89	74.19
本村集体固定投资完成额	万元	34.15	34.15	29.98			11.18	3.10			22.51
其中：农田水利建设投资完成额	万元						13.33	6.67			10.00
年底本村集体债权总额	万元	191.54	191.54		151.71	112.37	112.37	53.74		56.19	124.21

8.2.4.2 本村收入

指标名称	单位	沙河沿镇	翰章乡	黄泥河镇	横道河镇	南屯基镇	沙河镇	乌兰花镇	什花道乡	双岗镇	吉林省
本村经营收入	元	89085.15	439753.67	120114.81	69826.74	10543.41	43695.10	302288.94	333652.25	133460.90	171380.11

(续表)

指标名称	单位	沙河沿镇	翰章乡	黄泥河镇	横道河镇	南屯基镇	沙河镇	乌兰花镇	什花道乡	双岗镇	吉林省
本村发包收入（指水面、山林、"四荒"、集体土地发包收入等）	元	39799.04	229433.93	123819.23	66773.94	10318.27	21969.07	84683.51	41346.78	44232.21	73597.33
本村转移性收入（即补助收入，不包括上级政府拨给农民种粮补贴、良种补贴、农机补贴等收入）	元	26589.22	416564.41			50164.99	70870.90	88630.73	96430.23		124875.08
其中：上级政府拨款转移性收入	元		189014.27			70364.86	219943.88	134887.46	171831.15	128873.37	152485.83
计划生育罚款收入（指留在本村支配使用的罚款收入，非本村支配的不计）	元										
其他罚款收入	元										
出卖土地收入	元										
出卖企业收入	元										
出卖其他资产收入（包括树林、房屋等）	元	0.00	0.00	0.00	0.00	0.00	0.00	0.00	0.00	0.00	0.00
其他收入	元	60500.00				8000.00					34250.00

8.2.4.3 本村支出

指标名称	单位	沙河沿镇	翰章乡	黄泥河镇	横道河镇	南屯基镇	沙河镇	乌兰花镇	什花道乡	双岗镇	吉林省
专职干部与管理人员工资与补贴	元	56552.85	204968.67	33898.76		49733.56	17013.31	41799.93	25601.23	41308.17	58859.56
其他人员工资与补贴（非专职人员等）	元	6446.66	1450.50			9669.99	3488.29	17728.31		32233.29	11836.17
公共服务支出（运转和管理费用，不包括建设投资和大型维修）	元	37760.19	234166.56	52837.58	81075.27	14943.96	26731.15	16611.82	49235.02	42029.90	61710.16

（续表）

指标名称	单位	沙河沿镇	翰章乡	黄泥河镇	横道河镇	南屯基镇	沙河镇	乌兰花镇	什花道乡	双岗镇	吉林省
其中：道路维修支出	元	13500.00	40000.00	60000.00	37833.33	13666.67	29850.50	7000.00	149999.99	20000.00	41316.72
灌溉设施维修支出	元		7522.12		7522.12	601.77	1353.98				4250.00
环境卫生支出	元	14273.12	48029.69	17430.89	17066.55	5683.99	7276.01	5020.86	9094.38	3789.32	14184.98
基础设施修缮支出（含电力、通信、办公楼等修缮费）	元	26831.78	29201.92		14735.12	2683.18					18363.00
教育文化和医疗卫生支出	元						24760.98	3439.02			14100.00
治安支出	元						1333.33			6666.67	4000.00
社会福利和保障支出	元						5000.00	10000.00		10000.00	8333.33
其他公共服务支出	元						4232.00	10000.00			7116.00
本村其他支出	元										

8.2.4.4 本村债务

指标名称	单位	沙河沿镇	翰章乡	黄泥河镇	横道河镇	南屯基镇	沙河镇	乌兰花镇	什花道乡	双岗镇	吉林省
截至年底，本村累计债务总额	元		170724.70		174304.25	1109066.61	57029.73	807282.87		289728.24	434689.40
其中：欠上级政府	元										
欠信用社贷款本金	元				155025.92	141925.13	138286.03			72782.12	127004.80
欠信用社贷款利息	元									50000.00	50000.00

(续表)

指标名称	单位	沙河沿镇	翰章乡	黄泥河镇	横道河镇	南屯基镇	沙河镇	乌兰花镇	什花道乡	双岗镇	吉林省
欠村镇银行贷款本金	元										
欠村镇银行贷款利息	元										
欠中国农业发展银行贷款本金	元					90000.00					90000.00
欠中国农业发展银行贷款利息	元										
欠其他商业银行贷款本金	元										
欠其他商业银行贷款利息	元										
欠单位或个人拆借款本金	元	58249.40		170071.23	510213.70	74406.16	413171.05			53147.26	213209.80
欠单位或个人拆借款利息	元					45000.36				10000.00	27500.18
欠工程款	元					94233.09	266051.43			78527.58	146270.70
其他	元					120000.01	16000.65				68000.33
本村新增负债总额	元			30192.50		23225.00	11612.50				21676.67

8.3 行政村村庄治理

8.3.1 村两委会概况

指标名称	单位	沙河沿镇	翰章乡	黄泥河镇	横道河镇	南屯基镇	沙河镇	乌兰花镇	什花道乡	双岗镇	吉林省
本村党支部委员会委员的总人数	人	3.00	3.00	3.00	3.50	4.00	5.33	3.00	3.00	5.00	3.65
本村党支部委员会委员的平均年龄	岁	53.34	50.34	44.44	44.34	43.50	50.34	53.68	47.34	54.61	49.10
本村党支部委员会委员平均受教育年限	年	12.14	7.28	10.62	9.10	8.65	7.89	9.10	8.19	8.19	9.02
现任村党支部书记受教育年限	年	8.67	9.00	13.33	14.33	10.50	12.33	12.00	10.00	10.00	11.13

指标名称	单位	沙河沿镇	翰章乡	黄泥河镇	横道河镇	南屯基镇	沙河镇	乌兰花镇	什花道乡	双岗镇	吉林省
本村村民委员会委员的总人数	人										
本村村民委员会委员的平均年龄	岁	46.33	34.33	45.53	42.00	39.67	49.33	48.67	49.33	48.67	44.87
本村村民委员会委员平均受教育年限	年	9.54	5.80	11.93	7.84	10.56	16.70	9.54	9.20	8.52	9.96
现任村民委员会主任受教育年限	年	7.81	4.80	12.01	12.61	5.85	11.26	10.81	8.11	8.11	9.04

8.3.2 基层党组织建设发展

指标名称	单位	沙河沿镇	翰章乡	黄泥河镇	横道河镇	南屯基镇	沙河镇	乌兰花镇	什花道乡	双岗镇	吉林省
本村党员的总人数	人	31.33	28.67	26.00	25.00	27.67	22.67	19.67	34.33	49.00	29.37
其中：50岁以上的党员	人	16.33	9.33	8.00	17.00	16.50	11.33	7.00	8.33	19.00	12.54
30岁以下的党员	人	4.09	2.05	6.14	7.16	3.41	3.07	1.70	6.99	3.07	4.19
其中：高中及以上文化程度	人	4.00	4.33	8.00	8.00	11.33	3.00	1.00	9.00	15.00	7.07
初中及以下文化程度	人	19.00	21.67	18.00	11.67	16.00	17.00	2.67	21.00	24.50	16.83
本村本年提交入党申请书的人数	人	2.67	6.33	4.00	2.67	4.33	1.67	7.00	4.67	3.50	4.09
本村本年发展党员人数	人	0.41	0.81	0.61	8.14	1.22	0.61	0.81	0.61	0.92	1.57

8.3.3 一事一议

指标名称	单位	沙河沿镇	翰章乡	黄泥河镇	横道河镇	南屯基镇	沙河镇	乌兰花镇	什花道乡	双岗镇	吉林省
本村本年举行公共投资和基本建设一事一议的次数	次	11.33	2.33	5.50	3.67	2.00	4.67	2.00	3.00	2.67	4.13
其中：成功的次数	次	11.33	2.33	5.50	3.67	2.00	4.67	2.50	3.00	2.33	4.15
本村本年举行非基本建设一事一议的次数	次	11.00	2.00	2.00	3.33	2.00	5.50	1.50	4.00	1.00	3.59
本村本年需要筹资的一事一议次数	次		1.00		3.00		1.50			1.00	1.63

8.3.4 村庄管理及其他

指标名称	单位	沙河沿镇	翰章乡	黄泥河镇	横道河镇	南屯基镇	沙河镇	乌兰花镇	什花道乡	双岗镇	吉林省
村务监督委员会成员数量	人	3.00	3.00	3.00	3.33	3.00	3.00	3.00	3.00	3.00	3.04
县乡组织村干部召开会议（不包括选举方面的会议）次数	次	36.00	17.50	10.50	5.50	25.33	27.33	23.67	4.00	8.00	17.54

(续表)

指标名称	单位	沙河沿镇	翰章乡	黄泥河镇	横道河镇	南屯基镇	沙河镇	乌兰花镇	什花道乡	双岗镇	吉林省
县乡给村里下发红头文件的数量	个	15.67	19.50	21.00	4.00	14.00	9.33	14.00	5.00	10.00	12.50
土地纠纷中：宅基地纠纷数量	起			2.33	1.00	1.00	2.00	1.00	1.00		1.39
农村土地经营权纠纷数量	起	2.00	1.50	1.67	1.00	0.50	6.50	2.00	2.00	3.00	2.24

8.4 行政村社会发展

8.4.1 农村公共设施

指标名称	单位	沙河沿镇	翰章乡	黄泥河镇	横道河镇	南屯基镇	沙河镇	乌兰花镇	什花道乡	双岗镇	吉林省
本村商店个数	个	6.50	4.00	4.00	7.00	6.67	4.67	4.33	3.50	4.00	4.96
本村集贸市场个数	个	0.50		0.00	0.33	0.33		0.00		1.00	0.36
本村道路硬化比例	%	91.45	92.37	83.13	86.52	92.37	80.06	86.21	92.37	70.51	86.11
本村水库、池塘个数	个	1.00	5.00	2.00	0.33	0.67	5.00	0.50			2.07
其中：病险水库、池塘个数	个	0.00	0.67	2.01			0.00				0.67
本村水库容量	万米^3		299.99	499.99	2.50	5.00	2.37				161.97
本村池塘总容量	万米^3	300.00	200.00			0.15	4.00	1.00			101.03
本村小水窖数量	口	0.00	0.00	0.00	0.00	0.00	0.00	0.00	0.00	0.00	0.00
本村小水窖合计储水量	米^3	0.00	0.00	0.00	0.00	0.00	0.00	0.00	0.00	0.00	0.00
本村自来水普及率	%	100.00	100.00	100.00	100.00	60.00	90.00	100.00	100.00	90.00	93.33
本村自来水单价	元/米^3	0.00	0.07		0.48	2.44	0.68	3.53		1.63	1.26
本村断电天数	天	4.50	5.66		5.00	2.00	4.67	6.99	5.00	4.83	
本村农用电价格	元/千瓦时	0.49	0.53	0.48	0.66	0.54	0.54	0.59	0.52	0.52	0.54
本村天然气、液化气普及率	%	95.03	75.39	95.03	41.29	36.43		9.50			58.78
本村电话普及率（包括固定电话与手机）	部/100人	95.22	65.48	100.24	109.93	91.55	83.53	103.24	95.22	115.27	95.52
本村接入互联网的户数比例	%	55.98	66.03	68.18	56.22	57.42	45.45	40.67	71.77	64.59	58.48

(续表)

指标名称	单位	沙河沿镇	翰章乡	黄泥河镇	横道河镇	南屯基镇	沙河镇	乌兰花镇	什花道乡	双岗镇	吉林省
本村安装有线电视的户数比例	%	100.00	90.00	100.00	96.67	86.00	76.35	76.67	80.00	90.00	88.41
本村完成农村困难家庭危房改造户数	户		6.33		1.00	1.00	4.00	7.10	6.00	23.00	6.92
本村年底农村困难家庭危房户数	户			1.67		1.39		10.82	5.00	8.33	5.44
本村人畜混居的农户数	户				0.83			1.37		1.55	1.25
本村卫生厕所普及率	%	100.00	73.35	30.00	60.00	20.00	30.00	10.00	70.00	30.00	47.04
本村属于生态移民搬迁的农户数	户	0.15	0.20	1.80		0.00		0.00			0.43
本村垃圾集中堆放点数量	处	1.34	1.78	5.34	6.68	3.56	5.78	2.00	4.01	5.34	3.98
本村农村生活公共设施投资额	元	4602.18	97157.14	153406.01	153.41			15340.60		102270.67	62155.00
其中：村集体投资额	元		12500.00					7500.00		49999.99	23333.33
本村农业生产基础设施投资额	元										
其中：村集体投资额	元										

8.4.2 农村科教文卫体公共服务

指标名称	单位	沙河沿镇	翰章乡	黄泥河镇	横道河镇	南屯基镇	沙河镇	乌兰花镇	什花道乡	双岗镇	吉林省
本村接受涉农职业教育的人数	人	40.33	74.00	100.01	15.00	20.00	16.00	186.01	60.00	20.00	59.04
本村具有或可以依托的科技特派员	人		3.00				1.00		1.00	1.00	1.50
本村具有或可以依托的科技示范户	户	10.00	6.50	5.00	15.00	1.50			4.00	6.50	6.93
本村具有或可以依托的农业专家大院	个										
本村开展农机推广服务和培训次数	次		2.67		2.99	2.00		1.50		2.00	2.23
本村卫生室床位数量	个	6.76	1.63	2.45	1.40	2.33	1.40	1.17	2.10	1.75	2.33
本村卫生技术人员	人	1.00	1.00	1.00	1.00	1.00	1.00	1.67	1.00	1.67	1.15

（续表）

指标名称	单位	沙河沿镇	翰章乡	黄泥河镇	横道河镇	南屯基镇	沙河镇	乌兰花镇	什花道乡	双岗镇	吉林省
其中：获得从业资格的医生	人	1.00	1.00	1.00	1.00	1.00	1.33	1.50	1.00	1.50	1.15
本村卫生室医疗人员培训人次	人次	8.48	5.96	0.00	11.39	5.65	5.02	9.89	1.88	9.42	6.41
本村参加新农合的人数	人	735.33	856.33	587.00	1410.01	1451.68	770.33	1289.34	968.33	1678.01	1082.93
本村享受低保的人数	人	8.00	8.33	25.00	55.50	32.33	39.00	128.00	86.50	167.68	61.15
本村五保户人数	人	2.83	5.27	1.82	17.03	3.25	4.05	5.68	5.68	4.87	5.61
本村获得自然灾害救济人数	人	58.63	5.05	62.00	106.09	103.49	40.26			32.15	58.24
本村新型农村社会养老保险参保率	%	97.00	89.67	70.00	92.50	85.00	96.00	88.33	82.50	76.67	86.41
本村领取养老金的农村老年居民人数	人	159.87	45.68	130.73	432.34	374.86	125.47	178.77	256.99	296.63	222.37

8.5 行政村生态建设

8.5.1 水土气候资源状况

指标名称	单位	沙河沿镇	翰章乡	黄泥河镇	横道河镇	南屯基镇	沙河镇	乌兰花镇	什花道乡	双岗镇	吉林省
截至年底，本村测土配方施肥耕地面积	亩	1780.29	47.47	288.24	705.33	288.24	1052.95	3305.41	1152.95	101.73	969.18
截至年底，本村退耕还林面积	亩	301.79	30.08	1850.84	727.57	488.42	117.51	161.95	38.56	92.54	423.25
截至年底，本村退耕还草面积	亩	0.00	0.00	0.00	0.00	0.00	0.00	0.00	0.00	0.00	0.00
截至年底，本村退牧还草面积	亩	0.00	0.00	0.00	0.00	0.00	0.00	0.00	0.00	0.00	0.00
截至年底，本村禁牧还草面积	亩										
本村绿色农产品种植面积占农作物总播种面积比例	%										
本村有机农产品种植面积占农作物总播种面积比例	%						15.30				15.30
本村无公害农产品种植面积占农作物总播种面积比例	%						45.91	26.09			36.00
截至年底，本村有机畜禽产品占畜禽产品总量的比例	%		53.40		53.40		65.12	52.09			56.00
截至年底，本村有机水产品占水产品总量的比例	%		39.00		39.00						39.00

(续表)

指标名称	单位	沙河沿镇	翰章乡	黄泥河镇	横道河镇	南屯基镇	沙河镇	乌兰花镇	什花道乡	双岗镇	吉林省
本村每亩生产用水总量	米³/亩	65.00			65.00		261.34	67.50	120.00		115.77
本村每亩灌溉用水支出	元/亩	43.60			43.60	25.90	48.93	11.66	129.50		50.53
其中：污水灌溉支出	元/亩										
本村灌溉用水中地表水的比例	%	75.12			75.12	75.12	16.15				60.38

8.5.2 村污染和废弃物处理

指标名称	单位	沙河沿镇	翰章乡	黄泥河镇	横道河镇	南屯基镇	沙河镇	乌兰花镇	什花道乡	双岗镇	吉林省
本村生态环境建设方面的支出	元	25831.90	2891.02	4257.25	35556.85	10256.78	35176.97	71949.44	45585.71	34189.28	29521.69
本村环境管理工作人员人数	人	1.30	0.65	1.37	1.17	2.21	1.04	4.29	7.02	9.75	3.20
其中：专职人数	人		0.20	0.40	0.60	1.61	0.54	6.24	3.52	5.03	2.27
兼职人数	人	3.33	1.00	5.00		4.00		1.00			2.87
本村改水受益人数	人	276.00						420.00	1587.00		761.00
本村改厕受益人数	人	296.00	83.00	71.50				420.00	730.00		320.10
本村排污系统个数	个										
本村固态粪污弃物所占比例	%	72.76	0.73	72.76		69.12	68.40	36.75			53.42
本村液态粪污弃物所占比例	%					11.67	23.33				17.50
本村畜禽固体粪废弃物直接排入环境比例	%						0.50				0.50
本村畜禽固体粪废弃物出售比例	%						2.00				2.00
本村畜禽固体粪废弃物用于生产沼气比例	%	0.00	0.00	0.00	0.00	0.00	0.00	0.00	0.00	0.00	0.00
本村畜禽固体粪废弃物用作农田肥料还田比例	%	100.00	50.00	100.00		90.00	100.00	100.00	100.00		91.43
本村畜禽固体粪废弃物其他处理方式比例	%	0.00	0.00	0.00	0.00	0.00	0.00	0.00	0.00	0.00	0.00
本村畜禽污水排入氧化塘处理比例	%										

(续表)

指标名称	单位	沙河沿镇	翰章乡	黄泥河镇	横道河镇	南屯基镇	沙河镇	乌兰花镇	什花道乡	双岗镇	吉林省
本村畜禽污水用于灌溉比例	%					86.67	43.33				65.00
本村畜禽污水用于生产沼气比例	%										
本村畜禽污水直接排入环境比例	%	70.00					70.00	70.00			70.00
本村畜禽污水其他处理方式比例	%										

8.5.3 生产能源使用

指标名称	单位	沙河沿镇	翰章乡	黄泥河镇	横道河镇	南屯基镇	沙河镇	乌兰花镇	什花道乡	双岗镇	吉林省
本村柴油使用量	升	4415.86	8238.81	2576.76	11334.71	2071.51	2788.96	51868.66	45472.24		16095.94
本村汽油使用量	升	1192.47	9232.03	2115.67	6035.44	346.20	1605.99	1538.67	4616.01		3335.31
本村电使用量	千瓦时	30048.00		100159.99	15024.00	70111.99	49216.28	32311.61	141355.79		62603.95
本村煤使用量	吨		40.00	2000.01	8.00	8.00	50.00	30.00	30.00		309.43
本村秸秆使用量	吨	400.60	858.44		521.93		114.46	40.06	2881.49		802.83
本村薪柴使用量	吨		928.00				580.00	696.00	696.00		725.00
本村沼气使用量	米^3	0.00	0.00	0.00	0.00	0.00	0.00	0.00	0.00	0.00	0.00
本村沼气池合计产气量	米^3	0.00	0.00	0.00	0.00	0.00	0.00	0.00	0.00	0.00	0.00
本村已有的大型沼气池个数	个	0.00	0.00	0.00	0.00	0.00	0.00	0.00	0.00	0.00	0.00
本村已有的联户沼气池个数	个	0.00	0.00	0.00	0.00	0.00	0.00	0.00	0.00	0.00	0.00
本村已有的户用沼气池个数	个	0.00	0.00	0.00	0.00	0.00	0.00	0.00	0.00	0.00	0.00
本村在用的大型沼气池个数	个	0.00	0.00	0.00	0.00	0.00	0.00	0.00	0.00	0.00	0.00
本村在用的联户沼气池个数	个	0.00	0.00	0.00	0.00	0.00	0.00	0.00	0.00	0.00	0.00
本村在用的户用沼气池个数	个	0.00	0.00	0.00	0.00	0.00	0.00	0.00	0.00	0.00	0.00
本村秸秆过腹还田利用的比例	%	88.00	40.00	40.00			40.00	30.00	30.00		44.67

（续表）

指标名称	单位	沙河沿镇	翰章乡	黄泥河镇	横道河镇	南屯基镇	沙河镇	乌兰花镇	什花道乡	双岗镇	吉林省
本村秸秆作为食用菌培养基利用的比例	%	0.00	0.00	0.00	0.00	0.00	0.00	0.00	0.00	0.00	0.00
本村秸秆作为生活燃料利用的比例	%	28.00	10.00	12.50			35.33	60.00	60.00		34.31
本村秸秆田间焚烧利用的比例	%	40.00					42.00	7.50	7.50		24.25
本村秸秆出售的比例	%						2.05	19.48	19.48		13.67
本村秸秆作为沼气原料利用的比例	%										
本村秸秆其他利用的比例	%		55.00	50.00			20.00				41.67

9

2019年分乡镇样本的村庄统计

9.1 行政村基本情况

9.1.1 概况

指标名称	单位	沙河沿镇	翰章乡	黄泥河镇	横道河镇	南屯基镇	沙河镇	乌兰花镇	什花道乡	双岗镇	吉林省
本村的自然村数量	个	1.33	1.33	2.00	8.68	6.34	6.34	3.34	4.00	4.34	4.19
本村农户数量	户	498.93	280.97	224.60	447.99	433.82	231.83	402.16	421.76	464.27	378.48
其中：只务农的农户数	户	131.33	120.67	187.33	436.66	201.00	209.00	316.66	283.66	360.00	249.59
完全不务农的农户数	户	209.18	87.70	51.22	19.78	48.14	21.27	91.25	87.33	70.91	76.31
务农兼业农户数	户	30.00	100.00	0.00	15.00	125.00	7.33	30.00	50.00	25.00	42.48
不务农兼业农户数	户	16.67	0.00	0.00	20.00	101.52	3.00	28.00	30.00	15.00	23.80
其中：有自营工商业农户数	户	8.34	9.01	0.00	10.01	15.68	5.67	1.00	4.67	13.67	7.56
本村人均纯收入	元	13522.74	12359.90	9487.00	7448.05	10041.16	13679.65	6348.76	6204.20	5195.26	9365.19
其中：非农收入	元	2000.00	10064.01	2000.00	6000.00	1000.00	3933.34	1000.00	1880.00	5000.00	3653.04
本村村委会距县政府距离	千米	18.00	11.67	43.33	45.66	10.67	53.00	39.33	30.50	33.33	31.72
本村村委会距乡镇政府距离	千米	5.07	1.91	7.35	5.58	4.11	6.17	9.99	20.86	5.73	7.42
本村村委会距最近的集贸市场距离	千米	5.75	9.66	2.67	4.50	4.67	7.00	6.50	10.00	6.50	6.36
本村村委会距最近的车站、码头距离	千米	0.54	3.24	1.08	5.03	3.24	10.27	1.75	13.66	13.93	5.86

（续表）

指标名称	单位	沙河沿镇	翰章乡	黄泥河镇	横道河镇	南屯基镇	沙河镇	乌兰花镇	什花道乡	双岗镇	吉林省
本村村委会距最近的幼儿园距离	千米	3.24	1.28	1.47	3.73	2.75	4.13	4.13	14.14	3.83	4.30
本村村委会距最近的小学距离	千米	2.39	1.09	1.01	1.23	1.62	3.04	4.06	10.44	2.83	3.08
本村村委会距最近的初中距离	千米	4.35	1.64	1.89	4.79	3.53	5.54	7.05	18.14	8.69	6.18
本村村委会距最近的卫生所（站）距离	千米	0.25	1.00	1.33	1.50	0.00	0.20	0.33	16.98	1.00	2.51
本村村委会距最近的农业生产资料销售点距离	千米	3.67	1.38	1.49	4.25	2.40	4.46	5.95	19.77	4.15	5.28
本村村委会距最近的邮政所距离	千米	5.75	2.17	2.50	6.67	4.67	4.00	9.34	24.01	6.50	7.29

9.1.2 土地、水等资源

指标名称	单位	沙河沿镇	翰章乡	黄泥河镇	横道河镇	南屯基镇	沙河镇	乌兰花镇	什花道乡	双岗镇	吉林省
本村村域土地总面积	亩	1468.86	7866.51	8136.87	10331.35	5247.57	14705.41	23958.50	49022.82	40734.90	17941.42
其中：宅基地面积	亩	101.91	337.07	218.86	152.17	144.96	300.05	307.32	399.03	1143.19	344.95
本村耕地总面积	亩	2640.62	3252.30	3156.79	5181.29	4893.13	4122.00	13233.46	10531.10	13820.85	6759.06
其中：水田面积	亩	1015.00	0.00		1287.50	1036.20	1482.85	0.00			803.59
水浇地面积	亩	0.00	0.00		240.98	0.00	0.00	5464.56	2036.16	5743.01	1685.59
旱地面积	亩	2222.68	3262.81	3166.99	4366.16	4473.57	3512.28	9977.91	8107.15	6932.75	5113.59
其中：家庭经营的本村耕地面积	亩	2702.79	3284.93	3231.12	3070.10	4543.73	3838.92	8840.33	8060.87	11059.79	5403.62
集体经营的本村耕地面积	亩	0.00	17.84		0.00	33.74	9.17	577.57	262.56	1834.64	341.94
合作经营的本村耕地面积	亩	0.00	26.99		0.00	71.98	24.91	0.00		2429.30	364.74
企业经营的本村耕地面积	亩	0.00	0.00		0.00	0.00	2.22	81.48			13.95
其他形式经营的本村耕地面积	亩										

(续表)

指标名称	单位	沙河沿镇	翰章乡	黄泥河镇	横道河镇	南屯基镇	沙河镇	乌兰花镇	什花道乡	双岗镇	吉林省
其中：撂荒的本村耕地面积	亩										0.00
本村园地面积（果园、茶园、桑园等）	亩	419.27			489.15	55.90	323.68	0.00			257.60
本村林地面积（包括退耕还林）	亩	3455.00	4800.00	718.67	920.00	600.00	7140.70	16800.01	1580.71	7625.00	4848.90
本村草地面积（包括退耕还草）	亩	28.78	1215.30	1.28	0.00	0.00	12.57	3556.34	13628.45	8287.46	2970.02
本村水面面积（包括鱼塘）	亩	2.02	210.99	0.09	3.30	0.00	2.07	2.64		378.90	75.00
本村年内新增耕地面积（若减少，则用负数表示）	亩										0.00
本村土地流转面积	亩	657.86	522.34	3.95	103.42	146.97	120.30	3769.54	149.99	394.72	652.12
其中：转包	亩	388.66	308.59	1.63	61.10	13.99		4045.91	55.97	233.19	638.63
出租	亩			3.60	0.00	180.00	365.72	2099.98	168.00		469.55
互换	亩										0.00
转让	亩										
入股	亩										
抵押	亩										
其他	亩										
本村未开发可以用于农业生产的土地面积	亩		455.60		0.00	0.00	0.00	8.76	580.66		174.17
本村被征用土地面积	亩	12.26	4.09		0.00	0.00	7.09	9.26	384.08		59.54
其中：耕地	亩		37.50		0.00	0.00		0.00	112.50		30.00
其他农用地	亩										
工矿建设用地、村民住宅、道路等建设用地	亩										0.00
本村空闲地、荒山、荒地、荒滩、荒沟等未利用地	亩										0.00
本村农业生产用水单价	元/亩	4.33	0.00	0.00	4.17	0.00	0.00	0.00	0.00	5.00	1.50
本村饮水困难人口比例	%										0.00
本村饮水不安全人口比例	%										0.00

9.1.3 人口、劳动力及就业情况

指标名称	单位	沙河沿镇	翰章乡	黄泥河镇	横道河镇	南屯基镇	沙河镇	乌兰花镇	什花道乡	双岗镇	吉林省
本村总人口	人	822.34	887.67	781.67	1853.01	1693.01	795.67	1410.34	1116.00	1745.67	1233.93
其中：15 岁及以下	人	82.33	108.00	80.00	260.00	170.00	85.33	188.00	167.00	248.67	154.37
16～40 岁	人	153.67	271.67	253.00	430.00	549.67	303.33	555.33	396.67	572.00	387.26
41～60 岁	人	400.00	384.00	312.33	660.00	584.66	254.33	442.66	331.00	620.00	443.22
61 岁及以上	人	186.33	124.00	136.33	502.99	388.66	152.66	224.33	221.33	305.00	249.07
其中：男性人口所占比例	%	55.45	50.29	58.03	47.39	50.62	54.16	47.72	53.20	54.65	52.39
少数民族人口所占比例	%	30.13	0.02	0.51	12.22	3.56	3.26	48.19	11.88	5.09	12.76
其中：不识字或识字很少	人	22.50	54.67	10.00	209.99	67.00	40.67	119.50	209.99	90.00	91.59
小学	人	74.70	134.12	283.76	440.20	317.72	303.17	218.28	341.00	291.04	267.11
初中	人	212.33	528.00	285.00	290.00	935.66	349.33	417.50	206.00	880.00	455.98
高中/技校/职高	人	95.00	78.33	90.00	143.00	95.00	34.00	136.50	98.33	121.00	99.02
大专及以上	人	17.27	30.05	50.05	56.79	124.47	14.91	23.07	20.11	103.64	48.93
其中：留守儿童（父母双方或一方在外打工累计 6 个月以上）	人	0.97	2.92	0.00	14.03	11.88	7.01	74.52	9.35	5.84	14.06
留守老人（全部子女在外累计 6 个月以上的 60 岁以上老人）	人	8.67	3.33	14.00	37.51	20.00	8.33	72.68	38.01	15.00	24.17
留守妇女	人	2.38	5.07	0.00	57.06	36.14	1.66	48.02	5.71	7.13	18.13
本村常住人口（一年在本村居住累计 6 个月以上）	人	472.67	519.67	671.00	1577.00	1230.66	428.67	848.00	494.33	1053.50	810.61
其中：15 岁及以下	人	26.67	31.33	73.67	245.00	104.00	81.00	100.67	80.00	170.00	101.37
16～40 岁	人	72.33	119.00	210.00	330.00	350.33	138.67	416.67	161.00	245.00	227.00
41～60 岁	人	210.67	266.00	259.67	590.01	420.34	206.00	193.67	131.34	335.00	290.30
61 岁以上	人	163.00	103.34	127.67	412.01	356.01	107.50	137.00	122.00	303.51	203.56

(续表)

指标名称	单位	沙河沿镇	翰章乡	黄泥河镇	横道河镇	南屯基镇	沙河镇	乌兰花镇	什花道乡	双岗镇	吉林省
本村劳动力（男16~60岁，女16~55岁）总数	人	386.66	602.00	472.66	949.99	1035.66	693.50	487.66	402.66	1244.99	697.31
其中：常年（累计6个月以上）外出务工人数	人	129.00	236.67	95.00	215.00	393.34	92.00	311.67	284.67	195.00	216.93
外出务工劳动力返乡创业的人数	人	18.01	4.34	2.00	30.01	9.00	3.00		0.00		9.48
其中：第一产业从业人员人数（农业）	人	154.50	176.00	419.00	600.00	589.66	422.50	438.50	375.50	999.99	463.96
第二产业从业人员人数（工业）	人	82.50	68.67		200.00	160.00	0.00	45.00	112.00	50.00	89.77
第三产业从业人员人数（商业与服务业）	人	63.00	181.99	40.00	100.00	60.33	28.50	123.00	64.00	150.00	90.09
举家外出户数	户	16.67	39.93	13.74	60.44	12.82	19.41	52.02	81.32	32.97	36.59
本地短期雇工工资	元/天	176.67	153.34	140.00	110.00	116.67	100.00	136.67	150.00	150.00	137.04

9.2 行政村经济发展

9.2.1 经济发展水平

指标名称	单位	沙河沿镇	翰章乡	黄泥河镇	横道河镇	南屯基镇	沙河镇	乌兰花镇	什花道乡	双岗镇	吉林省
本村农业经营总收入	万元	625.20	9833.20	484.15	9833.20	497.33	1400.87	1452.33	367.83	425.00	2768.79
其中：种植业收入	万元	592.87	1337.79	184.15	1337.79	396.67	895.67	1876.01	282.50	350.00	805.94
畜牧业收入	万元	35.37	59.37		59.37	72.94	371.24	215.16	191.45	72.94	134.73
渔业收入	万元		0.00		0.00	0.00	9.20				2.30
林业收入	万元		0.00		0.00	0.00	21.63			50.02	14.33
本村工业收入	万元	22.90	333.97		333.97	7.15	17.04			0.71	119.29
其中：建筑业收入	万元	441.00	0.00		0.00	150.00	357.60			15.00	160.60
本村第三产业收入（指商业、餐饮业等收入）	万元	209.24	0.00		0.00	0.00	590.07		59.44	39.63	128.34

9.2.2 农业发展

9.2.2.1 种植业生产

（1）稻谷

指标名称	单位	沙河沿镇	翰章乡	黄泥河镇	横道河镇	南屯基镇	沙河镇	乌兰花镇	什花道乡	双岗镇	吉林省
播种面积或园地种植面积	亩	1590.00	780.00		1935.00	966.67	871.90				1228.71
总产量	千克	775000.00	85800.00		1354500.00	508333.33	261949.81				597116.63

（2）大豆

指标名称	单位	沙河沿镇	翰章乡	黄泥河镇	横道河镇	南屯基镇	沙河镇	乌兰花镇	什花道乡	双岗镇	吉林省
播种面积或园地种植面积	亩			5041.55							5041.55
总产量	千克			1008310.00							1008310.00

（3）玉米

指标名称	单位	沙河沿镇	翰章乡	黄泥河镇	横道河镇	南屯基镇	沙河镇	乌兰花镇	什花道乡	双岗镇	吉林省
播种面积或园地种植面积	亩	2098.56	1091.83	3844.46	4513.14	3801.55	5957.11	3721.10		7526.00	4069.22
总产量	千克	779976.16	151427.79	1001821.15	2130385.26	1979133.98	2411801.80	348736.29		4276700.05	1634997.81

9.2.2.2 种植业现代化程度

指标名称	单位	沙河沿镇	翰章乡	黄泥河镇	横道河镇	南屯基镇	沙河镇	乌兰花镇	什花道乡	双岗镇	吉林省
本村有效灌溉面积	亩	483.31	2465.13	304.75	921.39	304.75	224.70	3515.72	1119.00	7023.51	1818.03
其中：机电灌溉面积	亩	0.00	3101.50		0.00		150.45	2785.78	2021.93	3459.75	1645.63
喷灌面积	亩	0.00	1779.21		0.00		0.00	1197.27		674.52	608.50
滴灌渗灌面积	亩	0.00	406.15	165.41	0.00	165.41	0.00	284.29		2061.14	385.30
本村机耕面积	亩	4838.22	942.38	3324.79	3412.66	3324.79	35.62	7733.38	3002.28	6476.87	3676.78
本村机播面积	亩	4065.49	8.16	449.00	4470.95	449.00	24.49	10497.53	2208.93	10068.49	3582.45
本村机收面积	亩	4181.35	1622.95	507.17	2592.21	507.17	324.21	7213.11	1324.28	8452.86	2969.48
截至年底本村累计农用机械总动力	千瓦	9625.00	15.17		0.00		3476.67	29166.66	14000.00	14583.33	10123.83

（续表）

指标名称	单位	沙河沿镇	翰章乡	黄泥河镇	横道河镇	南屯基镇	沙河镇	乌兰花镇	什花道乡	双岗镇	吉林省
截至年底本村发展设施农业的温室和大棚总面积	亩	2.55	133.80	0.00		0.00			11.14		29.50
其中：温室面积（有调节温度设备）	亩		24.00	0.00		0.00					8.00
大棚面积（无调节温度设备，跨度≥5.9米）	亩	22.50		0.00		0.00					7.50
中小棚面积（无调节温度设备，跨度＜5.9米）	亩										
其中：种植蔬菜的温室和大棚面积	亩	45.00		0.00		0.00					15.00
种植水果的温室和大棚面积	亩										
种植苗木花卉的温室和大棚面积	亩										

9.2.2.3 畜牧业生产

（1）生猪

指标名称	单位	沙河沿镇	翰章乡	黄泥河镇	横道河镇	南屯基镇	沙河镇	乌兰花镇	什花道乡	双岗镇	吉林省
年底存栏	头		314.24	157.12	365.30	218.40	6.28		392.80	471.36	275.07
年底能繁母畜存栏	头		81.67	35.00	431.67	19.83	0.00		110.83	35.00	102.00
出栏或产量	头		399.08	153.49	890.26	1837.31			273.22	6.14	593.25

（2）肉牛

指标名称	单位	沙河沿镇	翰章乡	黄泥河镇	横道河镇	南屯基镇	沙河镇	乌兰花镇	什花道乡	双岗镇	吉林省
年底存栏	头	364.88	299.14	118.08	755.73	173.19	144.85	66.91	130.42	196.80	250.00
年底能繁母畜（或产奶牛）存栏	头	280.30	122.82		149.14	120.48	134.81	110.83	131.60	150.00
出栏或产量	头	208.63	105.86		70.57	89.98	63.52	73.22	88.22	100.00

（3）肉羊

指标名称	单位	沙河沿镇	翰章乡	黄泥河镇	横道河镇	南屯基镇	沙河镇	乌兰花镇	什花道乡	双岗镇	吉林省
年底存栏	只	22.38						2517.62			1270.00
年底能繁母畜存栏	只	0.00						1850.00			925.00
出栏或产量	只	3.92						776.08			390.00

（4）肉鸡

指标名称	单位	沙河沿镇	翰章乡	黄泥河镇	横道河镇	南屯基镇	沙河镇	乌兰花镇	什花道乡	双岗镇	吉林省
年底存栏	只										
年底能繁母禽（产蛋禽）存栏	只										
出栏或产量	只										

9.2.2.4 畜牧业标准化程度

指标名称	单位	沙河沿镇	翰章乡	黄泥河镇	横道河镇	南屯基镇	沙河镇	乌兰花镇	什花道乡	双岗镇	吉林省
年底本村养殖场占地面积	亩	0.00	139.83	8.36	3.86	16.29	10.41	38.57	0.00	482.16	77.72
其中：标准化养殖场占地面积	亩	0.00	24.58			0.00	2.53	7.80	0.00	117.06	21.71
年底本村兽医与防疫员人数合计	人	1.00	1.00	1.00	1.00	1.00	1.33	1.33	1.00	4.32	1.44

9.2.3 农民专业合作社（指在工商部门正式登记注册的合作社，不包括民政部门批准的协会）

指标名称	单位	沙河沿镇	翰章乡	黄泥河镇	横道河镇	南屯基镇	沙河镇	乌兰花镇	什花道乡	双岗镇	吉林省
年底本村的农民专业合作社个数	个	3.33	8.33	5.00	2.50	4.00	1.00	8.67	8.67	8.00	5.50
年底本村入社总户数	户	101.67	16.00	80.00	112.01	62.67	19.00	131.67	41.67	256.01	91.19
年底本村示范合作社个数	个	3.03	0.00		0.91	0.00	0.61	3.94	0.61		1.30
其中：国家级示范合作社个数	个										
省级示范合作社个数	个	3.01	0.00		2.26	0.00	1.51		1.51		1.38

（续表）

指标名称	单位	沙河沿镇	翰章乡	黄泥河镇	横道河镇	南屯基镇	沙河镇	乌兰花镇	什花道乡	双岗镇	吉林省
截至年底，本村实现"农超对接"的合作社个数	个										
截至年底，本村农产品对外出口的合作社个数（不包括经企业间接出口的情况）	个										
本村获得优惠贷款的合作社个数	个	3.01	6.01		0.75	0.00		6.01	0.00		2.63
本村合作社获得各级政府财政补贴总额	元		1696.02		848010.42	0.00	16960.21	0.00			173333.33
其中：国家级补贴额	元										
省级补贴额	元		0.00		50000.00	0.00	200000.00				62500.00
地市级补贴额	元										
县级补贴额	元		40714.29		101785.71	0.00					47500.00
年底本村合作社拥有注册商标数	个		10.00		3.75	0.00	1.50	0.00	22.49		6.29
其中：省级及以上知名商标数	个	0.00			0.00	0.00	4.00				1.00

9.2.4 行政村集体经济

9.2.4.1 本村集体资产与债权

指标名称	单位	沙河沿镇	翰章乡	黄泥河镇	横道河镇	南屯基镇	沙河镇	乌兰花镇	什花道乡	双岗镇	吉林省
年底本村集体资产总额	万元	77.68	427.93	681.28	0.25	195.09	0.04	0.07	0.04	465.87	205.36
年底本村集体存有生产性固定资产总额	万元	0.01	810.76	91.79	0.06	53.20	0.00	0.06	0.01	0.00	106.21
其中：村委会管理的资产数额	万元		620.91		0.06	53.56	0.00	0.11	0.00	0.01	96.38
本村集体固定投资完成额	万元	7.80	3.96		1.46	0.00	4.39	106.58			20.70
其中：农田水利建设投资完成额	万元		0.11		0.00	0.00	1.08	47.16			9.67
年底本村集体债权总额	万元	0.09	961.37	19.73	0.03	0.00	0.00	0.03	0.02		122.66

9.2.4.2 本村收入

指标名称	单位	沙河沿镇	翰章乡	黄泥河镇	横道河镇	南屯基镇	沙河镇	乌兰花镇	什花道乡	双岗镇	吉林省
本村经营收入	元	18250.00	89050.00	13500.00	220200.01		259000.01		200000.01	223333.34	146190.48
本村发包收入（指水面、山林、"四荒"、集体土地发包收入等）	元	86842.76	63298.72	0.00	182121.67	7261.71	1654.15	74436.65	212972.90		78573.57
本村转移性收入（即补助收入，不包括上级政府拨给农民种粮补贴、良种补贴、农机补贴等收入）	元	436818.36	74406.00	40589.15	53437.04	88385.31	87257.95	81170.19	81170.19	91992.88	115025.23
其中：上级政府拨款转移性收入	元	316065.50	140912.54	79024.28	124670.28	168568.27	163300.51	158032.75	158032.75	142229.48	161204.04
计划生育罚款收入（指留在本村支配使用的罚款收入，非本村支配的不计）	元										
其他罚款收入	元										
出卖土地收入	元										
出卖企业收入	元										
出卖其他资产收入（包括树林、房屋等）	元										
其他收入	元			0.00	8700.00					285000.00	97900.00

9.2.4.3 本村支出

指标名称	单位	沙河沿镇	翰章乡	黄泥河镇	横道河镇	南屯基镇	沙河镇	乌兰花镇	什花道乡	双岗镇	吉林省
专职干部与管理人员工资与补贴	元	30116.67	25080.00	30000.00	60666.67	39415.00	38545.00	51000.00	142833.34	45000.00	51406.30
其他人员工资与补贴（非专职人员等）	元	63656.99	5204.14	418.93	10377.39	7910.29	4951.74	3903.10		2602.07	12378.08
公共服务支出（运转和管理费用，不包括建设投资和大型维修）	元	52312.37	45912.75	0.00		65532.58		99093.93	47242.45	115225.50	60759.94
其中：道路维修支出	元	17500.00	50000.00	41000.00	40000.00	16333.33	11236.67	35500.00	22500.00	75000.00	34341.11
灌溉设施维修支出	元	1074.63		0.00		6985.07	8140.30				4050.00

（续表）

指标名称	单位	沙河沿镇	翰章乡	黄泥河镇	横道河镇	南屯基镇	沙河镇	乌兰花镇	什花道乡	双岗镇	吉林省
环境卫生支出	元	31666.66	20999.99	8500.00	8833.33	5566.67	8380.00			19999.99	14849.52
基础设施修缮支出（含电力、通信、办公楼等修缮费）	元		6632.58	0.00	24071.36	9258.21	11767.19			37032.86	14793.70
教育文化和医疗卫生支出	元			0.00			26250.00	30000.00			18750.00
治安支出	元			0.00		5480.00		4000.00		6666.67	4036.67
社会福利和保障支出	元			0.00	55700.00						27850.00
其他公共服务支出	元			0.00	12000.00						6000.00
本村其他支出	元			0.00	10609.05	8808.45					6472.50

9.2.4.4 本村债务

指标名称	单位	沙河沿镇	翰章乡	黄泥河镇	横道河镇	南屯基镇	沙河镇	乌兰花镇	什花道乡	双岗镇	吉林省
截至年底，本村累计债务总额	元	21277.25	16433.25	51938.28	296674.98	120948.74	1437909.59	203772.33		920262.14	383652.07
其中：欠上级政府	元	0.00		216666.67	0.00	41666.67	166666.67				85000.00
欠信用社贷款本金	元	0.00			69212.39	33292.04	325911.50	38548.67		28035.40	82500.00
欠信用社贷款利息	元	0.00				0.00	243791.21			11208.79	63750.00
欠村镇银行贷款本金	元	0.00						20000.00			10000.00
欠村镇银行贷款利息	元										
欠中国农业发展银行贷款本金	元	0.00						100000.00			50000.00

(续表)

指标名称	单位	沙河沿镇	翰章乡	黄泥河镇	横道河镇	南屯基镇	沙河镇	乌兰花镇	什花道乡	双岗镇	吉林省
欠中国农业发展银行贷款利息	元										
欠其他商业银行贷款本金	元										
欠其他商业银行贷款利息	元										
欠单位或个人拆借款本金	元	32691.50		14006.50	829999.99	65000.00	357500.00	200000.00		130000.00	232742.57
欠单位或个人拆借款利息	元	0.00		1.78			96924.21			8077.02	26250.75
欠工程款	元	0.00	50000.00			91000.00	300000.00			750000.00	238200.00
其他	元	15862.00		4.00			15000.00			100000.00	32716.50
本村新增负债总额	元										

9.3 行政村村庄治理

9.3.1 村两委会概况

指标名称	单位	沙河沿镇	翰章乡	黄泥河镇	横道河镇	南屯基镇	沙河镇	乌兰花镇	什花道乡	双岗镇	吉林省
本村党支部委员会委员的总人数	人	3.67	3.00	3.67	3.50	5.00	5.33	6.00	3.33	5.00	4.28
本村党支部委员会委员的平均年龄	岁	52.67	55.87	45.67	51.00	55.00	53.33	54.33	46.67	54.67	52.13
本村党支部委员会委员平均受教育年限	年	8.33	8.33	10.67	9.50	9.33	9.00	10.00	8.33	11.00	9.39
现任村党支部书记受教育年限	年	8.33	8.67	13.67	12.00	10.67	12.00	12.00	10.00	11.67	11.00
本村村民委员会委员的总人数	人										
本村村民委员会委员的平均年龄	岁	45.93	49.07	47.67	50.50	51.67	53.00	49.33	49.33	52.33	49.87
本村村民委员会委员平均受教育年限	年	8.33	7.67	10.33	9.50	9.67	9.00	8.67	8.00	10.00	9.02
现任村民委员会主任受教育年限	年	9.00	7.33	10.00	5.00	9.00	8.50	10.50	9.00	11.67	8.89

9.3.2 基层党组织建设发展

指标名称	单位	沙河沿镇	翰章乡	黄泥河镇	横道河镇	南屯基镇	沙河镇	乌兰花镇	什花道乡	双岗镇	吉林省
本村党员的总人数	人	31.34	26.00	25.67	30.67	27.34	22.34	22.00	28.00	42.34	28.41
其中：50 岁以上的党员	人	16.00	5.67	7.67	13.00	14.67	5.50	16.50	6.00	15.34	11.15
30 岁以下的党员	人	4.43	1.74	3.96	7.12	3.01	2.37	2.53	7.28	8.23	4.52
其中：高中及以上文化程度	人	3.00	7.67	11.00	11.33	6.67	2.67	5.50	5.33	7.67	6.76
初中及以下文化程度	人	23.00	17.00	5.50	16.33	16.67	17.00	9.33	16.00	34.33	17.24
本村本年提交入党申请书的人数	人	1.00	6.01	4.00	2.34	3.67	2.34	6.67	5.67	2.50	3.80
本村本年发展党员人数	人	1.00	1.34	1.00	1.34	1.00	1.00	1.34	1.00	1.34	1.15

9.3.3 一事一议

指标名称	单位	沙河沿镇	翰章乡	黄泥河镇	横道河镇	南屯基镇	沙河镇	乌兰花镇	什花道乡	双岗镇	吉林省
本村本年举行公共投资和基本建设一事一议的次数	次	10.69	1.13	9.00	4.13	3.38	5.25	2.25	0.00	2.25	4.23
其中：成功的次数	次	10.69	1.13	9.00	4.13	3.38	5.25	2.25	0.00	2.25	4.23
本村本年举行非基本建设一事一议的次数	次	9.63	2.57	2.57	4.28	0.00	4.71	4.50	0.00	0.00	3.14
本村本年需要筹资的一事一议次数	次	0.00	3.38	0.00	0.00	6.75	0.00	3.38	0.00	4.50	2.00

9.3.4 村庄管理及其他

指标名称	单位	沙河沿镇	翰章乡	黄泥河镇	横道河镇	南屯基镇	沙河镇	乌兰花镇	什花道乡	双岗镇	吉林省
村务监督委员会成员数量	人	3.00	3.00	3.00	2.50	3.00	3.00	3.00	3.00	3.00	2.94
县乡组织村干部召开会议（不包括选举方面的会议）次数	次	21.98	12.94	12.33	3.70	21.78	10.89	13.15	44.17	3.70	16.07
县乡给村里下发红头文件的数量	个	14.00	33.00	24.50	6.00	12.67	5.67	16.33	11.50	8.00	14.63
土地纠纷中：宅基地纠纷数量	起	0.00	0.44	0.44	0.00	3.66	1.61	0.44	0.88	0.00	0.83
农村土地经营权纠纷数量	起	0.00	0.64	3.85	1.28	6.42	5.99	1.28	2.57	0.00	2.45

9.4 行政村社会发展

9.4.1 农村公共设施

指标名称	单位	沙河沿镇	翰章乡	黄泥河镇	横道河镇	南屯基镇	沙河镇	乌兰花镇	什花道乡	双岗镇	吉林省
本村商店个数	个	3.00	4.00	3.67	6.67	8.00	6.33	4.33	3.67	5.33	5.00
本村集贸市场个数	个	1.26	0.00	0.09	0.18	0.00	0.00	0.00	0.18	0.09	0.20
本村道路硬化比例	%	90.50	96.98	61.42	88.88	96.98	87.26	89.69	96.98	60.78	85.50
本村水库、池塘个数	个	1.33	6.66	4.00	0.67	0.89	3.33	0.00		0.00	2.11
其中：病险水库、池塘个数	个	0.00	2.31	0.00		0.00	0.00		0.00	0.00	0.33
本村水库容量	万米^3		570.81		10.58	14.10	114.22			0.00	141.94
本村池塘总容量	万米^3		133.35		0.00	0.10	0.67				33.53
本村小水窖数量	口										
本村小水窖合计储水量	米^3										
本村自来水普及率	%	100.00	100.00	65.00	95.00	62.67	100.00	100.00	100.00	100.00	91.41
本村自来水单价	元/米^3	0.46	0.14	7.14	0.17	0.86	0.19	0.43	0.86	0.57	1.20
本村断电天数	天	0.00	3.80	21.40	0.00	1.90	3.09	4.99	7.85	1.78	4.98
本村农用电价格	元/千瓦时	0.31	0.33	0.33	0.34	0.32	0.35	1.30	1.26	0.32	0.54
本村天然气、液化气普及率	%	73.68	82.28	82.89	78.29	24.56	11.97	60.79	27.63	82.89	58.33
本村电话普及率（包括固定电话与手机）	部/100人	98.85	97.29	99.23	75.89	95.73	97.68	100.40	99.23	93.40	95.30
本村接入互联网的户数比例	%	47.63	76.55	66.63	75.14	38.28	56.14	70.03	24.95		56.92
本村安装有线电视的户数比例	%	90.02	86.00	91.49	84.17	91.85	79.78	83.07	77.95	90.02	86.04
本村完成农村困难家庭危房改造户数	户	0.00	0.00	0.00	0.00	0.69	1.04	12.59	23.63	34.68	8.07
本村年底农村困难家庭危房户数	户	0.00	0.53	0.00	0.00	2.13	0.80	11.98	3.20		2.33
本村人畜混居的农户数	户	0.00	0.00	0.00	0.72	0.00	0.00	2.17	6.05	3.03	1.33
本村卫生厕所普及率	%	32.50	93.34	26.67	80.01	0.67	66.51	50.00	70.01	50.00	52.19
本村属于生态移民搬迁的农户数	户	0.15	0.20	0.89	0.00	0.00	0.00	0.00	2.52		0.47
本村垃圾集中堆放点数量	处	2.39	0.48	0.72	1.67	0.72	2.33	1.08	23.30	2.51	3.91

（续表）

指标名称	单位	沙河沿镇	翰章乡	黄泥河镇	横道河镇	南屯基镇	沙河镇	乌兰花镇	什花道乡	双岗镇	吉林省
本村农村生活公共设施投资额	元		181294.83	47709.17	14503.59	31806.11	52480.08	23854.58		95418.33	63866.67
其中：村集体投资额	元		1997.72	19977.17	0.00	19977.17	3995.43	19977.17		79908.66	20833.33
本村农业生产基础设施投资额	元		11382.11		0.00	0.00	119512.20	102439.03			46666.67
其中：村集体投资额	元		9409.89		0.00	0.00	4234.45	84689.01			19666.67

9.4.2 农村科教文卫体公共服务

指标名称	单位	沙河沿镇	翰章乡	黄泥河镇	横道河镇	南屯基镇	沙河镇	乌兰花镇	什花道乡	双岗镇	吉林省
本村接受涉农职业教育的人数	人	31.25	33.96	73.36	10.87	0.00	173.21	103.25	96.46	1.36	58.19
本村具有或可以依托的科技特派员	人		0.49		0.99	0.00	0.49	0.49	1.48	4.45	1.20
本村具有或可以依托的科技示范户	户	8.02	5.47		18.96	0.00		1.46	3.28		6.20
本村具有或可以依托的农业专家大院	个		0.00		1.33	4.00	2.67				2.00
本村开展农机推广服务和培训次数	次	6.00	1.00		1.00	3.00	2.00	2.00	2.00		2.43
本村卫生室床位数量	个	2.50	2.00	2.50	2.67	1.67	2.00	2.67	2.00		2.25
本村卫生技术人员	人	1.00	1.00	1.50	1.00	1.67	1.00	1.67	1.00		1.23
其中：获得从业资格的医生	人	1.00	1.00	2.00	1.00	7.01	1.00	1.67	1.00		1.96
本村卫生室医疗人员培训人次	人次	0.12	0.06		1.62	18.83	0.07	0.30		22.32	6.19
本村参加新农合的人数	人	1029.76	1069.61	984.30	2242.80	43.12	1130.07	1850.95	1095.38	244.67	1076.74
本村享受低保的人数	人	7.67	9.00	33.50	51.34	2.00	37.34	144.68	89.01	4.00	42.06
本村五保户人数	人	0.74	1.37	0.47	4.10	13.76	1.05	1.05	0.95	22.06	5.06
本村获得自然灾害救济人数	人	5.89	154.60	3.24	229.69	27.58	16.69	0.59	29.45	20.61	54.26
本村新型农村社会养老保险参保率	%	91.23	92.92	81.09	97.98	81.43	97.98	61.83	70.95	70.95	82.93
本村领取养老金的农村老年居民人数	人	190.33	112.33	108.00	523.34	148.00	183.67	172.00	252.00		211.21

9.5 行政村生态建设

9.5.1 水土气候资源状况

指标名称	单位	沙河沿镇	翰章乡	黄泥河镇	横道河镇	南屯基镇	沙河镇	乌兰花镇	什花道乡	双岗镇	吉林省
截至年底,本村测土配方施肥耕地面积	亩	2541.60	704.30	30.62	2419.11	389.71	950.83	1377.98	229.66	199.04	982.54
截至年底,本村退耕还林面积	亩	300.00	3.83	2251.48	22.67	336.33	135.23	547.50	54.00	350.00	444.56
截至年底,本村退耕还草面积	亩										
截至年底,本村退牧还草面积	亩										
截至年底,本村禁牧还草面积	亩	0.00	0.00		0.00	0.00				12000.00	2400.00
本村绿色农产品种植面积占农作物总播种面积比例	%		1.00		2.50	1.00	20.02				6.13
本村有机农产品种植面积占农作物总播种面积比例	%		0.00		0.00		60.00				20.00
本村无公害农产品种植面积占农作物总播种面积比例	%		0.00		0.00	100.00	20.00				30.00
截至年底,本村有机畜禽产品占畜禽产品总量的比例	%		42.50			100.00	30.00				57.50
截至年底,本村有机水产品占水产品总量的比例	%		30.00								30.00
本村每亩生产用水总量	米³/亩	776.39	0.00		15.53	27.17	241.71	38.82			183.27
本村每亩灌溉用水支出	元/亩	15.60	0.00		102.01	56.00	68.00	127.21			61.47
其中:污水灌溉支出	元/亩										
本村灌溉用水中地表水的比例	%	100.00			80.00	50.00	16.50				61.63

9.5.2 村污染和废弃物处理

指标名称	单位	沙河沿镇	翰章乡	黄泥河镇	横道河镇	南屯基镇	沙河镇	乌兰花镇	什花道乡	双岗镇	吉林省
本村生态环境建设方面的支出	元	9.33	152004.98	6.90	20.80	13.50	100015.32	9.80	50.00		31516.33

指标名称	单位	沙河沿镇	翰章乡	黄泥河镇	横道河镇	南屯基镇	沙河镇	乌兰花镇	什花道乡	双岗镇	吉林省
本村环境管理工作人员人数	人	2.91	2.37	2.27	1.94	3.02	3.89	1.94	11.01		3.67
其中：专职人数	人	0.53	0.79	1.05	1.58	2.89	1.40	0.53	8.93		2.21
兼职人数	人		3.00	5.00		1.00	10.00	5.00			4.80
本村改水受益人数	人	1944.00	0.00			189.75					711.25
本村改厕受益人数	人	1339.41	31.72	29.55		0.00					350.17
本村排污系统个数	个	1.10	1.40	0.04	0.47	0.03	0.09	0.07	0.07		0.41
本村固态粪污弃物所占比例	%	52.07	32.98			65.09	64.43	65.09			55.93
本村液态粪污弃物所占比例	%	30.00	25.50			0.00					18.50
本村畜禽固体粪废弃物直接排入环境比例	%		0.00			0.00	3.00				1.00
本村畜禽固体粪废弃物出售比例	%		4.00			0.00					2.00
本村畜禽固体粪废弃物用于生产沼气比例	%										0.00
本村畜禽固体粪废弃物用作农田肥料还田比例	%	100.00	99.34			100.00	100.00	100.00			99.87
本村畜禽固体粪废弃物其他处理方式比例	%										0.00
本村畜禽污水排入氧化塘处理比例	%										
本村畜禽污水用于灌溉比例	%	100.00	40.00			35.00	50.00				56.25
本村畜禽污水用于生产沼气比例	%										0.00
本村畜禽污水直接排入环境比例	%		51.00			45.00	100.00				65.33
本村畜禽污水其他处理方式比例	%										

9.5.3 生产能源使用

指标名称	单位	沙河沿镇	翰章乡	黄泥河镇	横道河镇	南屯基镇	沙河镇	乌兰花镇	什花道乡	双岗镇	吉林省
本村柴油使用量	升	2337.16	30551.96	1933.67	14073.24	1160.20	193.37	29005.02	11602.01	58010.04	16540.74

（续表）

指标名称	单位	沙河沿镇	翰章乡	黄泥河镇	横道河镇	南屯基镇	沙河镇	乌兰花镇	什花道乡	双岗镇	吉林省
本村汽油使用量	升	338.95	17997.32	299.96	1268.81	99.99	399.94		1499.78	4999.26	3363.00
本村电使用量	千瓦时	29807.85	34368.00	78555.42		47656.96	3927.77	8935.68	117833.13	196388.55	64684.17
本村煤使用量	吨	245.42	265.95	664.88	33.24	243.79	221.63		132.98		258.27
本村秸秆使用量	吨	22.02	15.12	12.96	19.71	16.20	19.77	26.58	6481.95		826.79
本村薪柴使用量	吨	7.00	1700.01	612.00		5.00	221.50	1600.01			690.92
本村沼气使用量	米³										0.00
本村沼气池合计产气量	米³										0.00
本村已有的大型沼气池个数	个										0.00
本村已有的联户沼气池个数	个										0.00
本村已有的户用沼气池个数	个										0.00
本村在用的大型沼气池个数	个										0.00
本村在用的联户沼气池个数	个										0.00
本村在用的户用沼气池个数	个										0.00
本村秸秆过腹还田利用的比例	%	82.99	79.99	50.00		20.00	30.00	15.00			46.33
本村秸秆作为食用菌培养基利用的比例	%										0.00
本村秸秆作为生活燃料利用的比例	%	100.00	5.00		10.00	50.00	32.00	50.00	66.67		44.81
本村秸秆田间焚烧利用的比例	%		0.00		56.85	17.37	30.32		23.16		25.54
本村秸秆出售的比例	%		0.00			3.60	7.21	43.24	7.21		12.25
本村秸秆作为沼气原料利用的比例	%										
本村秸秆其他利用的比例	%		53.33		80.00	0.00	26.67				40.00

10

2018年分乡镇样本的村庄统计

10.1 行政村基本情况

10.1.1 概况

指标名称	单位	沙河沿镇	翰章乡	黄泥河镇	横道河镇	南屯基镇	沙河镇	乌兰花镇	什花道乡	双岗镇	吉林省
本村的自然村数量	个	1.33	1.33	2.00	8.00	6.33	6.33	3.33	3.33	6.67	4.30
本村农户数量	户	252.33	299.67	251.33	523.33	481.33	253.00	404.67	388.33	575.33	381.04
其中：只务农的农户数	户	114.00	104.33	220.33	463.33	245.00	185.33	293.00	293.33	320.00	248.74
完全不务农的农户数	户	36.51	137.08	10.74	34.60	67.29	24.10	69.43	160.10	132.19	74.67
务农兼业农户数	户	66.92	109.87		4.99	112.37	15.98	29.96	33.96	49.94	53.00
不务农兼业农户数	户	35.70	0.00	12.53	6.26	105.84	37.58	12.53		37.58	31.00
其中：有自营工商业农户数	户	21.59	9.45	10.12	6.07	16.70	5.57	9.78	38.46	5.57	13.70
本村人均纯收入	元	12276.00	13695.41	8407.78	10678.84	7191.37	12309.09	4859.25	4507.59	6521.62	8938.55
其中：非农收入	元	762.80	3455.04		1065.68	777.61	886.20	22771.87			4953.20
本村村委会距县政府距离	千米	21.00	11.33	41.67	33.00	9.67	54.67	46.67	32.00	31.67	31.30
本村村委会距乡镇政府距离	千米	3.09	1.83	6.74	5.48	3.65	5.62	10.11	17.13	6.04	6.63
本村村委会距最近的集贸市场距离	千米	3.42	9.65	1.87	2.02	4.05	6.22	9.02	12.14	6.69	6.12
本村村委会距最近的车站、码头距离	千米	0.15	0.69	1.35	1.20	3.00	1.81	12.73	2.47	14.23	4.18

（续表）

指标名称	单位	沙河沿镇	翰章乡	黄泥河镇	横道河镇	南屯基镇	沙河镇	乌兰花镇	什花道乡	双岗镇	吉林省
本村村委会距最近的幼儿园距离	千米	2.45	1.45	1.56	2.45	2.90	4.46	4.69	13.84	4.80	4.29
本村村委会距最近的小学距离	千米	2.31	1.36	1.47	0.88	2.12	3.35	4.40	13.00	4.51	3.71
本村村委会距最近的初中距离	千米	3.18	1.88	6.94	4.34	3.76	5.78	8.38	16.48	10.55	6.81
本村村委会距最近的卫生所（站）距离	千米	0.00	0.48	1.80	2.52	0.24	1.56	3.84	1.20	0.96	1.40
本村村委会距最近的农业生产资料销售点距离	千米	2.78	4.05	9.11	3.04	3.29	5.06	7.34	7.97	5.44	5.34
本村村委会距最近的邮政所距离	千米	3.24	1.91	7.07	3.24	3.83	5.89	8.54	9.28	6.33	5.48

10.1.2 土地、水等资源

指标名称	单位	沙河沿镇	翰章乡	黄泥河镇	横道河镇	南屯基镇	沙河镇	乌兰花镇	什花道乡	双岗镇	吉林省
本村村域土地总面积	亩	1625.15	8979.66	18552.77	23086.60	9533.57	17185.65	24974.88	33829.37	24560.12	18036.42
其中：宅基地面积	亩	12.56	41.67	1650.22	35.69	32.84	41.68	616.93	165.09	185.03	309.08
本村耕地总面积	亩	4624.90	3173.97	3509.86	5549.72	4101.19	3805.11	12589.32	12018.86	10067.39	6604.48
其中：水田总面积	亩	1533.19			996.17	1153.54	897.43				1145.08
水浇地面积	亩	0.00			0.00	2422.97		5843.29	1667.75		1986.80
旱地总面积	亩	1044.48	832.07	738.18	35571.22	1038.94	850.06	2543.76	952.83	3598.91	5241.16
其中：家庭经营的本村耕地面积	亩	3668.24	2737.33	2461.62	4736.83	6355.16	3761.84	9704.08	4977.99	12683.62	5676.30
集体经营的本村耕地面积	亩		45.98		174.17		16.72	731.51		888.27	371.33
合作经营的本村耕地面积	亩	126.39	13.30		226.84		36.83	1808.04			442.28
企业经营的本村耕地面积	亩						15.00				15.00
其他形式经营的本村耕地面积	亩										

（续表）

指标名称	单位	沙河沿镇	翰章乡	黄泥河镇	横道河镇	南屯基镇	沙河镇	乌兰花镇	什花道乡	双岗镇	吉林省
其中：撂荒的本村耕地面积	亩	0.00			29.50			500.00			176.50
本村园地面积（果园、茶园、桑园等）	亩	316.54					270.66				293.60
本村林地面积（包括退耕还林）	亩	1165.52	2256.26	2177.71	8220.61	1035.71	1424.91	8060.83	1023.01	2963.20	3147.53
本村草地面积（包括退耕还草）	亩	52.97	1129.93				9.25	1522.27	7148.34	2983.72	2141.08
本村水面面积（包括鱼塘）	亩	38.53	162.99				9.23				70.25
本村年内新增耕地面积（若减少，则用负数表示）	亩	0.00	0.00	0.00	0.00	0.00	0.00	0.00	0.00	0.00	0.00
本村土地流转面积	亩	1818.96	561.64	0.00	244.18	231.97	466.84		1385.87		672.78
其中：转包	亩	1793.55	553.80		143.16	228.73			732.06		690.26
出租	亩				535.14		540.55		624.33		566.67
互换	亩										
转让	亩										
入股	亩										
抵押	亩										
其他	亩										
本村未开发可以用于农业生产的土地面积	亩	0.00	0.00	0.00	0.00	0.00	0.00	0.00	0.00	0.00	0.00
本村被征用土地面积	亩	0.00	0.00	0.00	0.00	0.00	0.00	0.00	0.00	0.00	0.00
其中：耕地	亩										
其他农用地	亩	0.00	150.00					45.00			65.00
工矿建设用地、村民住宅、道路等建设用地	亩	0.00	0.00	0.00	0.00	0.00	0.00	0.00	0.00	0.00	0.00
本村空闲地、荒山、荒地、荒滩、荒沟等未利用地	亩	0.00	0.00	0.00	0.00	0.00	0.00	0.00	0.00	0.00	0.00
本村农业生产用水单价	元/亩	10.30	0.00	0.00	2.83	0.00	0.00	0.33	0.00	0.00	1.50
本村饮水困难人口比例	%	0.00	0.00	0.00	0.00	0.00	0.00	0.00	0.00	0.00	0.00
本村饮水不安全人口比例	%	0.00	0.00	0.00	0.00	0.00	0.00	0.00	0.00	0.00	0.00

10.1.3 人口、劳动力及就业情况

指标名称	单位	沙河沿镇	翰章乡	黄泥河镇	横道河镇	南屯基镇	沙河镇	乌兰花镇	什花道乡	双岗镇	吉林省
本村总人口	人	823.00	904.33	779.33	1848.67	1655.67	869.67	1386.33	1128.00	1855.33	1250.04
其中：15 岁及以下	人	82.67	120.33	104.33	218.33	264.33	114.00	259.00	84.00	276.33	169.26
16～40 岁	人	92.31	210.10	210.67	690.62	428.42	236.15	461.83	365.27	293.35	332.08
41～60 岁	人	186.93	310.80	236.62	448.33	411.99	272.66	311.10	281.97	348.33	312.08
61 岁及以上	人	109.30	110.62	129.23	251.37	337.87	137.61	187.42	290.56	273.92	203.10
其中：男性人口所占比例	%	57.69	52.38	58.68	50.73	53.38	51.72	58.35	54.70	28.74	51.82
少数民族人口所占比例	%	35.61	0.90	0.53	27.67	21.99	4.29	13.83	0.72	4.26	12.20
其中：不识字或识字很少	人	26.69	48.41	62.11	248.45	98.25	44.64	41.57	33.65	63.77	74.17
小学	人	38.26	140.90	99.66	268.51	261.87	247.21	383.52	321.66	144.34	211.77
初中	人	146.97	440.02	305.34	268.45	609.48	362.33	309.24	205.16	481.41	347.60
高中/技校/职高	人	100.85	66.49	124.50	242.04	188.00	109.07	42.58	124.01	82.92	120.05
大专及以上	人	35.88	33.36	46.58	12.59	130.29	9.65	40.91	9.76	66.72	42.86
其中：留守儿童（父母双方或一方在外打工累计 6 个月以上）	人	2.95	5.90	0.00	9.34	8.85	26.55	13.77	14.42	7.87	9.96
留守老人（全部子女在外累计 6 个月以上的 60 岁以上老人）	人	6.55	3.51	0.00	14.03	13.79	13.33	17.53	47.92	14.03	14.52
留守妇女	人	2.69	6.20	0.00	15.49	76.63	16.94	7.23	24.79	6.20	17.35
本村常住人口（一年在本村居住累计 6 个月以上）	人	454.19	576.92	625.30	1379.60	1248.21	403.73	802.67	656.35	1505.01	850.22
其中：15 岁及以下	人	39.41	31.71	125.80	190.55	230.26	83.57	193.22	53.34	231.15	131.00
16～40 岁	人	121.26	96.95	135.28	497.92	368.08	155.58	208.49	235.95	268.12	231.96
41～60 岁	人	105.51	230.17	129.52	445.50	245.55	118.73	203.72	165.41	407.18	227.92
61 岁以上	人	140.30	72.23	111.28	326.63	267.86	44.07	135.16	142.01	314.75	172.70
本村劳动力（男 16～60 岁，女 16～55 岁）总数	人	338.11	582.80	355.21	948.87	702.19	546.95	493.02	581.16	1174.16	635.83

(续表)

指标名称	单位	沙河沿镇	翰章乡	黄泥河镇	横道河镇	南屯基镇	沙河镇	乌兰花镇	什花道乡	双岗镇	吉林省
其中：常年（累计6个月以上）外出务工人数	人	143.27	249.35	107.45	354.52	177.41	141.44	356.34	209.42	173.75	212.55
外出务工劳动力返乡创业的人数	人	0.39	0.52	0.00	0.13	0.35	0.46	0.52	29.79	1.95	3.79
其中：第一产业从业人员人数（农业）	人	161.62	131.24	330.91	437.12	411.34	168.13	500.19	240.52	1225.58	400.74
第二产业从业人员人数（工业）	人	76.61	58.46		183.40	142.13	85.28	178.26			120.69
第三产业从业人员人数（商业与服务业）	人	41.56	288.21		79.43	109.68	49.67	70.08	4.43	338.62	122.71
举家外出户数	户	6.44	44.05	20.02	15.02	18.59	15.02	22.74	48.06	18.24	23.13
本地短期雇工工资	元/天	122.88	110.27	141.78	126.03	110.27	94.52	127.60	122.88	141.78	122.00

10.2 行政村经济发展

10.2.1 经济发展水平

指标名称	单位	沙河沿镇	翰章乡	黄泥河镇	横道河镇	南屯基镇	沙河镇	乌兰花镇	什花道乡	双岗镇	吉林省
本村农业经营总收入	万元	811.30	836.24	2078.47	1207.06	363.73	623.08	476.32	2069.24	138.56	956.00
其中：种植业收入	万元	629.73	306.67	2201.00	792.77	348.49	535.94	446.07	213.99	146.73	624.60
畜牧业收入	万元	7.22	100.00		23.79	8.02	486.99	9.78	24.86		94.38
渔业收入	万元		7.23				26.77				17.00
林业收入	万元				45.57		7.16	9.30		65.09	31.78
本村工业收入	万元	186.32	163.96		315.26	74.53		11.18	13.04	55.90	117.17
其中：建筑业收入	万元		10.62		37.44	8.85	794.18	0.53	1.55	6.64	122.83

（续表）

指标名称	单位	沙河沿镇	翰章乡	黄泥河镇	横道河镇	南屯基镇	沙河镇	乌兰花镇	什花道乡	双岗镇	吉林省
本村第三产业收入（指商业、餐饮业等收入）	万元	74.74	128.27	0.39	254.57	49.34	239.77	8.63	5.92	19.73	86.82

10.2.2 农业发展

10.2.2.1 种植业生产

（1）稻谷

指标名称	单位	沙河沿镇	翰章乡	黄泥河镇	横道河镇	南屯基镇	沙河镇	乌兰花镇	什花道乡	双岗镇	吉林省
播种面积或园地种植面积	亩	1540.46			1501.34	550.16	901.68				1123.41
总产量	千克	1772849.33			343610.43	77360.70	58093.54				562978.5

（2）大豆

指标名称	单位	沙河沿镇	翰章乡	黄泥河镇	横道河镇	南屯基镇	沙河镇	乌兰花镇	什花道乡	双岗镇	吉林省
播种面积或园地种植面积	亩	1650.00	2880.00	3067.50	80.00		67.00			150.00	1315.75
总产量	千克	275000.00	900000.00	566875.00	9150.00		17200.00			15000.00	297204.17

（3）玉米

指标名称	单位	沙河沿镇	翰章乡	黄泥河镇	横道河镇	南屯基镇	沙河镇	乌兰花镇	什花道乡	双岗镇	吉林省
播种面积或园地种植面积	亩	2396.18	1138.68	1564.45	4488.38	4771.45	3503.94	8229.84	2640.41	8214.83	4105.35
总产量	千克	5822814.65	135258.62	517740.76	2745182.09	1696023.97	683616.61	1329052.52	1107466.86	2479562.93	1835191.00

10.2.2.2 种植业现代化程度

指标名称	单位	沙河沿镇	翰章乡	黄泥河镇	横道河镇	南屯基镇	沙河镇	乌兰花镇	什花道乡	双岗镇	吉林省
本村有效灌溉面积	亩	227.87			148.05		6892.45	1033.00	530.48	1953.15	1797.50
其中：机电灌溉面积	亩						3440.77	765.64	467.10	409.56	1270.77
喷灌面积	亩							1800.28	393.50	56.21	750.00
滴灌渗灌面积	亩				193.37			187.37	487.16	1517.70	596.40

(续表)

指标名称	单位	沙河沿镇	翰章乡	黄泥河镇	横道河镇	南屯基镇	沙河镇	乌兰花镇	什花道乡	双岗镇	吉林省
本村机耕面积	亩	4763.42	1958.47	2592.23	2519.44	2478.28	822.60	13595.87	1696.73	439.89	3429.66
本村机播面积	亩	3674.81	1510.89		48.48	484.80	64.96	7579.91	1393.81	11392.89	3268.82
本村机收面积	亩	2966.99	1254.12		383.87	432.83	234.37	6186.53	1721.86	11343.99	3065.57
截至年底本村累计农用机械总动力	千瓦	4199.60			1417.42	5183.70	13348.02		34738.86	10124.41	11502.00
截至年底本村发展设施农业的温室和大棚总面积	亩	15.00	40.00		0.00				120.00		43.75
其中：温室面积（有调节温度设备）	亩		15.00		0.00						7.50
大棚面积（无调节温度设备，跨度≥5.9米）	亩	15.00			0.00						7.50
中小棚面积（无调节温度设备，跨度＜5.9米）	亩		12.00		0.00						6.00
其中：种植蔬菜的温室和大棚面积	亩	15.00	2.00		0.00						5.67
种植水果的温室和大棚面积	亩	0.00	0.00	0.00	0.00	0.00	0.00	0.00	0.00	0.00	0.00
种植苗木花卉的温室和大棚面积	亩	0.00	0.00	0.00	0.00	0.00	0.00	0.00	0.00	0.00	0.00

10.2.2.3 畜牧业生产

（1）生猪

指标名称	单位	沙河沿镇	翰章乡	黄泥河镇	横道河镇	南屯基镇	沙河镇	乌兰花镇	什花道乡	双岗镇	吉林省
年底存栏	头	39.11	260.71	73.87	434.51	281.35	318.28	325.89	228.12	293.30	250.57
年底能繁母畜存栏	头	5.82	116.49	1.94	58.24	53.39	245.60	102.90	4.85	9.71	66.55
出栏或产量	头	45.36	151.21	50.40	378.03	257.06	2233.51	63.00	4410.31	189.01	864.21

（2）肉牛

指标名称	单位	沙河沿镇	翰章乡	黄泥河镇	横道河镇	南屯基镇	沙河镇	乌兰花镇	什花道乡	双岗镇	吉林省
年底存栏	头	134.57	919.87	60.47	489.46	24.36	74.27	34.24	81.20	71.55	210.00
年底能繁母畜（或产奶牛）存栏	头	122.77	671.55	41.97	102.83	13.01	90.03	19.94	79.75		142.73
出栏或产量	头	76.33	819.16	55.85	78.19	67.39	214.84	35.37	65.78	18.62	159.06

（3）肉羊

指标名称	单位	沙河沿镇	翰章乡	黄泥河镇	横道河镇	南屯基镇	沙河镇	乌兰花镇	什花道乡	双岗镇	吉林省
年底存栏	只		195.92		97.96		587.76	1175.51	832.65	2938.78	971.43
年底能繁母畜存栏	只		83.33		83.33		30.00	958.33	625.00		356.00
出栏或产量	只		78.11		31.24		62.49	624.88	214.80	558.49	261.67

（4）肉鸡

指标名称	单位	沙河沿镇	翰章乡	黄泥河镇	横道河镇	南屯基镇	沙河镇	乌兰花镇	什花道乡	双岗镇	吉林省
年底存栏	只	456.70	4110.32			776.39		1826.81	4201.66	456.70	1971.43
年底能繁母禽（或产蛋禽）存栏	只					150.00		750.00			450.00
出栏或产量	只	359.79				503.70		719.57		359.79	485.71

10.2.2.4 畜牧业标准化程度

指标名称	单位	沙河沿镇	翰章乡	黄泥河镇	横道河镇	南屯基镇	沙河镇	乌兰花镇	什花道乡	双岗镇	吉林省
年底本村养殖场占地面积	亩	15.73	104.86		19.34	1.40	4.24	78.65			37.37
其中：标准化养殖场占地面积	亩		46.54		7.76	1.03	2.79	38.78			19.38
年底本村兽医与防疫员人数合计	人	1.00	1.00	1.00	1.50	1.00	1.00	1.00	1.50	2.25	1.25

10.2.3 农民专业合作社（指在工商部门正式登记注册的合作社，不包括民政部门批准的协会）

指标名称	单位	沙河沿镇	翰章乡	黄泥河镇	横道河镇	南屯基镇	沙河镇	乌兰花镇	什花道乡	双岗镇	吉林省
年底本村的农民专业合作社个数	个	2.10	10.15	2.10	3.15	5.78	2.10	8.40	6.65	3.68	4.90

（续表）

指标名称	单位	沙河沿镇	翰章乡	黄泥河镇	横道河镇	南屯基镇	沙河镇	乌兰花镇	什花道乡	双岗镇	吉林省
年底本村入社总户数	户	16.56	29.10	27.60	93.66	87.81	24.08	118.41	105.37	165.58	74.24
年底本村示范合作社个数	个	2.25	0.50		1.00		1.00	1.00	1.00	1.00	1.11
其中：国家级示范合作社个数	个								1.00		1.00
省级示范合作社个数	个						1.00	1.00	1.00	1.00	1.00
截至年底，本村实现"农超对接"的合作社个数	个	0.00	0.00	0.00	0.00	0.00	0.00	0.00	0.00	0.00	0.00
截至年底，本村农产品对外出口的合作社个数（不包括经企业间接出口的情况）	个	0.00	0.00	0.00	0.00	0.00	0.00	0.00	0.00	0.00	0.00
本村获得优惠贷款的合作社个数	个	1.00							1.00		1.00
本村合作社获得各级政府财政补贴总额	元				75000.07			306000.28	600000.55		327000.30
其中：国家级补贴额	元										
省级补贴额	元				50000.00			100000.00			75000.00
地市级补贴额	元										
县级补贴额	元				50000.00						50000.00
年底本村合作社拥有注册商标数	个	3.00					1.00	7.00	10.00	10.00	6.20
其中：省级及以上知名商标数	个								1.00		1.00

10.2.4 行政村集体经济

10.2.4.1 本村集体资产与债权

指标名称	单位	沙河沿镇	翰章乡	黄泥河镇	横道河镇	南屯基镇	沙河镇	乌兰花镇	什花道乡	双岗镇	吉林省
年底本村集体资产总额	万元		843.18	102.59	272.83	169.60	287.40	414.54	65.81	24.05	272.50

（续表）

指标名称	单位	沙河沿镇	翰章乡	黄泥河镇	横道河镇	南屯基镇	沙河镇	乌兰花镇	什花道乡	双岗镇	吉林省
年底本村集体存有生产性固定资产总额	万元	58.52	32.01	198.43	15.09	107.91	270.22	51.21		104.77
其中：村委会管理的资产数额	万元	70.03	14.45	276.27	11.93	56.10	213.57	25.66		95.43
本村集体固定投资完成额	万元	2.29	16.00			8.23	89.49			29.00
其中：农田水利建设投资完成额	万元	0.41			0.12	0.82	31.65			8.25
年底本村集体债权总额	万元	126.19	10.66	636.53	138.62	0.58	44.02		34.75	141.62

10.2.4.2 本村收入

指标名称	单位	沙河沿镇	翰章乡	黄泥河镇	横道河镇	南屯基镇	沙河镇	乌兰花镇	什花道乡	双岗镇	吉林省
本村经营收入	元	127412.53	36944.23	148677.99	162104.06	11263.48	90107.87	216258.89		180215.74	121623.10
本村发包收入（指水面、山林、"四荒"、集体土地发包收入等）	元	147626.02	50100.02	27662.59	72257.30	15368.11	59341.33	138312.95	71753.68		72802.75
本村转移性收入（即补助收入，不包括上级政府拨给农民种粮补贴、良种补贴、农机补贴等收入）	元		22689.50	36595.96	33765.88	38718.53	522803.36	29276.77			113975.00
其中：上级政府拨款转移性收入	元		349034.60	137055.47	13705.55	146192.50		109644.38			151126.50
计划生育罚款收入（指留在本村支配使用的罚款收入，非本村支配的不计）	元	0.00	0.00	0.00	0.00	0.00	0.00	0.00	0.00	0.00	0.00
其他罚款收入	元	0.00	0.00	0.00	0.00	0.00	0.00	0.00	0.00	0.00	0.00
出卖土地收入	元										
出卖企业收入	元	0.00	0.00	0.00	0.00	0.00	0.00	0.00	0.00	0.00	0.00
出卖其他资产收入（包括树林、房屋等）	元	0.00	0.00	0.00	0.00	0.00	0.00	0.00	0.00	0.00	0.00
其他收入	元		117647.06					2352.94			60000.00

10.2.4.3 本村支出

指标名称	单位	沙河沿镇	翰章乡	黄泥河镇	横道河镇	南屯基镇	沙河镇	乌兰花镇	什花道乡	双岗镇	吉林省
专职干部与管理人员工资与补贴	元	120719.77	97612.52	72199.61	97127.49	72401.57	85417.69	70684.93	48498.95	84821.92	83276.05

(续表)

指标名称	单位	沙河沿镇	翰章乡	黄泥河镇	横道河镇	南屯基镇	沙河镇	乌兰花镇	什花道乡	双岗镇	吉林省
其他人员工资与补贴（非专职人员等）	元	824.38	1360.23		28958.06	24937.55	6520.86	16487.63	4946.29		12005.00
公共服务支出（运转和管理费用，不包括建设投资和大型维修）	元	14400.79	224012.28	48002.63	19281.06	40402.21	46061.19	40002.19	71803.94	80004.38	64885.63
其中：道路维修支出	元	4687.38	23436.90	34374.12	15585.54	42577.04	44803.55	70310.71	9374.76		30643.75
灌溉设施维修支出	元	6000.00	0.00		2000.00		9000.00				4250.00
环境卫生支出	元	21575.47	29392.67	25640.41	30956.11	15321.71	15384.25	37522.55	72610.83		31050.50
基础设施修缮支出（含电力、通信、办公楼等修缮费）	元	1075.31	26882.68	57797.75	5161.47	940.89		5376.54	44087.59		20188.89
教育文化和医疗卫生支出	元	8000.00		4725.00	400.00		72000.00	500.00			17125.00
治安支出	元				200.00			500.00			350.00
社会福利和保障支出	元				200.00		5000.00	5000.00			3400.00
其他公共服务支出	元		33000.00	20000.00	200.00		4232.00				14358.00
本村其他支出	元				100.00			5000.00			2550.00

10.2.4.4 本村债务

指标名称	单位	沙河沿镇	翰章乡	黄泥河镇	横道河镇	南屯基镇	沙河镇	乌兰花镇	什花道乡	双岗镇	吉林省
截至年底，本村累计债务总额	元	511843.31	400700.19		416786.69	467606.52	160865.04	1098635.10		146240.95	457525.40
其中：欠上级政府	元				230000.00		30000.00	50000.00			103333.30
欠信用社贷款本金	元					66311.24	181893.90	63662.86			103956.00
欠信用社贷款利息	元										

（续表）

指标名称	单位	沙河沿镇	翰章乡	黄泥河镇	横道河镇	南屯基镇	沙河镇	乌兰花镇	什花道乡	双岗镇	吉林省
欠村镇银行贷款本金	元							15000.00			15000.00
欠村镇银行贷款利息	元										
欠中国农业发展银行贷款本金	元							50000.00			50000.00
欠中国农业发展银行贷款利息	元										
欠其他商业银行贷款本金	元										
欠其他商业银行贷款利息	元										
欠单位或个人拆借款本金	元	271944.60		168724.75	496993.65	24812.46	302712.06			24812.46	215000.00
欠单位或个人拆借款利息	元	959.30					71947.67			9593.02	27500.00
欠工程款	元						349999.95			116666.65	233333.30
其他	元										
本村新增负债总额	元						25000.00				25000.00

10.3 行政村村庄治理

10.3.1 村两委会概况

指标名称	单位	沙河沿镇	翰章乡	黄泥河镇	横道河镇	南屯基镇	沙河镇	乌兰花镇	什花道乡	双岗镇	吉林省
本村党支部委员会委员的总人数	人	3.54	2.90	2.90	3.86	4.50	4.83	2.90	6.44	4.50	4.04
本村党支部委员会委员的平均年龄	岁	49.70	51.31	43.57	48.80	51.96	51.89	49.86	50.99	52.28	50.04
本村党支部委员会委员平均受教育年限	年	10.00	7.67	10.33	9.33	9.00	8.33	9.00	8.33	9.00	9.00
现任村党支部书记受教育年限	年	8.79	8.79	12.05	11.07	9.77	8.79	11.07	8.14	9.44	9.77

(续表)

指标名称	单位	沙河沿镇	翰章乡	黄泥河镇	横道河镇	南屯基镇	沙河镇	乌兰花镇	什花道乡	双岗镇	吉林省
本村村民委员会委员的总人数	人	4.75	4.75	4.75	4.75	4.75	2.85	3.48	6.01	4.43	4.50
本村村民委员会委员的平均年龄	岁	45.93	48.18	44.61	49.07	48.58	51.22	47.92	46.59	50.89	48.11
本村村民委员会委员平均受教育年限	年	9.00	7.67	10.33	9.00	9.67	9.33	9.00	8.33	9.00	9.04
现任村民委员会主任受教育年限	年	8.74	7.44	12.14	12.62	9.71	8.25	8.74	7.77	8.74	9.35

10.3.2 基层党组织建设发展

指标名称	单位	沙河沿镇	翰章乡	黄泥河镇	横道河镇	南屯基镇	沙河镇	乌兰花镇	什花道乡	双岗镇	吉林省
本村党员的总人数	人	30.35	26.48	23.57	30.03	26.16	19.37	29.06	32.29	39.72	28.56
其中：50岁以上的党员	人	18.23	14.32	14.00	21.16	13.35	8.14	14.32	18.88	20.51	15.88
30岁以下的党员	人	3.60	3.24	1.08	6.84	9.36	0.36	1.08	13.32	0.00	4.32
其中：高中及以上文化程度	人	6.24	8.32	10.75	16.30	4.16	2.08	3.12	4.51	10.40	7.32
初中及以下文化程度	人	21.44	19.74	17.87	19.06	9.70	14.80	22.46	25.52	20.42	19.00
本村本年提交入党申请书的人数	人	3.33	4.33	3.33	2.00	2.67	1.00	7.00	3.33		3.38
本村本年发展党员人数	人	0.70	0.70	1.06	0.00	1.41	1.06	1.06	1.06	1.06	0.90

10.3.3 一事一议

指标名称	单位	沙河沿镇	翰章乡	黄泥河镇	横道河镇	南屯基镇	沙河镇	乌兰花镇	什花道乡	双岗镇	吉林省
本村本年举行公共投资和基本建设一事一议的次数	次	7.76				0.97	1.94	1.94	3.88		3.30
其中：成功的次数	次	8.06				1.08	2.15	2.15	3.76		3.44
本村本年举行非基本建设一事一议的次数	次	2.70				1.20	1.80	3.60	1.80		2.22
本村本年需要筹资的一事一议次数	次				0.75				0.37		0.56

10.3.4 村庄管理及其他

指标名称	单位	沙河沿镇	翰章乡	黄泥河镇	横道河镇	南屯基镇	沙河镇	乌兰花镇	什花道乡	双岗镇	吉林省
村务监督委员会成员数量	人	3.00	3.00	3.00	3.00	3.00	3.00	3.00	3.00	3.00	3.00

(续表)

指标名称	单位	沙河沿镇	翰章乡	黄泥河镇	横道河镇	南屯基镇	沙河镇	乌兰花镇	什花道乡	双岗镇	吉林省
县乡组织村干部召开会议(不包括选举方面的会议)次数	次	20.08	9.51	37.84	4.85	36.87	5.24	5.82	3.88	9.12	14.80
县乡给村里下发红头文件的数量	个	22.16	14.45		8.35	7.71	4.82	14.93	5.78	10.60	11.10
土地纠纷中：宅基地纠纷数量	起	0.00	0.33	0.50	0.67	0.50	1.00	2.50	2.00	0.00	0.83
农村土地经营权纠纷数量	起	0.93	1.23	1.85	0.31	7.86	2.31	3.24	1.85	1.39	2.33

10.4 行政村社会发展

10.4.1 农村公共设施

指标名称	单位	沙河沿镇	翰章乡	黄泥河镇	横道河镇	南屯基镇	沙河镇	乌兰花镇	什花道乡	双岗镇	吉林省
本村商店个数	个	6.00	2.33	2.67	8.00	9.00	5.67	4.33	4.33	4.33	5.19
本村集贸市场个数	个	0.15	0.00	0.00	0.30	0.00	0.00	0.00	0.15	0.75	0.15
本村道路硬化比例	%	95.00	100.00	62.20	85.00	99.33	85.00	95.00	64.50	70.00	84.00
本村水库、池塘个数	个	3.35	8.38	2.23	1.12	1.12	1.86	0.00			2.58
其中：病险水库、池塘个数	个	1.70	1.14			0.00	0.00				0.71
本村水库容量	万米³	254.11	211.92		203.28	10.16	53.87				146.67
本村池塘总容量	万米³	97.68	146.52		4.88	151.40	195.36				119.17
本村小水窖数量	口	0.00	0.00	0.00	0.00	0.00	0.00	0.00	0.00	0.00	0.00
本村小水窖合计储水量	米³	0.00	0.00	0.00	0.00	0.00	0.00	0.00	0.00	0.00	0.00
本村自来水普及率	%	100.00	100.00	100.00	90.10	31.67	95.00	95.00	100.00	100.00	90.20
本村自来水单价	元/米³	0.00	0.70	1.76	0.04		0.16	1.06	0.00	0.37	0.51
本村断电天数	天	1.99	6.26	17.08	1.28	4.27	4.70	4.84	7.26	4.33	5.78
本村农用电价格	元/千瓦时	0.51	0.52	0.53	0.69	0.51	0.57	0.53	0.54	0.53	0.55
本村天然气、液化气普及率	%	61.49	86.09	69.18	46.12	52.11	6.00	92.23			59.03
本村电话普及率(包括固定电话与手机)	部/100人	94.45	92.79	89.47	92.79	89.81	89.47	94.45	85.17	91.96	91.15

(续表)

指标名称	单位	沙河沿镇	翰章乡	黄泥河镇	横道河镇	南屯基镇	沙河镇	乌兰花镇	什花道乡	双岗镇	吉林省
本村接入互联网的户数比例	%	50.41	65.23	56.34	83.02	41.51	41.51	24.46	17.79	62.27	49.17
本村安装有线电视的户数比例	%	100.00	93.00	100.00	96.67	76.67	85.67	100.00	68.15	94.00	90.46
本村完成农村困难家庭危房改造户数	户	0.33	0.00	0.99	1.97	1.32	4.60	11.84	9.86	9.86	4.53
本村年底农村困难家庭危房户数	户	0.40	0.00		0.00	4.83	6.04	2.48	2.42		2.31
本村人畜混居的农户数	户				1.08						1.08
本村卫生厕所普及率	%	7.96	48.72	59.66	28.09		32.29	39.15	70.85	29.83	39.57
本村属于生态移民搬迁的农户数	户	0.00	1.23	2.45	0.00	0.00	0.00		0.00	0.00	0.46
本村垃圾集中堆放点数量	处	2.46	2.15	3.23	1.23	3.38	4.00	10.14	4.61		3.90
本村农村生活公共设施投资额	元	150713.37	46416.47		9892.98		51938.15	55648.01		55648.01	61709.50
其中：村集体投资额	元				4686.43		3808.31	35148.22		5858.04	12375.25
本村农业生产基础设施投资额	元	33412.48	30842.29		53989.42	23131.71	51403.81	79470.29			45375.00
其中：村集体投资额	元		63097.23		1402.16	15774.31	3154.86				20857.14

10.4.2 农村科教文卫体公共服务

指标名称	单位	沙河沿镇	翰章乡	黄泥河镇	横道河镇	南屯基镇	沙河镇	乌兰花镇	什花道乡	双岗镇	吉林省
本村接受涉农职业教育的人数	人	44.79	52.42	85.77	117.46		79.82	35.74	23.59	107.22	68.35
本村具有或可以依托的科技特派员	人		0.00	1.00	2.00		1.00		1.00		1.00
本村具有或可以依托的科技示范户	户	1.00	2.67		3.00	10.00	7.15	5.00	2.00		4.40
本村具有或可以依托的农业专家大院	个		0.00		3.00		1.00				1.33
本村开展农机推广服务和培训次数	次	4.79	2.21	2.21	3.31	1.10	3.31	2.21	2.21		2.67

（续表）

指标名称	单位	沙河沿镇	翰章乡	黄泥河镇	横道河镇	南屯基镇	沙河镇	乌兰花镇	什花道乡	双岗镇	吉林省
本村卫生室床位数量	个	1.33	2.00	2.00	2.33	3.00	2.60	2.50	2.00	2.50	2.25
本村卫生技术人员	人	0.67	1.00	1.50	1.00	1.00	1.00	1.20	1.00	1.00	1.04
其中：获得从业资格的医生	人	0.67	1.00	1.50	1.00	1.00	1.00	1.00	1.55		1.09
本村卫生室医疗人员培训人次	人次	6.36	10.50	4.56	17.69	8.29	2.76	12.85	3.32		8.29
本村参加新农合的人数	人	716.33	707.53	715.35	1584.93	1401.69	787.74	1300.94	1005.54	1840.88	1117.88
本村享受低保的人数	人	8.39	6.71	27.12	35.79	34.95	32.72	104.58	39.43	146.80	48.50
本村五保户人数	人	3.00	4.67	2.33	14.00	4.00	3.50	7.00	4.50	5.00	5.33
本村获得自然灾害救济人数	人	25.94		60.47		11.81	36.98		105.15		48.07
本村新型农村社会养老保险参保率	%	88.38	89.36	81.83	76.92	88.38	85.16	44.19	98.20	78.56	81.22
本村领取养老金的农村老年居民人数	人	309.83	142.15	196.56	439.76	195.45	184.72	202.11	173.24	88.84	214.74

10.5 行政村生态建设

10.5.1 水土气候资源状况

指标名称	单位	沙河沿镇	翰章乡	黄泥河镇	横道河镇	南屯基镇	沙河镇	乌兰花镇	什花道乡	双岗镇	吉林省
截至年底，本村测土配方施肥耕地面积	亩	846.53	303.08		865.24	313.53	1761.21	751.69	303.08	235.15	672.44
截至年底，本村退耕还林面积	亩	103.43	11.03	258.56	109.06	159.45	1365.80	54.73	15.51	77.57	239.46
截至年底，本村退耕还草面积	亩	0.00	0.00	0.00	0.00	0.00	0.00	0.00	0.00	0.00	0.00
截至年底，本村退牧还草面积	亩	0.00	0.00	0.00	0.00	0.00	0.00	0.00	0.00	0.00	0.00
截至年底，本村禁牧还草面积	亩	0.00	0.00	0.00	0.00	0.00	0.00	0.00	0.00	0.00	0.00
本村绿色农产品种植面积占农作物总播种面积比例	%		5.71						34.29		20.00
本村有机农产品种植面积占农作物总播种面积比例	%		0.00						35.00		17.50

(续表)

指标名称	单位	沙河沿镇	翰章乡	黄泥河镇	横道河镇	南屯基镇	沙河镇	乌兰花镇	什花道乡	双岗镇	吉林省
本村无公害农产品种植面积占农作物总播种面积比例	%		0.00				90.00		20.00		36.67
截至年底，本村有机畜禽产品占畜禽产品总量的比例	%		52.13	10.43			58.65				40.40
截至年底，本村有机水产品占水产品总量的比例	%		80.00				0.00				40.00
本村每亩生产用水总量	米³/亩	12.28		61.39		194.00	39.29				76.74
本村每亩灌溉用水支出	元/亩	47.88									47.88
其中：污水灌溉支出	元/亩			2.73		1.45	0.45		0.36		1.25
本村灌溉用水中地表水的比例	%	75.33		37.67							56.50

10.5.2 村污染和废弃物处理

指标名称	单位	沙河沿镇	翰章乡	黄泥河镇	横道河镇	南屯基镇	沙河镇	乌兰花镇	什花道乡	双岗镇	吉林省
本村生态环境建设方面的支出	元	85732.58	14530.95		10656.03	19980.05	29061.89	19980.05	62083.46		34575.00
本村环境管理工作人员人数	人	1.47	1.18	2.21	5.30	5.60	5.01	5.01	3.24	6.18	3.91
其中：专职人数	人	1.26	0.84	2.10	3.35	4.47	1.96	3.35	4.19		2.69
兼职人数	人	2.00	4.80		5.00	3.00	10.00	5.00	0.00	7.00	4.60
本村改水受益人数	人	210.75	696.12		1131.01	44.37	774.15		2394.86	1468.74	960.00
本村改厕受益人数	人		182.19	55.87	733.78		392.74		506.42		374.20
本村排污系统个数	个	0.70	0.53	0.00		0.53	0.00	0.53			0.38
本村固态粪污弃物所占比例	%				18.40		91.10				54.75
本村液态粪污弃物所占比例	%				20.00						20.00
本村畜禽固体粪废弃物直接排入环境比例	%			22.67	11.33						17.00
本村畜禽固体粪废弃物出售比例	%				15.00						15.00
本村畜禽固体粪废弃物用于生产沼气比例	%	0.00	0.00	0.00	0.00	0.00	0.00	0.00	0.00	0.00	0.00

(续表)

指标名称	单位	沙河沿镇	翰章乡	黄泥河镇	横道河镇	南屯基镇	沙河镇	乌兰花镇	什花道乡	双岗镇	吉林省
本村畜禽固体粪废弃物用作农田肥料还田比例	%	100.00	100.00		63.65	100.00	100.00				92.73
本村畜禽固体粪废弃物其他处理方式比例	%	0.00	0.00	0.00	0.00	0.00	0.00	0.00	0.00	0.00	0.00
本村畜禽污水排入氧化塘处理比例	%										
本村畜禽污水用于灌溉比例	%				20.00		100.00				60.00
本村畜禽污水用于生产沼气比例	%										
本村畜禽污水直接排入环境比例	%				40.00		100.00				70.00
本村畜禽污水其他处理方式比例	%										

10.5.3 生产能源使用

指标名称	单位	沙河沿镇	翰章乡	黄泥河镇	横道河镇	南屯基镇	沙河镇	乌兰花镇	什花道乡	双岗镇	吉林省
本村柴油使用量	升	24093.49	17264.44		29579.75	6138.47	5025.87	8402.03	72673.72		23311.11
本村汽油使用量	升	1042.88	6952.51		8012.77	2259.57	204.23	52.14	6187.73		3530.26
本村电使用量	千瓦时	45000.00	56711.00		40000.00	200000.00	44471.00	500.00	55000.00		63097.43
本村煤使用量	吨	22.10	44.20		33.30	44.20			627.69		154.30
本村秸秆使用量	吨	292.19	180.76		1263.84	990.47			495.24		644.50
本村薪柴使用量	吨	355.00	895.00		1000.00						750.00
本村沼气使用量	米^3	0.00	0.00	0.00	0.00	0.00	0.00	0.00	0.00	0.00	0.00
本村沼气池合计产气量	米^3	0.00	0.00	0.00	0.00	0.00	0.00	0.00	0.00	0.00	0.00
本村已有的大型沼气池个数	个	0.00	0.00	0.00	0.00	0.00	0.00	0.00	0.00	0.00	0.00
本村已有的联户沼气池个数	个	0.00	0.00	0.00	0.00	0.00	0.00	0.00	0.00	0.00	0.00
本村已有的户用沼气池个数	个	0.00	0.00	0.00	0.00	0.00	0.00	0.00	0.00	0.00	0.00
本村在用的大型沼气池个数	个	0.00	0.00	0.00	0.00	0.00	0.00	0.00	0.00	0.00	0.00

(续表)

指标名称	单位	沙河沿镇	翰章乡	黄泥河镇	横道河镇	南屯基镇	沙河镇	乌兰花镇	什花道乡	双岗镇	吉林省
本村在用的联户沼气池个数	个	0.00	0.00	0.00	0.00	0.00	0.00	0.00	0.00	0.00	0.00
本村在用的户用沼气池个数	个	0.00	0.00	0.00	0.00	0.00	0.00	0.00	0.00	0.00	0.00
本村秸秆过腹还田利用的比例	%	37.21	87.95		50.74	15.22	22.83	71.04			47.50
本村秸秆作为食用菌培养基利用的比例	%	0.00	0.00	0.00	0.00	0.00	0.00	0.00	0.00	0.00	0.00
本村秸秆作为生活燃料利用的比例	%	20.00	5.00		42.50	55.00	30.33		100.00		39.18
本村秸秆田间焚烧利用的比例	%				11.67	17.50	48.00		20.00		26.00
本村秸秆出售的比例	%					12.50	10.00	30.00			15.00
本村秸秆作为沼气原料利用的比例	%										
本村秸秆其他利用的比例	%		35.00								35.00

11

2017年分乡镇样本的村庄统计

11.1 行政村基本情况

11.1.1 概况

指标名称	单位	沙河沿镇	翰章乡	黄泥河镇	横道河镇	南屯基镇	沙河镇	乌兰花镇	什花道乡	双岗镇	吉林省
本村的自然村数量	个	1.33	1.33	2.00	8.33	6.33	6.33	2.33	4.33	6.00	4.26
本村农户数量	户	255.00	301.66	271.00	523.33	480.00	227.00	362.66	352.66	481.00	361.59
其中：只务农的农户数	户	167.50	126.69	224.10	426.48	348.49	211.27	283.00	238.25	329.07	261.65
完全不务农的农户数	户	55.11	111.10	13.12	62.40	60.80	10.50	43.45	94.77	96.23	60.83
务农兼业农户数	户	26.16	84.39		46.41	68.35	5.49	15.61		29.53	39.42
不务农兼业农户数	户	3.56			21.39	49.90	1.43	4.99		15.33	16.10
其中：有自营工商业农户数	户	1.49	8.30	3.49	7.64	13.45	2.66	7.47	3.99	8.47	6.33
本村人均纯收入	元	10501.84	7613.83	10402.76	10371.72	10623.20	11815.89	4128.08	3484.10	5696.75	8293.13
其中：非农收入	元		7355.68	1871.08	935.54		2541.55	1403.31			2821.43
本村村委会距县政府距离	千米	18.00	11.33	41.66	48.33	9.00	54.66	48.33	26.67	24.17	31.35
本村村委会距乡镇政府距离	千米	4.77	2.02	6.93	5.49	3.90	6.93	11.85	17.63	7.08	7.40
本村村委会距最近的集贸市场距离	千米	5.52	9.44	1.67	2.34	4.52	8.03	9.71	10.04	3.35	6.07
本村村委会距最近的车站、码头距离	千米	0.44	4.10	0.66	1.46	4.17	1.61	12.58	11.12	8.41	4.95

(续表)

指标名称	单位	沙河沿镇	翰章乡	黄泥河镇	横道河镇	南屯基镇	沙河镇	乌兰花镇	什花道乡	双岗镇	吉林省
本村村委会距最近的幼儿园距离	千米	3.46	1.47	1.26	2.31	3.31	5.04	4.41	13.02	5.14	4.38
本村村委会距最近的小学距离	千米	3.12	1.32	1.14	0.04	2.01	4.54	5.49	11.73	4.64	3.78
本村村委会距最近的初中距离	千米	4.83	2.05	1.97	5.47	3.95	7.02	8.48	18.13	11.55	7.05
本村村委会距最近的卫生所（站）距离	千米	0.06	0.20	0.12	0.01	0.41	0.12	1.26	3.22	0.20	0.62
本村村委会距最近的农业生产资料销售点距离	千米	4.69	1.99	1.42	2.13	3.84	5.15	8.25	8.82	5.55	4.65
本村村委会距最近的邮政所距离	千米	5.71	2.42	2.34	6.40	5.45	8.31	10.04	10.73	6.75	6.46

11.1.2 土地、水等资源

指标名称	单位	沙河沿镇	翰章乡	黄泥河镇	横道河镇	南屯基镇	沙河镇	乌兰花镇	什花道乡	双岗镇	吉林省
本村村域土地总面积	亩	1662.39	4821.10	2699.17	15921.53	3718.46	31685.69	16623.95	10283.12	827.61	9804.78
其中：宅基地面积	亩	6.08	16.41	3.19	3168.06	8.35	12.78	77.31	22.11	37.58	372.43
本村耕地总面积	亩	1613.29	1941.52	1754.88	2901.59	3164.43	2350.14	7177.14	2583.31	31689.11	6130.60
其中：水田面积	亩	861.24			713.61	515.16	780.70		846.84		743.51
水浇地面积	亩	411.80							1062.24	2584.53	1352.86
旱地面积	亩	591.64	1809.15	1595.28	2343.23	2664.05	1581.27	6411.43	3347.83	27059.85	5267.08
其中：家庭经营的本村耕地面积	亩	2826.14	3459.54	2380.33	4735.43	5523.62	3520.67	8684.97	520.79	15236.79	5209.81
集体经营的本村耕地面积	亩	22.79	34.18				52.74				36.57
合作经营的本村耕地面积	亩		19.04				33.02		171.35		74.47
企业经营的本村耕地面积	亩	0.00	0.00	0.00	0.00	0.00	0.00	0.00	0.00	0.00	0.00
其他形式经营的本村耕地面积	亩	0.00	0.00	0.00	0.00	0.00	0.00	0.00	0.00	0.00	0.00

(续表)

指标名称	单位	沙河沿镇	翰章乡	黄泥河镇	横道河镇	南屯基镇	沙河镇	乌兰花镇	什花道乡	双岗镇	吉林省
其中：撂荒的本村耕地面积	亩	0.00	0.00	0.00	0.00	0.00	0.00	0.00	0.00	0.00	0.00
本村园地面积（果园、茶园、桑园等）	亩						41.93		680.01		360.97
本村林地面积（包括退耕还林）	亩	2590.17	3922.23	4839.77	17745.81	403.31	5739.67	9896.87	2379.55	2643.95	5573.48
本村草地面积（包括退耕还草）	亩	82.04	1032.42				42.99	4867.69	8548.54	6989.78	3593.91
本村水面面积（包括鱼塘）	亩	1.32	10.73		0.10		0.63	0.19	268.28	189.92	67.31
本村年内新增耕地面积（若减少，则用负数表示）	亩	0.00	0.00	0.00	0.00	0.00	0.00	0.00	0.00	0.00	0.00
本村土地流转面积	亩	519.35	427.66	81.84	134.72	8.03	29.69	2634.67	318.53		519.31
其中：转包	亩	1323.23	1089.61	96.23	311.16	12.03	360.88	20.05	561.37		471.82
出租	亩			85.39			139.61	15.18			80.06
互换	亩			25.00							25.00
转让	亩				21.68	9.76			84.57		38.67
入股	亩	0.00	0.00	0.00	0.00	0.00	0.00	0.00	0.00	0.00	0.00
抵押	亩	0.00	0.00	0.00	0.00	0.00	0.00	0.00	0.00	0.00	0.00
其他	亩	0.00	0.00	0.00	0.00	0.00	0.00	0.00	0.00	0.00	0.00
本村未开发可以用于农业生产的土地面积	亩		82.33		217.67						150.00
本村被征用土地面积	亩		75.00								75.00
其中：耕地	亩		23.18						126.82		75.00
其他农用地	亩	0.00	0.00	0.00	0.00	0.00	0.00	0.00	0.00	0.00	0.00
工矿建设用地、村民住宅、道路等建设用地	亩	0.00	0.00	0.00	0.00	0.00	0.00	0.00	0.00	0.00	0.00
本村空闲地、荒山、荒地、荒滩、荒沟等未利用地	亩	0.00	0.00	0.00	0.00	0.00	0.00	0.00	0.00	0.00	0.00
本村农业生产用水单价	元/亩	1.12									1.12
本村饮水困难人口比例	%			1.09				24.85	4.66		10.20
本村饮水不安全人口比例	%								1.50		1.50

11.1.3 人口、劳动力及就业情况

指标名称	单位	沙河沿镇	翰章乡	黄泥河镇	横道河镇	南屯基镇	沙河镇	乌兰花镇	什花道乡	双岗镇	吉林省
本村总人口	人	825.00	897.33	777.00	1870.67	1693.00	877.67	1366.33	1125.00	1900.00	1259.11
其中：15 岁及以下	人	99.00	126.00	109.33	231.34	261.67	121.00	241.00	138.67	293.34	180.15
16～40 岁	人	252.33	210.33	212.33	583.00	481.33	290.67	336.67	394.33	542.00	367.00
41～60 岁	人	333.33	424.00	266.00	679.66	664.33	305.00	417.33	310.33	593.33	443.70
61 岁及以上	人	128.60	125.54	173.50	345.17	261.78	147.54	340.28	250.78	434.97	245.35
其中：男性人口所占比例	%	52.31	51.66	58.16	51.66	53.28	49.87	59.46	56.27	56.21	54.32
少数民族人口所占比例	%	19.80	0.02	1.07	25.72	7.50	18.93	12.50	0.54	5.72	10.20
其中：不识字或识字很少	人	22.13	59.58	51.07	91.92	183.15	50.72	78.98	84.09	255.33	97.44
小学	人	51.47	208.61	218.15	324.84	363.36	385.18	347.00	114.02	477.21	276.65
初中	人	136.65	575.44	293.63	1231.21	852.21	419.33	404.38	225.31	924.88	562.56
高中/技校/职高	人	181.73	53.45	187.91	249.87	194.42	34.41	176.38	89.19	114.25	142.40
大专及以上	人	37.15	34.74	48.50	65.35	76.71	15.48	59.16	10.84	86.68	48.29
其中：留守儿童（父母双方或一方在外打工累计 6 个月以上）	人	2.96	8.03		7.89	13.52	45.20	19.43	5.91	87.87	23.85
留守老人（全部子女在外累计 6 个月以上的 60 岁以上老人）	人	2.26	5.43		8.59	33.77	23.97	19.00	93.63	40.71	28.42
留守妇女	人	1.43	29.51		6.66	23.80	30.15	59.50	20.94	19.04	23.88
本村常住人口（一年在本村居住累计 6 个月以上）	人	481.45	525.08	592.56	1513.57	1301.56	409.90	985.51	600.25	1203.32	845.91
其中：15 岁及以下	人	72.92	45.95	110.89	216.44	225.77	77.42	208.78	66.93	219.77	138.32
16～40 岁	人	185.61	98.38	162.99	444.36	406.64	185.94	281.37	182.01	339.42	254.08
41～60 岁	人	166.41	315.02	162.45	591.48	484.72	138.07	261.64	180.41	401.35	300.17
61 岁以上	人	79.56	90.98	126.52	352.16	279.45	79.24	280.75	229.39	300.32	202.04
本村劳动力（男 16～60 岁，女 16～55 岁）总数	人	439.74	605.55	367.33	806.41	925.36	533.79	764.14	467.92	1169.81	675.56

(续表)

指标名称	单位	沙河沿镇	翰章乡	黄泥河镇	横道河镇	南屯基镇	沙河镇	乌兰花镇	什花道乡	双岗镇	吉林省
其中：常年（累计6个月以上）外出务工人数	人	176.26	215.28	163.81	312.83	202.33	105.28	224.36	141.78	191.73	192.63
外出务工劳动力返乡创业的人数	人	4.01	7.02			6.52	3.01	3.34		5.02	4.82
其中：第一产业从业人员人数（农业）	人	236.46	220.14	546.53	505.90	868.25	468.59	684.41	349.70	99.91	442.21
第二产业从业人员人数（工业）	人	33.91	47.61	97.62	49.66	609.67	4.11	8.73		6.85	107.27
第三产业从业人员人数（商业与服务业）	人	56.30	193.04		134.29	50.36	10.03	35.32		55.95	76.47
举家外出户数	户	47.38	78.59	5.14	49.31	10.27	23.63	24.91	53.93	41.09	37.14
本地短期雇工工资	元/天	138.56	133.61	118.76	105.57	108.87	98.97	138.56	148.45	141.85	125.91

11.2 行政村经济发展

11.2.1 经济发展水平

指标名称	单位	沙河沿镇	翰章乡	黄泥河镇	横道河镇	南屯基镇	沙河镇	乌兰花镇	什花道乡	双岗镇	吉林省
本村农业经营总收入	万元	2049.84	3817.92	25323.36	3428.61	1927.11	3036.99	1293.18	2165.09	1479.73	4946.87
其中：种植业收入	万元	660.38	314.50		756.65	1748.78	801.97	375.63	588.80	378.33	703.13
畜牧业收入	万元	30.75	425.44		105.27	1.00	350.05	117.67	233.86	155.40	177.43
渔业收入	万元		4.41				20.59				12.50
林业收入	万元	16.82			6.53		203.92			56.05	70.83
本村工业收入	万元		45.15		536.12		293.46	56.43		90.29	204.29
其中：建筑业收入	万元		124.91		173.99	129.37	840.49	15.61		22.31	217.78
本村第三产业收入（指商业、餐饮业等收入）	万元	38.58	558.35		91.15	29.95	198.27	46.88		13.89	139.58

11.2.2 农业发展

11.2.2.1 种植业生产

(1) 稻谷

指标名称	单位	沙河沿镇	翰章乡	黄泥河镇	横道河镇	南屯基镇	沙河镇	乌兰花镇	什花道乡	双岗镇	吉林省
播种面积或园地种植面积	亩	1729.62		1121.15	365.88	817.71					1008.59
总产量	千克	916778.70		735773.68	223317.89	618839.73					623677.50

(2) 大豆

指标名称	单位	沙河沿镇	翰章乡	黄泥河镇	横道河镇	南屯基镇	沙河镇	乌兰花镇	什花道乡	双岗镇	吉林省
播种面积或园地种植面积	亩	1005.00	3510.00	2400.00			54.00				1742.25
总产量	千克	529150.00	411000.00	285000.00			21600.00				311687.50

(3) 玉米

指标名称	单位	沙河沿镇	翰章乡	黄泥河镇	横道河镇	南屯基镇	沙河镇	乌兰花镇	什花道乡	双岗镇	吉林省
播种面积或园地种植面积	亩	257.35	841.39	1297.48	4398.19	5136.29	3681.70	7857.53	3431.34	6443.29	3704.95
总产量	千克	550606.38	387730.43	393542.38	2165836.10	2643616.55	2670665.68	1537161.96	1136508.05	5710776.47	1910716.00

11.2.2.2 种植业现代化程度

指标名称	单位	沙河沿镇	翰章乡	黄泥河镇	横道河镇	南屯基镇	沙河镇	乌兰花镇	什花道乡	双岗镇	吉林省
本村有效灌溉面积	亩	174.71		113.25	53.76	82.60	425.57	416.61		5315.89	940.34
其中：机电灌溉面积	亩				75.12	75.26	18.78	221.18		3674.47	812.96
喷灌面积	亩						118.13	38.29		915.00	357.14
滴灌渗灌面积	亩				255.65		123.70	123.70	357.36	2714.58	715.00
本村机耕面积	亩	2519.89	1650.12	3463.31	2129.08	1149.89	8374.39	1619.29		9462.59	3796.07
本村机播面积	亩	2263.36	1482.13		212.48	692.72	7521.86	2490.29		9791.17	3493.43
本村机收面积	亩	1973.73	1301.43		348.28	466.44	359.35	6604.81	2145.63	9328.82	2816.06
截至年底本村累计农用机械总动力	千瓦	27.61	11.66	26.63		859.75	24653.72			61.63	4273.50

（续表）

截至年底本村发展设施农业的温室和大棚总面积	亩	17.46	11.48							14.47
其中：温室面积（有调节温度设备）	亩		7.50							7.50
大棚面积（无调节温度设备，跨度≥5.9米）	亩		1.44							1.44
中小棚面积（无调节温度设备，跨度＜5.9米）	亩	16.67	8.67							12.67
其中：种植蔬菜的温室和大棚面积	亩		1.63							1.63
种植水果的温室和大棚面积	亩	0.00	0.00	0.00	0.00	0.00	0.00	0.00	0.00	0.00
种植苗木花卉的温室和大棚面积	亩	0.00	0.00	0.00	0.00	0.00	0.00	0.00	0.00	0.00

11.2.2.3 畜牧业生产

（1）生猪

指标名称	单位	沙河沿镇	翰章乡	黄泥河镇	横道河镇	南屯基镇	沙河镇	乌兰花镇	什花道乡	双岗镇	吉林省
年底存栏	头	127.27	280.79		196.96	252.51	222.55	303.01	270.69	303.01	244.60
年底能繁母畜存栏	头	21.04	106.84		8.09	404.71	107.65	97.13	14.16	4.05	95.46
出栏或产量	头	86.44	148.58		156.68	907.67	1291.63	270.14	102.65		423.40

（2）肉牛

指标名称	单位	沙河沿镇	翰章乡	黄泥河镇	横道河镇	南屯基镇	沙河镇	乌兰花镇	什花道乡	双岗镇	吉林省
年底存栏	头	456.39	1654.40	114.10	567.63	91.28	269.84		342.29	256.72	469.08
年底能繁母畜（或产奶牛）存栏	头	236.18	482.94		236.18		130.08		141.01	141.01	227.90
出栏或产量	头	136.69	700.56	22.78	119.61	91.13	316.68		113.91	28.48	191.23

（3）肉羊

指标名称	单位	沙河沿镇	翰章乡	黄泥河镇	横道河镇	南屯基镇	沙河镇	乌兰花镇	什花道乡	双岗镇	吉林省
年底存栏	只	744.64				372.32	531.88	2047.76		6914.50	2122.22
年底能繁母畜存栏	只	321.42				321.42	571.41	1607.09		6547.41	1873.75
出栏或产量	只	242.44				88.16	379.09	308.56	859.56		375.56

（4）肉鸡

指标名称	单位	沙河沿镇	翰章乡	黄泥河镇	横道河镇	南屯基镇	沙河镇	乌兰花镇	什花道乡	双岗镇	吉林省
年底存栏	只	1640.31	22964.28				3313.42				9306.00
年底能繁母禽（或产蛋禽）存栏	只	1125.00	150.00				2100.00				1125.00
出栏或产量	只	1488.61	1885.57				2977.22	1488.61			1960.00

11.2.2.4　畜牧业标准化程度

指标名称	单位	沙河沿镇	翰章乡	黄泥河镇	横道河镇	南屯基镇	沙河镇	乌兰花镇	什花道乡	双岗镇	吉林省
年底本村养殖场占地面积	亩	7.54	87.93		47.73	3.14	12.06	47.10			34.25
其中：标准化养殖场占地面积	亩		44.73		44.73		4.03	18.64			28.03
年底本村兽医与防疫员人数合计	人	0.91	0.60		0.76		1.21	1.36	0.91	0.91	0.95

11.2.3　农民专业合作社（指在工商部门正式登记注册的合作社，不包括民政部门批准的协会）

指标名称	单位	沙河沿镇	翰章乡	黄泥河镇	横道河镇	南屯基镇	沙河镇	乌兰花镇	什花道乡	双岗镇	吉林省
年底本村的农民专业合作社个数	个	5.06	8.43		1.01	3.54	1.01	7.08	3.71	7.76	4.70
年底本村入社总户数	户	17.70	24.61		138.53	80.89	13.65	91.01	54.27	303.35	90.50
年底本村示范合作社个数	个	1.92			0.48		0.96	3.36	0.96	0.96	1.44
其中：国家级示范合作社个数	个	0.00	0.00	0.00	0.00	0.00	0.00	0.00	0.00	0.00	0.00
省级示范合作社个数	个				0.60		0.60			0.60	0.60
截至年底，本村实现"农超对接"的合作社个数	个	0.00	0.00	0.00	0.00	0.00	0.00	0.00	0.00	0.00	0.00

(续表)

指标名称	单位	沙河沿镇	翰章乡	黄泥河镇	横道河镇	南屯基镇	沙河镇	乌兰花镇	什花道乡	双岗镇	吉林省
截至年底，本村农产品对外出口的合作社个数（不包括经企业间接出口的情况）	个	0.00	0.00	0.00	0.00	0.00	0.00	0.00	0.00	0.00	0.00
本村获得优惠贷款的合作社个数	个	1.00	1.00		1.00						2.80
本村合作社获得各级政府财政补贴总额	元	400004.23	16000.17								208002.20
其中：国家级补贴额	元										0.00
省级补贴额	元						25001.25				25001.25
地市级补贴额	元	0.00	0.00	0.00	0.00	0.00	0.00	0.00	0.00	0.00	0.00
县级补贴额	元	66669.04	26667.62								46668.33
年底本村合作社拥有注册商标数	个	1.55	0.78		0.78		0.78		4.66		1.71
其中：省级及以上知名商标数	个				0.50						0.50

11.2.4 行政村集体经济

11.2.4.1 本村集体资产与债权

指标名称	单位	沙河沿镇	翰章乡	黄泥河镇	横道河镇	南屯基镇	沙河镇	乌兰花镇	什花道乡	双岗镇	吉林省
年底本村集体资产总额	万元	136.78	189.38	4.04	340.90	121.52	41.14	147.30	36.30		127.17
年底本村集体存有生产性固定资产总额	万元		158.32	0.72	294.21	13.52	22.79	21.72	28.00		77.04
其中：村委会管理的资产数额	万元		93.86	0.41	350.96	6.80	8.45	1.36	13.60		67.92
本村集体固定投资完成额	万元		5.00				18.00				11.50
其中：农田水利建设投资完成额	万元		5.00				10.00				7.50
年底本村集体债权总额	万元		120.29		313.24	177.28		16.86	19.27		129.39

11.2.4.2 本村收入

指标名称	单位	沙河沿镇	翰章乡	黄泥河镇	横道河镇	南屯基镇	沙河镇	乌兰花镇	什花道乡	双岗镇	吉林省
本村经营收入	元	41187.90	120474.60	15445.50	201820.60	161662.50	81346.10	195642.50	123563.70		117642.90

指标名称	单位	沙河沿镇	翰章乡	黄泥河镇	横道河镇	南屯基镇	沙河镇	乌兰花镇	什花道乡	双岗镇	吉林省
本村发包收入（指水面、山林、"四荒"、集体土地发包收入等）	元	16301.10	48494.20		76568.20	12269.60	41336.90	65730.10	36796.10	131460.10	53619.50
本村转移性收入（即补助收入，不包括上级政府拨给农民种粮补贴、良种补贴、农机补贴等收入）	元		57248.60		30617.00	50037.50	370388.70		11890.10		104036.40
其中：上级政府拨款转移性收入	元		139055.00		146471.30	140445.50		83433.00	33373.20		108555.60
计划生育罚款收入（指留在本村支配使用的罚款收入，非本村支配的不计）	元	0.00	0.00	0.00	0.00	0.00	0.00	0.00	0.00	0.00	0.00
其他罚款收入	元	0.00	0.00	0.00	0.00	0.00	0.00	0.00	0.00	0.00	0.00
出卖土地收入	元	0.00	0.00	0.00	0.00	0.00	0.00	0.00	0.00	0.00	0.00
出卖企业收入	元	0.00	0.00	0.00	0.00	0.00	0.00	0.00	0.00	0.00	0.00
出卖其他资产收入（包括树林、房屋等）	元				63000.00						63000.00
其他收入	元	0.00	0.00	0.00	0.00	0.00	0.00	0.00	0.00	0.00	0.00

11.2.4.3　本村支出

指标名称	单位	沙河沿镇	翰章乡	黄泥河镇	横道河镇	南屯基镇	沙河镇	乌兰花镇	什花道乡	双岗镇	吉林省
专职干部与管理人员工资与补贴	元	105185.00	76574.70	91563.50	105330.50	21037.00	104876.40	84148.00	57220.60	82081.70	80890.80
其他人员工资与补贴（非专职人员等）	元			3584.10	21414.50	4096.10	20900.40	6826.90			11364.40
公共服务支出（运转和管理费用，不包括建设投资和大型维修）	元	32654.70	168111.50	102197.30	50058.50	15722.70	55234.10	24188.70		39711.40	60984.90
其中：道路维修支出	元	19991.40	10995.30	23589.80	3998.30	29987.10	23220.70	57086.50			24124.10
灌溉设施维修支出	元		50000.00				7000.00				28500.00
环境卫生支出	元	6537.40	24406.30	6650.70	7844.90	9152.40	3409.60	22634.00			11519.30

(续表)

指标名称	单位	沙河沿镇	翰章乡	黄泥河镇	横道河镇	南屯基镇	沙河镇	乌兰花镇	什花道乡	双岗镇	吉林省
基础设施修缮支出（含电力、通信、办公楼等修缮费）	元		27524.80	13724.80	10624.60						17291.40
教育文化和医疗卫生支出	元				375.00		54000.00	1500.00			18625.00
治安支出	元				3375.00	1500.00		1500.00			2125.00
社会福利和保障支出	元				63210.00		4500.00	2250.00			23320.00
其他公共服务支出	元				20416.10		4968.70				12692.40
本村其他支出	元				12000.00			1333.30			6666.70

11.2.4.4 本村债务

指标名称	单位	沙河沿镇	翰章乡	黄泥河镇	横道河镇	南屯基镇	沙河镇	乌兰花镇	什花道乡	双岗镇	吉林省
截至年底，本村累计债务总额	元				285288.69	1274045.66	56907.37	244192.08	89183.20		389923.40
其中：欠上级政府	元				28571.44			307142.94	14285.72		116666.70
欠信用社贷款本金	元				123214.28	284340.63		154807.68	94780.21		164285.70
欠信用社贷款利息	元						103703.70	36296.30			70000.00
欠村镇银行贷款本金	元										
欠村镇银行贷款利息	元										
欠中国农业发展银行贷款本金	元										
欠中国农业发展银行贷款利息	元										
欠其他商业银行贷款本金	元										

(续表)

指标名称	单位	沙河沿镇	翰章乡	黄泥河镇	横道河镇	南屯基镇	沙河镇	乌兰花镇	什花道乡	双岗镇	吉林省
欠其他商业银行贷款利息	元										
欠单位或个人拆借款本金	元			256997.76		109466.43	187890.13	40845.68			148800.00
欠单位或个人拆借款利息	元										
欠工程款	元				580000.00		650000.00	10000.00			413333.30
其他	元						200000.00				200000.00
本村新增负债总额	元	0.00	0.00	0.00	0.00	0.00	0.00	0.00	0.00	0.00	0.00

11.3 行政村村庄治理

11.3.1 村两委会概况

指标名称	单位	沙河沿镇	翰章乡	黄泥河镇	横道河镇	南屯基镇	沙河镇	乌兰花镇	什花道乡	双岗镇	吉林省
本村党支部委员会委员的总人数	人	3.73	3.06	2.72	5.09	4.41	5.09	3.06	5.09	5.09	4.15
本村党支部委员会委员的平均年龄	岁	50.14	52.47	43.50	54.59	47.32	54.06	52.47	49.81	49.15	50.39
本村党支部委员会委员平均受教育年限	年	9.32	8.52	11.99	9.66	10.49	8.86	9.32	8.99	8.99	9.57
现任村党支部书记受教育年限	年	9.66	8.99	12.99	10.99	10.49	9.66	9.99	9.99	10.66	10.38
本村村民委员会委员的总人数	人	4.76	4.76	4.76	5.08	4.76	2.86	3.49	6.03	5.08	4.62
本村村民委员会委员的平均年龄	岁	44.97	46.36	44.91	50.99	45.63	49.60	48.61	46.29	47.62	47.22
本村村民委员会委员平均受教育年限	年	8.73	7.44	11.64	9.38	10.19	9.38	7.44	8.73	8.08	9.00
现任村民委员会主任受教育年限	年	8.57	7.30	11.42	11.42	10.00	8.09	7.14	9.20	10.47	9.29

11.3.2 基层党组织建设发展

指标名称	单位	沙河沿镇	翰章乡	黄泥河镇	横道河镇	南屯基镇	沙河镇	乌兰花镇	什花道乡	双岗镇	吉林省
本村党员的总人数	人	31.67	26.67	25.00	34.00	26.67	19.67	31.00	32.00	47.00	30.41
其中：50岁以上的党员	人	22.33	14.00	17.67	20.67	9.00	12.33	15.67	15.33	28.00	17.22

(续表)

指标名称	单位	沙河沿镇	翰章乡	黄泥河镇	横道河镇	南屯基镇	沙河镇	乌兰花镇	什花道乡	双岗镇	吉林省
30岁以下的党员	人	7.67	5.00	2.67	4.67	4.67	1.00	3.00	9.33	10.67	5.41
其中：高中及以上文化程度	人	10.54	5.93	9.22	13.50	14.33	3.62	9.88	7.91	12.19	9.68
初中及以下文化程度	人	22.49	22.14	12.14	18.92	2.14	11.78	18.21	29.99	35.70	19.28
本村本年提交入党申请书的人数	人	2.67	4.34	4.67	3.00	3.50	2.67	4.67	3.34	4.00	3.65
本村本年发展党员人数	人		1.73	1.16	1.16	1.73	0.87	0.87	0.87	0.58	1.12

11.3.3 一事一议

指标名称	单位	沙河沿镇	翰章乡	黄泥河镇	横道河镇	南屯基镇	沙河镇	乌兰花镇	什花道乡	双岗镇	吉林省
本村本年举行公共投资和基本建设一事一议的次数	次	1.90			1.90	2.85	2.85	4.27	3.32	1.90	2.71
其中：成功的次数	次	0.99			1.98	2.97	2.97	4.46	3.47	1.98	2.69
本村本年举行非基本建设一事一议的次数	次	2.48					1.38	3.30	2.48	2.48	2.42
本村本年需要筹资的一事一议次数	次					0.36		0.36			0.36

11.3.4 村庄管理及其他

指标名称	单位	沙河沿镇	翰章乡	黄泥河镇	横道河镇	南屯基镇	沙河镇	乌兰花镇	什花道乡	双岗镇	吉林省
村务监督委员会成员数量	人	3.00	3.00	3.00	3.00	3.00	3.00	3.00	3.00	3.00	3.00
县乡组织村干部召开会议（不包括选举方面的会议）次数	次	20.18	14.42	21.62	10.67	47.57	12.11	39.21	5.48	14.76	20.67
县乡给村里下发红头文件的数量	个	21.77	6.57	10.37	7.26	10.37	6.57	12.44	5.70	5.81	9.65
土地纠纷中：宅基地纠纷数量	起		0.28	1.70	1.70		1.27	0.57	1.13	0.85	1.07
农村土地经营权纠纷数量	起		1.29	1.94	3.88	2.43	3.40	3.56	1.94	2.91	2.67

11.4 行政村社会发展

11.4.1 农村公共设施

指标名称	单位	沙河沿镇	翰章乡	黄泥河镇	横道河镇	南屯基镇	沙河镇	乌兰花镇	什花道乡	双岗镇	吉林省
本村商店个数	个	8.35	4.77	3.18			6.36	5.57	4.77	7.95	5.85
本村集贸市场个数	个	0.15							0.15		0.15
本村道路硬化比例	%	102.80	106.35	69.12			85.08	58.49	74.44	90.39	83.81
本村水库、池塘个数	个	3.28	5.47				4.13	0.36			3.31
其中：病险水库、池塘个数	个		0.67				0.67				0.67
本村水库容量	万米³		143.92				13.12				78.52
本村池塘总容量	万米³	23.46	132.18				0.59	1.32			39.39
本村小水窖数量	口	0.00	0.00	0.00	0.00	0.00	0.00	0.00	0.00	0.00	0.00
本村小水窖合计储水量	米³	0.00	0.00	0.00	0.00	0.00	0.00	0.00	0.00	0.00	0.00
本村自来水普及率	%	96.09	96.09	48.04			91.28	91.28	96.09	96.09	87.85
本村自来水单价	元/米³	0.37	2.91				0.08	7.85	0.46	0.09	1.96
本村断电天数	天	5.07	1.79	9.84			8.05	5.66	6.71	4.47	5.94
本村农用电价格	元/千瓦时	0.10	0.04	0.03			0.04	0.05	3.56	0.04	0.55
本村天然气、液化气普及率	%	94.05	52.67				41.38	94.05	9.65		58.36
本村电话普及率（包括固定电话与手机）	部/100人	97.36	93.04	89.72			89.72	92.37	97.86	99.69	94.25
本村接入互联网的户数比例	%	66.60	69.77	57.08			36.47	63.43	33.30		54.44
本村安装有线电视的户数比例	%	97.26	92.00	98.57			79.52	83.79	34.50	92.00	82.52
本村完成农村困难家庭危房改造户数	户	2.20	0.55	1.10			8.79	33.51	20.32	5.49	10.28
本村年底农村困难家庭危房户数	户	1.74		10.16			0.97	36.88	33.40		16.63
本村人畜混居的农户数	户	3.10									3.10
本村卫生厕所普及率	%	5.00	84.95	13.39			51.04	58.89	58.89	32.12	43.47
本村属于生态移民搬迁的农户数	户		0.02	0.08					1.25		0.45

(续表)

指标名称	单位	沙河沿镇	翰章乡	黄泥河镇	横道河镇	南屯基镇	沙河镇	乌兰花镇	什花道乡	双岗镇	吉林省
本村垃圾集中堆放点数量	处	1.00	1.34	3.01			6.02	7.02	5.01		3.90
本村农村生活公共设施投资额	元	77468.26	112328.98	92961.91			41329.32	77468.26	77468.26		79837.50
其中：村集体投资额	元			12333.33			12333.33	61666.67	61666.67		37000.00
本村农业生产基础设施投资额	元		15000.00				105025.00				60012.50
其中：村集体投资额	元		15000.00				4500.00				9750.00

11.4.2　农村科教文卫体公共服务

指标名称	单位	沙河沿镇	翰章乡	黄泥河镇	横道河镇	南屯基镇	沙河镇	乌兰花镇	什花道乡	双岗镇	吉林省
本村接受涉农职业教育的人数	人	60.22	44.48	159.10	177.92	7.19	124.89	67.75		153.97	99.44
本村具有或可以依托的科技特派员	人						0.50				0.50
本村具有或可以依托的科技示范户	户	0.13	0.68		25.57		0.77	0.26		1.28	4.78
本村具有或可以依托的农业专家大院	个						0.33				0.33
本村开展农机推广服务和培训次数	次	1.76	2.20	1.76	6.16		2.64	0.88	9.67		3.58
本村卫生室床位数量	个	5.42	1.63	1.63	1.90	1.63	1.90	1.63	1.90	2.44	2.23
本村卫生技术人员	人	1.01	1.01	1.01	1.34	1.01	1.01	1.01	1.01	1.68	1.12
其中：获得从业资格的医生	人	0.99	0.99	0.99	0.99	0.99	0.99	0.99	0.99	1.48	1.04
本村卫生室医疗人员培训人次	人次	7.02	3.78		9.00	1.08	2.16	9.36		5.40	5.40
本村参加新农合的人数	人	435.67	687.66	737.33	1568.99	1411.66	826.33	1320.33	927.66	1846.66	1084.70
本村享受低保的人数	人	17.63	7.98	40.91	93.14	106.11	42.91	136.71	53.89	137.21	70.72
本村五保户人数	人	3.03	2.76	2.76	12.69	4.96	8.27	4.14	3.86	4.69	5.24
本村获得自然灾害救济人数	人	14.44	218.72	33.74	185.81	4.27	5.07		27.39		69.92
本村新型农村社会养老保险参保率	%	88.21	91.52	83.89	87.87	87.04	87.54	39.79	74.61	84.56	80.56

（续表）

指标名称	单位	沙河沿镇	翰章乡	黄泥河镇	横道河镇	南屯基镇	沙河镇	乌兰花镇	什花道乡	双岗镇	吉林省
本村领取养老金的农村老年居民人数	人	144.38	118.05	175.98	362.50	94.81	162.97	291.86	206.81	464.75	224.68

11.5 行政村生态建设

11.5.1 水土气候资源状况

指标名称	单位	沙河沿镇	翰章乡	黄泥河镇	横道河镇	南屯基镇	沙河镇	乌兰花镇	什花道乡	双岗镇	吉林省
截至年底，本村测土配方施肥耕地面积	亩	1102.48	1111.74	2084.52	3696.54	697.15	719.18	1297.03	1632.87	636.94	1442.05
截至年底，本村退耕还林面积	亩	113.36		809.99	454.99	80.00	98.60	98.50	27.00	45.00	215.93
截至年底，本村退耕还草面积	亩	0.00	0.00	0.00	0.00	0.00	0.00	0.00	0.00	0.00	0.00
截至年底，本村退牧还草面积	亩	0.00	0.00	0.00	0.00	0.00	0.00	0.00	0.00	0.00	0.00
截至年底，本村禁牧还草面积	亩						555.56			4444.44	2500.00
本村绿色农产品种植面积占农作物总播种面积比例	%				3.67						3.67
本村有机农产品种植面积占农作物总播种面积比例	%				37.33		2.67				20.00
本村无公害农产品种植面积占农作物总播种面积比例	%				16.92		38.08				27.50
截至年底，本村有机畜禽产品占畜禽产品总量的比例	%		49.72		76.76		47.10				57.86
截至年底，本村有机水产品占水产品总量的比例	%		26.67								26.67
本村每亩生产用水总量	米³/亩				430.42		108.76	20.83			186.67
本村每亩灌溉用水支出	元/亩	14.91			65.01		90.24	22.94	22.94		43.21
其中：污水灌溉支出	元/亩	0.00	0.00	0.00	0.00	0.00	0.00	0.00	0.00	0.00	0.00
本村灌溉用水中地表水的比例	%	76.67			37.06		46.77				53.50

11.5.2 村污染和废弃物处理

指标名称	单位	沙河沿镇	翰章乡	黄泥河镇	横道河镇	南屯基镇	沙河镇	乌兰花镇	什花道乡	双岗镇	吉林省
本村生态环境建设方面的支出	元		15709.98		9818.74	10996.99	11566.47	3927.49	5498.49		9586.36
本村环境管理工作人员人数	人	0.91	0.91		2.41	2.72	2.11	2.11	4.53	4.07	2.47
其中：专职人数	人	3.14	0.78		1.57	2.35	1.57	0.78			1.70
兼职人数	人	0.81			1.63		2.03	0.81	4.07	3.66	2.17
本村改水受益人数	人	358.85	618.03	24.92	1674.66		555.56	179.43	206.34	1913.89	691.46
本村改厕受益人数	人		220.72		786.95		516.82	2.04	126.83		330.67
本村排污系统个数	个		0.35				0.23	0.70			0.43
本村固态粪污弃物所占比例	%		19.60		69.17		60.72				49.83
本村液态粪污弃物所占比例	%		14.29		5.71		22.86	57.14			25.00
本村畜禽固体粪废弃物直接排入环境比例	%	0.00	0.00	0.00	0.00	0.00	0.00	0.00	0.00	0.00	0.00
本村畜禽固体粪废弃物出售比例	%	0.00	0.00	0.00	0.00	0.00	0.00	0.00	0.00	0.00	0.00
本村畜禽固体粪废弃物用于生产沼气比例	%	0.00	0.00	0.00	0.00	0.00	0.00	0.00	0.00	0.00	0.00
本村畜禽固体粪废弃物用作农田肥料还田比例	%	92.68	92.68		92.68	83.42	92.68				90.83
本村畜禽固体粪废弃物其他处理方式比例	%	0.00	0.00	0.00	0.00	0.00	0.00	0.00	0.00	0.00	0.00
本村畜禽污水排入氧化塘处理比例	%	0.00	0.00	0.00	0.00	0.00	0.00	0.00	0.00	0.00	0.00
本村畜禽污水用于灌溉比例	%				66.67		46.67				56.67
本村畜禽污水用于生产沼气比例	%	0.00	0.00	0.00	0.00	0.00	0.00	0.00	0.00	0.00	0.00
本村畜禽污水直接排入环境比例	%	74.72	74.72				48.57				66.00
本村畜禽污水其他处理方式比例	%	0.00	0.00	0.00	0.00	0.00	0.00	0.00	0.00	0.00	0.00

11.5.3 生产能源使用

指标名称	单位	沙河沿镇	翰章乡	黄泥河镇	横道河镇	南屯基镇	沙河镇	乌兰花镇	什花道乡	双岗镇	吉林省
本村柴油使用量	升	22676.27	30701.69	2957.77	419.02	3105.66	3431.02	14098.72	30612.96	41903.77	16656.32
本村汽油使用量	升	238.95	11966.73	358.43	95.58	71.69	117.48	238.95	1433.71	1234.59	1750.68
本村电使用量	千瓦时	21688.62	352247.57	14290.17	10136.90	6080.92	58430.16	11452.40	46275.82	215872.75	81830.59
本村煤使用量	吨	5.70	26.14	2233.74	541.80	9.51	9.51		1.90	190.11	377.30
本村秸秆使用量	吨	277.86	338.07		1389.31	926.21	463.10		66.69	2315.52	825.25
本村薪柴使用量	吨		612.36	1594.50	508.88		339.26				763.75
本村沼气使用量	米³	0.00	0.00	0.00	0.00	0.00	0.00	0.00	0.00	0.00	0.00
本村沼气池合计产气量	米³	0.00	0.00	0.00	0.00	0.00	0.00	0.00	0.00	0.00	0.00
本村已有的大型沼气池个数	个	0.00	0.00	0.00	0.00	0.00	0.00	0.00	0.00	0.00	0.00
本村已有的联户沼气池个数	个	0.00	0.00	0.00	0.00	0.00	0.00	0.00	0.00	0.00	0.00
本村已有的户用沼气池个数	个	0.00	0.00	0.00	0.00	0.00	0.00	0.00	0.00	0.00	0.00
本村在用的大型沼气池个数	个	0.00	0.00	0.00	0.00	0.00	0.00	0.00	0.00	0.00	0.00
本村在用的联户沼气池个数	个	0.00	0.00	0.00	0.00	0.00	0.00	0.00	0.00	0.00	0.00
本村在用的户用沼气池个数	个	0.00	0.00	0.00	0.00	0.00	0.00	0.00	0.00	0.00	0.00
本村秸秆过腹还田利用的比例	%	69.58	58.76		74.22		23.19	88.14			62.78
本村秸秆作为食用菌培养基利用的比例	%	0.00	0.00	0.00	0.00	0.00	0.00	0.00	0.00	0.00	0.00
本村秸秆作为生活燃料利用的比例	%	49.07	2.45		44.16	73.60	41.22				42.10
本村秸秆田间焚烧利用的比例	%				18.03	22.54	35.76				25.44
本村秸秆出售的比例	%				22.50		3.75	3.75			10.00
本村秸秆作为沼气原料利用的比例	%	0.00	0.00	0.00	0.00	0.00	0.00	0.00	0.00	0.00	0.00
本村秸秆其他利用的比例	%		52.50								52.50

12

2016年分乡镇样本的村庄统计

12.1 行政村基本情况

12.1.1 概况

指标名称	单位	沙河沿镇	翰章乡	黄泥河镇	横道河镇	南屯基镇	沙河镇	乌兰花镇	什花道乡	双岗镇	吉林省
本村的自然村数量	个	1.33	1.33	2.00	8.66	6.33	6.33	3.33	4.66	5.99	4.44
本村农户数量	户	254.97	297.64	251.97	539.95	479.95	248.98	404.63	376.30	490.62	371.70
其中：只务农的农户数	户	126.69	170.31	222.93	455.20	182.77	220.50	414.70	304.62	398.08	277.31
完全不务农的农户数	户	71.36	114.51	36.33	72.34	23.36	15.57	5.19	80.77	55.14	52.73
务农兼业农户数	户	23.07	61.22	46.13	3.84	124.21	9.46			36.08	43.43
不务农兼业农户数	户	32.73	11.45		1.09	109.63	15.82			16.36	31.18
其中：有自营工商业农户数	户	36.57	20.67	2.86	7.00	6.36	3.82	5.41	5.09	2.23	10.00
本村人均纯收入	元	12790.08	4758.21	5938.25	6199.00	14014.65	14149.02	3989.29	6280.84	7422.81	8393.57
其中：非农收入	元	8400.01	7200.01		550.91		3381.82	163.64		1036.36	3455.46
本村村委会距县政府距离	千米	19.73	9.71	39.14	57.93	10.02	52.92	46.97	25.83	32.88	32.79
本村村委会距乡镇政府距离	千米	3.83	2.33	9.33	6.16	4.50	7.00	13.66	11.66	6.50	7.22
本村村委会距最近的集贸市场距离	千米	3.35	8.46	2.92	2.33	2.77	6.13	8.46	15.17	4.23	5.98
本村村委会距最近的车站、码头距离	千米	0.40	3.01	1.74	1.43	5.39	1.92	15.52	13.46	16.63	6.61

(续表)

指标名称	单位	沙河沿镇	翰章乡	黄泥河镇	横道河镇	南屯基镇	沙河镇	乌兰花镇	什花道乡	双岗镇	吉林省
本村村委会距最近的幼儿园距离	千米	2.62	1.59	2.85	2.51	2.16	4.78	5.24	14.35	3.76	4.43
本村村委会距最近的小学距离	千米	2.33	1.42	2.53	0.61	0.71	4.05	5.87	12.75	3.95	3.80
本村村委会距最近的初中距离	千米	3.26	1.98	2.83	5.12	2.69	5.66	8.21	17.83	5.52	5.90
本村村委会距最近的卫生所（站）距离	千米	0.19	0.47	1.98	1.32	0.72	1.22	2.83	6.59	3.58	2.10
本村村委会距最近的农业生产资料销售点距离	千米	3.43	4.92	2.39	2.68	2.83	5.97	6.26	8.95	3.88	4.59
本村村委会距最近的邮政所距离	千米	3.67	2.23	2.71	5.74	3.03	6.38	9.25	11.16	6.22	5.60

12.1.2 土地、水等资源

指标名称		单位	沙河沿镇	翰章乡	黄泥河镇	横道河镇	南屯基镇	沙河镇	乌兰花镇	什花道乡	双岗镇	吉林省
本村村域土地总面积		亩	936.11	4987.24	3383.71	7399.02	2293.31	16333.83	27887.56	23418.36	12522.54	11017.95
其中：宅基地		亩	147.40	233.58	36.52	140.70	77.18	153.57	1593.18	167.14	801.16	372.27
本村耕地总面积		亩	4276.51	1906.12	2645.00	3969.98	2707.24	3244.79	14403.84	7251.55	13486.50	5987.95
其中：水田面积		亩	1036.36			705.20	409.09	951.16				775.45
水浇地面积		亩					1078.65		2317.78	927.44	4604.10	2232.00
旱地面积		亩	2852.35	3520.24	1149.48	3939.57	4140.65	2996.59	12785.56	6750.11	8786.63	5213.47
其中：家庭经营的本村耕地面积		亩	5192.55	3955.74	2113.36	3168.34	3062.11	3667.20	4874.38	5856.75	10958.60	4761.00
	集体经营的本村耕地面积	亩	1202.86	89.26				17.21	329.83	306.03	25.50	328.45
	合作经营的本村耕地面积	亩						8.39		102.34		55.37
	企业经营的本村耕地面积	亩	0.00	0.00	0.00	0.00	0.00	0.00	0.00	0.00	0.00	0.00
	其他形式经营的本村耕地面积	亩	0.00	0.00	0.00	0.00	0.00	0.00	0.00	0.00	0.00	0.00

(续表)

指标名称	单位	沙河沿镇	翰章乡	黄泥河镇	横道河镇	南屯基镇	沙河镇	乌兰花镇	什花道乡	双岗镇	吉林省
其中：撂荒的本村耕地面积	亩		50.00				78.34				64.17
本村园地面积（果园、茶园、桑园等）	亩	64.29				154.29	92.49				103.69
本村林地面积（包括退耕还林）	亩	3204.00	3881.25	3253.50	10372.50	2407.50	13410.63	15937.20	1755.00	4612.50	6537.12
本村草地面积（包括退耕还草）	亩		1087.50			30.00	19.65	5625.00	5827.50	14175.00	4460.78
本村水面面积（包括鱼塘）	亩	1.23	108.83		0.20		6.60		87.43		40.86
本村年内新增耕地面积（若减少，则用负数表示）	亩		2.32					122.97	34.72	11.20	42.80
本村土地流转面积	亩	1555.94	792.22	65.28	357.32	339.48	56.28		880.90	152.33	524.97
其中：转包	亩	1570.60	799.69	59.31	39.54	342.68	219.66		566.73	87.87	460.76
出租	亩						121.72			60.00	90.86
互换	亩	0.00	0.00	0.00	0.00	0.00	0.00	0.00	0.00	0.00	0.00
转让	亩			3.65			8.52		100.32		12.50
入股	亩	0.00	0.00	0.00	0.00	0.00	0.00	0.00	0.00	0.00	0.00
抵押	亩	0.00	0.00	0.00	0.00	0.00	0.00	0.00	0.00	0.00	0.00
其他	亩	0.00	0.00	0.00	0.00	0.00	0.00	0.00	0.00	0.00	0.00
本村未开发可以用于农业生产的土地面积	亩		92.00				122.66	441.59			218.75
本村被征用土地面积	亩		187.50				225.00				206.25
其中：耕地	亩		150.00				125.00				137.50
其他农用地	亩		22.50								22.50
工矿建设用地、村民住宅、道路等建设用地	亩	0.00	0.00	0.00	0.00	0.00	0.00	0.00	0.00	0.00	0.00
本村空闲地、荒山、荒地、荒滩、荒沟等未利用地	亩		15.00								15.00
本村农业生产用水单价	元/亩	1.67				14.16	5.00				6.94
本村饮水困难人口比例	%		0.02	3.15	0.02						1.06
本村饮水不安全人口比例	%		0.02	3.15	0.02						1.06

12.1.3 人口、劳动力及就业情况

指标名称	单位	沙河沿镇	翰章乡	黄泥河镇	横道河镇	南屯基镇	沙河镇	乌兰花镇	什花道乡	双岗镇	吉林省
本村总人口	人	865.37	933.81	833.27	1994.28	1750.50	920.76	1446.05	1191.34	1189.58	1236.11
其中：15岁及以下	人	49.10	112.89	114.32	336.87	224.34	92.82	154.10	112.53	233.66	158.96
16~40岁	人	103.83	236.57	314.72	831.03	558.07	299.37	528.81	323.99	348.61	393.89
41~60岁	人	450.36	467.08	264.02	546.84	567.04	377.56	496.69	348.31	358.76	430.74
61岁及以上	人	235.40	102.59	129.60	261.77	367.90	137.64	244.73	370.47	229.62	231.08
其中：男性人口所占比例	%	56.82	58.53	59.55	53.76	55.57	55.12	57.85	59.89	33.69	54.53
少数民族人口所占比例	%	23.90	0.44	0.04	11.39	31.46	4.53	27.02	28.26	2.29	14.37
其中：不识字或识字很少	人	22.30	48.05	30.75	167.61	101.49	48.82	167.61	141.85	34.98	84.83
小学	人	145.09	138.06	147.55	475.66	435.26	400.13	176.70	336.54	110.31	262.81
初中	人	349.22	614.96	236.17	1088.35	918.96	388.52	683.13	408.00	347.83	559.46
高中/技校/职高	人	95.48	52.46	69.95	320.37	200.06	30.43	61.21	103.18	74.15	111.92
大专及以上	人	39.89	23.79	43.91	101.73	89.65	9.15	33.30	27.44	75.75	49.40
其中：留守儿童（父母双方或一方在外打工累计6个月以上）	人	0.35	2.09		8.00	15.31	10.79	8.35	8.00	2.78	6.96
留守老人（全部子女在外累计6个月以上的60岁以上老人）	人	0.36	2.55		20.73	16.00	12.00	32.37	45.83	7.27	17.14
留守妇女	人	0.39	1.56		32.68	19.06	12.45	14.00	8.56		12.67
本村常住人口（一年在本村居住累计6个月以上）	人	597.61	757.28	215.32	1879.57	1805.11	504.34	1374.85	982.97	1047.83	1018.32
其中：15岁及以下	人	39.35	111.91	43.45	306.64	234.49	52.06	122.98	118.88	201.69	136.83
16~40岁	人	107.52	193.23	227.82	330.83	536.47	192.86	472.56	275.94	283.84	291.23
41~60岁	人	169.72	333.26	108.66	411.03	559.31	192.98	471.72	356.16	311.09	323.77
61岁以上	人	241.87	91.90	73.79	209.76	380.22	48.85	255.19	364.51	214.20	208.92
本村劳动力（男16~60岁，女16~55岁）总数	人	495.39	598.61	511.89	761.51	1115.41	634.07	1121.03	588.43	765.37	732.41

(续表)

指标名称	单位	沙河沿镇	翰章乡	黄泥河镇	横道河镇	南屯基镇	沙河镇	乌兰花镇	什花道乡	双岗镇	吉林省
其中：常年（累计6个月以上）外出务工人数	人	81.54	175.51	49.15	365.77	358.54	77.78	169.15	193.44	109.88	175.64
外出务工劳动力返乡创业的人数	人	3.82	16.80	0.76	0.76	27.10	1.91	1.91	3.82	16.80	7.58
其中：第一产业从业人员人数（农业）	人	188.56	306.76	400.46	540.42	1058.29	431.17	800.91	617.40	517.09	540.12
第二产业从业人员人数（工业）	人	120.42	203.23	157.06	134.69	110.42	18.56	86.62	5.71		104.59
第三产业从业人员人数（商业与服务业）	人	70.44	190.31	10.51	12.84	86.79	49.43	40.86	5.84	47.87	57.21
举家外出户数	户	22.34	60.80	3.66	80.58	26.74	20.15	48.35	101.83	54.94	46.60
本地短期雇工工资	元/天	147.47	151.25	102.09	121.00	128.56	113.44	136.12	121.00	105.87	125.20

12.2 行政村经济发展

12.2.1 经济发展水平

指标名称	单位	沙河沿镇	翰章乡	黄泥河镇	横道河镇	南屯基镇	沙河镇	乌兰花镇	什花道乡	双岗镇	吉林省
本村农业经营总收入	万元	4765.09	896.99	5819.40	2046.02	1961.74	1451.24	823.14	419.50	66.46	2027.73
其中：种植业收入	万元	3632.87	178.54		1550.88	942.56	708.69	568.11	292.51	46.48	990.08
畜牧业收入	万元	220.49	300.32		58.54	121.65	262.00	62.73	51.68	5.70	135.39
渔业收入	万元						8.02				8.02
林业收入	万元			78.24	0.37		1.06	0.85			20.13
本村工业收入	万元		233.32		20.00		16.87			3.33	68.38
其中：建筑业收入	万元		111.39		11.14	486.41	212.50			1.86	164.66
本村第三产业收入（指商业、餐饮业等收入）	万元	215.39	277.32		19.92	171.24	64.08	26.92		44.69	117.08

12.2.2 农业发展

12.2.2.1 种植业生产

（1）稻谷

指标名称	单位	沙河沿镇	翰章乡	黄泥河镇	横道河镇	南屯基镇	沙河镇	乌兰花镇	什花道乡	双岗镇	吉林省
播种面积或园地种植面积	亩	1290.38	1020.00			775.72	1038.00	1046.28			970.00
总产量	千克	460789.91	378400.00			607630.00	366000.00	659768.00			502949.50

（2）大豆

指标名称	单位	沙河沿镇	翰章乡	黄泥河镇	横道河镇	南屯基镇	沙河镇	乌兰花镇	什花道乡	双岗镇	吉林省
播种面积或园地种植面积	亩	1785.00	1312.38	3030.68							2042.69
总产量	千克	339166.67	372200.00	456136							389167.56

（3）玉米

指标名称	单位	沙河沿镇	翰章乡	黄泥河镇	横道河镇	南屯基镇	沙河镇	乌兰花镇	什花道乡	双岗镇	吉林省
播种面积或园地种植面积	亩	2650.23	1567.34	762.14	3281.91	2195.90	2650.23	7482.27	2206.38	7724.25	3391.18
总产量	千克	1984143.34	552906.75	259824.60	2901267.88	2204496.25	1984143.34	2070802.06	452282.46	2319656.29	1636612.00

12.2.2.2 种植业现代化程度

指标名称	单位	沙河沿镇	翰章乡	黄泥河镇	横道河镇	南屯基镇	沙河镇	乌兰花镇	什花道乡	双岗镇	吉林省
本村有效灌溉面积	亩	95.95		155.93	286.03	309.64		3242.83	241.37	2413.72	963.64
其中：机电灌溉面积	亩				256.63	128.21		222.19	66.66	1388.71	412.00
喷灌面积	亩							63.14	12.11	19.50	31.58
滴灌渗灌面积	亩							550.00		125.00	337.50
本村机耕面积	亩	6314.24	4690.54	918.04	3270.98	2375.22	731.87	13879.32	1989.25	6058.31	4469.75
本村机播面积	亩	3916.52	3748.80	1208.31			418.58	15173.70	1423.76	7689.48	4797.02
本村机收面积	亩	4528.69	3248.74	1087.39	192.19	871.27	188.99	8268.54	1281.28	5852.26	2835.48
截至年底本村累计农用机械总动力	千瓦	725.57	254.68		316.23		682.82	29280.50		1187.62	5407.90

(续表)

指标名称	单位	沙河沿镇	翰章乡	黄泥河镇	横道河镇	南屯基镇	沙河镇	乌兰花镇	什花道乡	双岗镇	吉林省
截至年底本村发展设施农业的温室和大棚总面积	亩			1.29		1.72	8.58				3.86
其中：温室面积（有调节温度设备）	亩					0.25					0.25
大棚面积（无调节温度设备，跨度≥5.9米）	亩	3.00		1.50		1.50					2.00
中小棚面积（无调节温度设备，跨度<5.9米）	亩						2.50	7.50			5.00
其中：种植蔬菜的温室和大棚面积	亩			2.80		1.87		37.33			14.00
种植水果的温室和大棚面积	亩	0.00	0.00	0.00	0.00	0.00	0.00	0.00	0.00	0.00	0.00
种植苗木花卉的温室和大棚面积	亩	0.00	0.00	0.00	0.00	0.00	0.00	0.00	0.00	0.00	0.00

12.2.2.3 畜牧业生产

（1）生猪

指标名称	单位	沙河沿镇	翰章乡	黄泥河镇	横道河镇	南屯基镇	沙河镇	乌兰花镇	什花道乡	双岗镇	吉林省
年底存栏	头		315.26	147.78	137.93	541.86	679.78	393.59	513.29	98.52	353.50
年底能繁母畜存栏	头		60.75			315.57	315.57	31.56	49.31	3.94	129.45
出栏或产量	头		315.15		147.96	1528.90	1676.85	285.56	826.10		682.93

（2）肉牛

指标名称	单位	沙河沿镇	翰章乡	黄泥河镇	横道河镇	南屯基镇	沙河镇	乌兰花镇	什花道乡	双岗镇	吉林省
年底存栏	头	365.00	897.50	60.00	356.50		214.00	255.00	227.50	200.00	321.94

(续表)

指标名称	单位	沙河沿镇	翰章乡	黄泥河镇	横道河镇	南屯基镇	沙河镇	乌兰花镇	什花道乡	双岗镇	吉林省
年底能繁母畜（或产奶牛）存栏	头	332.50	635.83		315.00		191.92	87.50	175.00		248.25
出栏或产量	头	79.33	391.53		24.27		259.47	175.00	112.00	23.33	152.13

（3）肉羊

指标名称	单位	沙河沿镇	翰章乡	黄泥河镇	横道河镇	南屯基镇	沙河镇	乌兰花镇	什花道乡	双岗镇	吉林省
年底存栏	只	78.07	618.05		130.12			4777.17	3246.37	1951.73	1800.25
年底能繁母畜存栏	只		306.25					1456.25	1343.75	1250.00	871.25
出栏或产量	只	45.91	390.27					5993.46	1334.37		1294.00

（4）肉鸡

指标名称	单位	沙河沿镇	翰章乡	黄泥河镇	横道河镇	南屯基镇	沙河镇	乌兰花镇	什花道乡	双岗镇	吉林省
年底存栏	只	2142.86	642.86				8571.43	435.71		3571.43	3072.86
年底能繁母禽（产蛋禽）存栏	只	1800.00			7200.00		366.00				3122.00
出栏或产量	只	4000.00	15000.00		40000.00	12000.00	25000.00	820.00		3000.00	14260.00

12.2.2.4 畜牧业标准化程度

指标名称	单位	沙河沿镇	翰章乡	黄泥河镇	横道河镇	南屯基镇	沙河镇	乌兰花镇	什花道乡	双岗镇	吉林省
年底本村养殖场占地面积	亩	1.75	70.00		4.81	2.92	5.89	583.34		87.50	108.03
其中：标准化养殖场占地面积	亩		34.09	0.00	5.45	4.55	7.36				10.29
年底本村兽医与防疫员人数合计	人	1.17	1.17	0.39	1.17	1.17	1.56	1.56	0.78	2.73	1.30

12.2.3 农民专业合作社（指在工商部门正式登记注册的合作社，不包括民政部门批准的协会）

指标名称	单位	沙河沿镇	翰章乡	黄泥河镇	横道河镇	南屯基镇	沙河镇	乌兰花镇	什花道乡	双岗镇	吉林省
年底本村的农民专业合作社个数	个	6.48	3.96	1.08	0.72	4.68	1.80	3.96	6.84	7.56	4.12

(续表)

指标名称	单位	沙河沿镇	翰章乡	黄泥河镇	横道河镇	南屯基镇	沙河镇	乌兰花镇	什花道乡	双岗镇	吉林省
年底本村入社总户数	户	15.84	32.04	10.80	95.04	97.56	17.64	46.80	77.76	194.40	65.32
年底本村示范合作社个数	个	1.34	1.34		0.67	3.34	0.67	0.67		1.34	1.17
其中：国家级示范合作社个数	个	0.00	0.00	0.00	0.00	0.00	0.00	0.00	0.00	0.00	0.00
省级示范合作社个数	个										1.00
截至年底，本村实现"农超对接"的合作社个数	个	0.00	0.00	0.00	0.00	0.00	0.00	0.00	0.00	0.00	0.00
截至年底，本村农产品对外出口的合作社个数（不包括经企业间接出口的情况）	个	0.00	0.00	0.00	0.00	0.00	0.00	0.00	0.00	0.00	0.00
本村获得优惠贷款的合作社个数	个										0.73
本村合作社获得各级政府财政补贴总额	元										122727.40
其中：国家级补贴额	元										21428.57
省级补贴额	元										8333.33
地市级补贴额	元	0.00	0.00	0.00	0.00	0.00	0.00	0.00	0.00	0.00	0.00
县级补贴额	元	428571.00	1285.71	0.00	64285.65	428571.00					164714.30
年底本村合作社拥有注册商标数	个	3.27	2.18		0.55		1.09		7.64	2.73	2.91
其中：省级及以上知名商标数	个	0.17									0.17

12.2.4 行政村集体经济

12.2.4.1 本村集体资产与债权

指标名称	单位	沙河沿镇	翰章乡	黄泥河镇	横道河镇	南屯基镇	沙河镇	乌兰花镇	什花道乡	双岗镇	吉林省
年底本村集体资产总额	万元		7.77	598.70	10.20	12.93	6.68	10.96	4.55	5.99	82.22
年底本村集体存有生产性固定资产总额	万元	54.11	8.06	148.23	65.82		16.81	7.73	11.60	17.39	41.22

(续表)

指标名称	单位	沙河沿镇	翰章乡	黄泥河镇	横道河镇	南屯基镇	沙河镇	乌兰花镇	什花道乡	双岗镇	吉林省
其中：村委会管理的资产数额	万元	48.93	9.44	8.74		56.10	12.41	24.47	3.11	14.33	22.19
本村集体固定投资完成额	万元						36.00	120.00		50.00	68.67
其中：农田水利建设投资完成额	万元						20.00			13.00	16.50
年底本村集体债权总额	万元		12.79	0.00	12.54	43.20	1.80	107.99	6.60		30.82

12.2.4.2 本村收入

指标名称	单位	沙河沿镇	翰章乡	黄泥河镇	横道河镇	南屯基镇	沙河镇	乌兰花镇	什花道乡	双岗镇	吉林省
本村经营收入	元		116666.60	29166.65	0.00	23648.32	58339.72	102083.28	58333.30	26833.32	59295.92
本村发包收入（指水面、山林、"四荒"、集体土地发包收入等）	元	16263.05	83764.15		48694.59	41007.46	88241.21	47276.30	89824.97		62712.14
本村转移性收入（即补助收入，不包括上级政府拨给农民种粮补贴、良种补贴、农机补贴等收入）	元	22845.60	292405.40		18581.09	31679.23	341160.96	30917.71	15230.40		107545.50
其中：上级政府拨款转移性收入	元		230000.00		106000.00	59000.00	50000.00	32000.00			95400.00
计划生育罚款收入（指留在本村支配使用的罚款收入，非本村支配的不计）	元										
其他罚款收入	元										
出卖土地收入	元										
出卖企业收入	元										
出卖其他资产收入（包括树林、房屋等）	元										
其他收入	元										

12.2.4.3 本村支出

指标名称	单位	沙河沿镇	翰章乡	黄泥河镇	横道河镇	南屯基镇	沙河镇	乌兰花镇	什花道乡	双岗镇	吉林省
专职干部与管理人员工资与补贴	元	76736.81	119482.05	36239.67	38390.90	80052.60	108118.37	66505.23	44314.09	36947.35	67420.82

（续表）

指标名称	单位	沙河沿镇	翰章乡	黄泥河镇	横道河镇	南屯基镇	沙河镇	乌兰花镇	什花道乡	双岗镇	吉林省
其他人员工资与补贴（非专职人员等）	元		2500.00		17075.01	16666.68	6761.12	15000.01			11600.56
公共服务支出（运转和管理费用,不包括建设投资和大型维修）	元		70000.00			80000.00	95000.00	25000.00		50000.00	64000.00
其中：道路维修支出	元	22218.75	16875.00	3791.25	27000.00	43312.50	76500.00	51750.00	5625.00	61875.00	34327.50
灌溉设施维修支出	元	3000.00				6000.00	5400.00				4800.00
环境卫生支出	元	4235.30	40235.31	1058.82	11647.06	22235.30	16422.36	6352.94	1588.24	3705.88	11942.35
基础设施修缮支出（含电力、通信、办公楼等修缮费）	元	21000.00	51000.00			18600.00	10200.00	7200.00		6000.00	19000.00
教育文化和医疗卫生支出	元		3750.00				54000.00	3750.00			20500.00
治安支出	元	0.00	0.00	0.00	0.00	0.00	0.00	5333.28	0.00	1333.32	3333.33
社会福利和保障支出	元		1333.32		49966.17		4499.96	1999.98			14450.00
其他公共服务支出	元						4232.00	8000.00			6116.00
本村其他支出	元				6000.00						6000.00

12.2.4.4　本村债务

指标名称	单位	沙河沿镇	翰章乡	黄泥河镇	横道河镇	南屯基镇	沙河镇	乌兰花镇	什花道乡	双岗镇	吉林省
截至年底，本村累计债务总额	元		12657.66		179813.17			1198754.48	104276.75		373875.40
其中：欠上级政府	元							100000.00	50000.00		75000.00
欠信用社贷款本金	元				134581.30	214291.20		121431.68	85716.48	21429.12	115490.00
欠信用社贷款利息	元										
欠村镇银行贷款本金	元										

(续表)

指标名称	单位	沙河沿镇	翰章乡	黄泥河镇	横道河镇	南屯基镇	沙河镇	乌兰花镇	什花道乡	双岗镇	吉林省
欠村镇银行贷款利息	元										
欠中国农业发展银行贷款本金	元							50000.00			50000.00
欠中国农业发展银行贷款利息	元										
欠其他商业银行贷款本金	元										
欠其他商业银行贷款利息	元										
欠单位或个人拆借款本金	元				147295.50			225046.00	170050.00		180798.00
欠单位或个人拆借款利息	元							50024.00			50024.00
欠工程款	元		32000.00			500000.00		30000.00		150000.00	178000.00
其他	元		2000.00								2000.00
本村新增负债总额	元							2857.14			2857.14

12.3 行政村村庄治理

12.3.1 村两委会概况

指标名称	单位	沙河沿镇	翰章乡	黄泥河镇	横道河镇	南屯基镇	沙河镇	乌兰花镇	什花道乡	双岗镇	吉林省
本村党支部委员会委员的总人数	人	3.67	3.00	3.00	5.00	4.67	5.00	4.00	5.00	5.00	4.26
本村党支部委员会委员的平均年龄	岁	50.41	50.25	41.52	52.39	50.08	52.92	49.42	50.41	50.08	49.72
本村党支部委员会委员平均受教育年限	年	10.00	8.00	11.67	9.67	9.34	9.07	10.34	8.67	9.00	9.53
现任村党支部书记受教育年限	年	9.00	9.00	13.00	12.33	12.00	9.67	11.00	11.00	8.67	10.63

(续表)

指标名称	单位	沙河沿镇	翰章乡	黄泥河镇	横道河镇	南屯基镇	沙河镇	乌兰花镇	什花道乡	双岗镇	吉林省
本村村民委员会委员的总人数	人	5.00	5.00	5.00	5.34	4.67	3.00	4.67	4.34	5.00	4.67
本村村民委员会委员的平均年龄	岁	43.20	43.53	43.20	49.50	47.16	48.68	32.98	46.17	47.16	44.62
本村村民委员会委员平均受教育年限	年	8.78	7.48	11.38	9.43	9.43	9.43	7.80	8.13	8.78	8.96
现任村民委员会主任受教育年限	年	8.10	9.90	12.15	10.80	10.80	7.65	9.90	13.50	4.05	9.65

12.3.2 基层党组织建设发展

指标名称	单位	沙河沿镇	翰章乡	黄泥河镇	横道河镇	南屯基镇	沙河镇	乌兰花镇	什花道乡	双岗镇	吉林省
本村党员的总人数	人	32.76	28.08	18.36	35.64	29.16	13.68	32.76	34.92	50.76	30.68
其中：50 岁以上的党员	人	21.96	10.08	14.76	28.44	15.48	6.84	13.32	24.48	33.84	18.80
30 岁以下的党员	人	6.12	4.68	0.72	4.68	5.04	1.08	5.04	10.80	3.96	4.68
其中：高中及以上文化程度	人	10.80	6.12	10.80	14.04	9.36	1.80	4.68	5.40	11.16	8.24
初中及以下文化程度	人	26.63	19.13	7.88	22.51	20.63	5.25	29.26	18.38	24.76	19.38
本村本年提交入党申请书的人数	人	1.80	9.36	2.16	2.52	3.60	1.80	8.28	2.52	3.60	3.96
本村本年发展党员人数	人	0.41	1.23	0.82	1.23	1.23	0.41	1.23	1.23	1.23	1.00

12.3.3 一事一议

指标名称	单位	沙河沿镇	翰章乡	黄泥河镇	横道河镇	南屯基镇	沙河镇	乌兰花镇	什花道乡	双岗镇	吉林省
本村本年举行公共投资和基本建设一事一议的次数	次	2.63			4.38	2.92	2.92	1.46	0.88	2.33	2.50
其中：成功的次数	次	2.62			4.37	2.91	2.91	0.58	0.58	2.33	2.33
本村本年举行非基本建设一事一议的次数	次	3.51			5.51	2.00	0.50	1.50	0.50	2.50	2.29
本村本年需要筹资的一事一议次数	次							0.66		0.50	0.58

12.3.4 村庄管理及其他

指标名称	单位	沙河沿镇	翰章乡	黄泥河镇	横道河镇	南屯基镇	沙河镇	乌兰花镇	什花道乡	双岗镇	吉林省
村务监督委员会成员数量	人	2.07	3.11	3.11	3.11	3.11	3.11	3.11	2.42	3.11	2.92
县乡组织村干部召开会议（不包括选举方面的会议）次数	次	36.33	18.16	16.65	11.35	21.95	9.08	2.27	18.92	13.24	16.44
县乡给村里下发红头文件的数量	个	22.69	3.52	15.65	9.78	12.91	7.43	5.48	5.09	8.61	10.13
土地纠纷中：宅基地纠纷数量	起		0.75		0.75	1.50	0.38	0.38	0.75		0.75
农村土地经营权纠纷数量	起	4.72	0.43	1.29	1.29	3.43	3.00	3.00	1.29	3.86	2.48

12.4 行政村社会发展

12.4.1 农村公共设施

指标名称	单位	沙河沿镇	翰章乡	黄泥河镇	横道河镇	南屯基镇	沙河镇	乌兰花镇	什花道乡	双岗镇	吉林省
本村商店个数	个	8.01	4.00	3.67	9.01	7.67	5.67	5.00	5.34	7.34	6.19
本村集贸市场个数	个	0.15		0.15	0.15					0.15	0.15
本村道路硬化比例	%	98.13	94.68	75.06	78.50	88.83	86.08	68.86	61.97	58.53	78.96
本村水库、池塘个数	个	2.31	4.32	0.29	0.29	0.29	5.77	2.31	4.32	0.29	2.21
其中：病险水库、池塘个数	个				0.18		0.54				0.36
本村水库容量	万米³	18.75	33.76		1.25	25.01	33.13	18.75	33.76		22.38
本村池塘总容量	万米³	15.00	11.50	0.10			4.40	15.00	11.50	0.10	7.75
本村小水窖数量	口	0.00	0.00	0.00	0.00	0.00	0.00	0.00	0.00	0.00	0.00
本村小水窖合计储水量	米³	0.00	0.00	0.00	0.00	0.00	0.00	0.00	0.00	0.00	0.00
本村自来水普及率	%	96.89	96.24	64.59	94.31	90.43	79.13	90.43	90.43	83.97	87.38
本村自来水单价	元/米³	2.57	0.17		1.71	0.09	0.17	2.29		1.00	1.00
本村断电天数	天	4.76	4.40	7.33	0.37	2.20	4.40	14.66	2.93		5.13

(续表)

指标名称	单位	沙河沿镇	翰章乡	黄泥河镇	横道河镇	南屯基镇	沙河镇	乌兰花镇	什花道乡	双岗镇	吉林省
本村农用电价格	元/千瓦时	0.53	0.53	0.50	0.55	0.54	0.55	0.51	0.53	0.53	0.53
本村天然气、液化气普及率	%	85.80	90.09	38.61	72.93	36.47	26.60	43.76	39.00	85.80	54.18
本村电话普及率（包括固定电话与手机）	部/100人	93.92	94.26	136.34	65.20	91.90	88.54	90.89	96.95	93.58	94.62
本村接入互联网的户数比例	%	49.53	62.86	43.05	30.48	35.05	46.10	22.86	4.95		36.86
本村安装有线电视的户数比例	%	96.56	90.12	96.56	91.73	62.12	96.56	90.12			89.11
本村完成农村困难家庭危房改造户数	户	1.24	1.24	20.58		0.41	4.94	11.94	11.53		7.41
本村年底农村困难家庭危房户数	户	0.63	0.21	10.94	1.68	5.47	1.47	44.19	8.42	0.63	9.13
本村人畜混居的农户数	户	0.00	0.00	0.00	0.00	0.00	0.00	0.00	0.00	0.00	0.00
本村卫生厕所普及率	%	45.50	69.30	7.00	70.35		38.85	52.50	56.00		48.50
本村属于生态移民搬迁的农户数	户		0.29	0.43							0.36
本村垃圾集中堆放点数量	处	1.09	2.91	4.00	1.82	4.00	6.91	1.45	1.82		3.00
本村农村生活公共设施投资额	元	180000.00		4044.00	36000.00		126000.00	120.00		72000.00	69694.00
其中：村集体投资额	元			3744.41	33333.00		61110.50	1111.10		1111.10	20082.22
本村农业生产基础设施投资额	元		2142.86	42857.10			89999.91				45000.00
其中：村集体投资额	元		2142.86	28602.90			3857.15				11534.29

12.4.2 农村科教文卫体公共服务

指标名称	单位	沙河沿镇	翰章乡	黄泥河镇	横道河镇	南屯基镇	沙河镇	乌兰花镇	什花道乡	双岗镇	吉林省
本村接受涉农职业教育的人数	人	103.98	94.02	99.62	115.81	93.39	88.72	103.04	124.52	149.43	108.06
本村具有或可以依托的科技特派员	人	1.00	1.00				1.00			1.00	1.00

（续表）

指标名称	单位	沙河沿镇	翰章乡	黄泥河镇	横道河镇	南屯基镇	沙河镇	乌兰花镇	什花道乡	双岗镇	吉林省
本村具有或可以依托的科技示范户	户	7.00	12.73	2.55		3.82	15.28	1.91	4.46		6.82
本村具有或可以依托的农业专家大院	个	1.00	1.00				1.00				0.60
本村开展农机推广服务和培训次数	次	0.62	3.69	2.46	2.46	1.23	3.69	0.62	7.39		2.77
本村卫生室床位数量	个	1.23	2.45	2.45	3.68	0.82	2.86	2.45	2.45	2.04	2.27
本村卫生技术人员	人	0.86	0.86	1.29	1.29	0.86	0.86	2.14	1.29	1.29	1.19
其中：获得从业资格的医生	人	0.90	0.90	1.35	1.35	0.45	0.90	2.25	1.35	0.90	1.15
本村卫生室医疗人员培训人次	人次	3.63	5.09	1.45	7.27	2.18	1.45	4.36	0.73		3.27
本村参加新农合的人数	人	771.12	885.24	810.72	1665.00	1116.00	864.00	1334.16	1010.16	1296.00	1083.60
本村享受低保的人数	人	18.09	10.43	41.39	86.61	116.52	46.26	129.04	87.65		67.00
本村五保户人数	人	3.58	3.26	3.26	16.95	4.24	3.91	5.21	5.21	4.24	5.54
本村获得自然灾害救济人数	人	11.25	7.81	11.16	157.13		5.67				32.17
本村新型农村社会养老保险参保率	%	98.33	97.60	105.61	80.12	76.48	98.33	72.84	73.56	65.55	85.38
本村领取养老金的农村老年居民人数	人	188.72	118.84	67.18	299.46	145.17	160.03	332.21	179.95	54.02	171.73

12.5 行政村生态建设

12.5.1 水土气候资源状况

指标名称	单位	沙河沿镇	翰章乡	黄泥河镇	横道河镇	南屯基镇	沙河镇	乌兰花镇	什花道乡	双岗镇	吉林省
截至年底，本村测土配方施肥耕地面积	亩	296.28	971.40	662.50	2581.40	1011.88	502.72	16.19	2282.79	501.89	980.78
截至年底，本村退耕还林面积	亩	215.44	37.30	1581.00	723.70	372.98	247.14		9.28	139.17	415.75
截至年底，本村退耕还草面积	亩	0.00	0.00	0.00	0.00	0.00	0.00	0.00	0.00	0.00	0.00

（续表）

指标名称	单位	沙河沿镇	翰章乡	黄泥河镇	横道河镇	南屯基镇	沙河镇	乌兰花镇	什花道乡	双岗镇	吉林省
截至年底，本村退牧还草面积	亩	0.00	0.00	0.00	0.00	0.00	0.00	0.00	0.00	0.00	0.00
截至年底，本村禁牧还草面积	亩						36.00			4800.00	2418.00
本村绿色农产品种植面积占农作物总播种面积比例	%		17.14	85.72		68.57	6.00	17.14	30.00		37.43
本村有机农产品种植面积占农作物总播种面积比例	%		13.71	43.43	0.00	13.71		9.14			20.00
本村无公害农产品种植面积占农作物总播种面积比例	%		30.00			37.50		7.50			25.00
截至年底，本村有机畜禽产品占畜禽产品总量的比例	%		51.11								51.11
截至年底，本村有机水产品占水产品总量的比例	%	0.00	0.00	0.00	0.00	0.00	0.00	0.00	0.00	0.00	0.00
本村每亩生产用水总量	米³/亩						119.88				119.88
本村每亩灌溉用水支出	元/亩	14.32			54.09	76.36	95.45	133.63	22.27		56.59
其中：污水灌溉支出	元/亩	0.00	0.00	0.00	0.00	0.00	0.00	0.00	0.00	0.00	0.00
本村灌溉用水中地表水的比例	%	72.69			72.69		55.61				67.00

12.5.2 村污染和废弃物处理

指标名称	单位	沙河沿镇	翰章乡	黄泥河镇	横道河镇	南屯基镇	沙河镇	乌兰花镇	什花道乡	双岗镇	吉林省
本村生态环境建设方面的支出	元		8727.28		36000.03	14181.83	5454.55	5454.55		8181.83	13000.00
本村环境管理工作人员人数	人	2.00	1.20	0.80	4.00	6.00	2.40	3.60		4.80	3.10
其中：专职人数	人		1.50	0.50	4.49	0.00	1.50	1.00		0.50	1.58
兼职人数	人	2.69		0.54	0.54	2.69	3.23	3.77		5.92	2.77
本村改水受益人数	人		412.12		1791.82		1075.09	663.87	797.36	895.91	939.36
本村改厕受益人数	人		128.84		999.89		311.45	207.54	249.27	997.08	482.22
本村排污系统个数	个	0.03	0.09		0.36		0.25	0.14	0.17	0.15	0.17
本村固态粪污弃物所占比例	%		48.00		80.00		78.40	32.00			59.60

（续表）

指标名称	单位	沙河沿镇	翰章乡	黄泥河镇	横道河镇	南屯基镇	沙河镇	乌兰花镇	什花道乡	双岗镇	吉林省
本村液态粪污弃物所占比例	%		26.66					40.00			33.33
本村畜禽固体粪废弃物直接排入环境比例	%						0.50				0.50
本村畜禽固体粪废弃物出售比例	%	0.00	0.00	0.00	0.00	0.00	0.00	0.00	0.00	0.00	0.00
本村畜禽固体粪废弃物用于生产沼气比例	%	0.00	0.00	0.00	0.00	0.00	0.00	0.00	0.00	0.00	0.00
本村畜禽固体粪废弃物用作农田肥料还田比例	%	99.52	97.10		98.48	98.14	98.83	97.79			98.31
本村畜禽固体粪废弃物其他处理方式比例	%	1.00									1.00
本村畜禽污水排入氧化塘处理比例	%	0.00	0.00	0.00	0.00	0.00	0.00	0.00	0.00	0.00	0.00
本村畜禽污水用于灌溉比例	%				66.66		60.00				63.33
本村畜禽污水用于生产沼气比例	%	0.00	0.00	0.00	0.00	0.00	0.00	0.00	0.00	0.00	0.00
本村畜禽污水直接排入环境比例	%	73.32	73.32	73.32			87.98	73.32			76.25
本村畜禽污水其他处理方式比例	%	0.00	0.00	0.00	0.00	0.00	0.00	0.00	0.00	0.00	0.00

12.5.3 生产能源使用

指标名称	单位	沙河沿镇	翰章乡	黄泥河镇	横道河镇	南屯基镇	沙河镇	乌兰花镇	什花道乡	双岗镇	吉林省
本村柴油使用量	升	8666.43	12452.29	1368.38	9806.75	2850.80	3660.43	27823.81	29648.32	48465.88	16082.50
本村汽油使用量	升	2162.23	2882.97	3783.90	3243.34	1081.11	243.25	5045.19	180.19	5585.75	2689.77
本村电使用量	千瓦时	69974.20	86744.88	253078.91	109876.85	224090.94	59637.11	99033.74	180718.50	74636.74	128643.50
本村煤使用量	吨		12.73	127.27	79.55	140.00	6.36		66.82	127.27	80.00
本村秸秆使用量	吨	2951.28	81.98	163.96	983.76	5656.62	819.80	1448.31	327.92	1366.33	1533.33
本村薪柴使用量	吨	1000.00	900.00		1000.00		100.00	40.00	1000.00		673.33
本村沼气使用量	米³	0.00	0.00	0.00	0.00	0.00	0.00	0.00	0.00	0.00	0.00
本村沼气池合计产气量	米³	0.00	0.00	0.00	0.00	0.00	0.00	0.00	0.00	0.00	0.00

(续表)

指标名称	单位	沙河沿镇	翰章乡	黄泥河镇	横道河镇	南屯基镇	沙河镇	乌兰花镇	什花道乡	双岗镇	吉林省
本村已有的大型沼气池个数	个	0.00	0.00	0.00	0.00	0.00	0.00	0.00	0.00	0.00	0.00
本村已有的联户沼气池个数	个	0.00	0.00	0.00	0.00	0.00	0.00	0.00	0.00	0.00	0.00
本村已有的户用沼气池个数	个	0.00	0.00	0.00	0.00	0.00	0.00	0.00	0.00	0.00	0.00
本村在用的大型沼气池个数	个	0.00	0.00	0.00	0.00	0.00	0.00	0.00	0.00	0.00	0.00
本村在用的联户沼气池个数	个	0.00	0.00	0.00	0.00	0.00	0.00	0.00	0.00	0.00	0.00
本村在用的户用沼气池个数	个	0.00	0.00	0.00	0.00	0.00	0.00	0.00	0.00	0.00	0.00
本村秸秆过腹还田利用的比例	%	79.55	86.36		27.27	13.64	23.18				46.00
本村秸秆作为食用菌培养基利用的比例	%	0.00	0.00	0.00	0.00	0.00	0.00	0.00	0.00	0.00	0.00
本村秸秆作为生活燃料利用的比例	%	57.50	35.00		60.00	55.00	73.00	40.00	50.00		52.93
本村秸秆田间焚烧利用的比例	%	5.56			8.33	33.33	51.67	11.11			22.00
本村秸秆出售的比例	%		15.00		3.75		7.50				8.75
本村秸秆作为沼气原料利用的比例	%	0.00	0.00	0.00	0.00	0.00	0.00	0.00	0.00	0.00	0.00
本村秸秆其他利用的比例	%		6.67								6.67

吉林省农村微观经济数据库调查工作掠影

项目组成员在吉林省辽源市东丰县横道河镇调研

项目组成员在辽源市东丰县南屯基镇调研

纸质问卷调查

电子问卷调查(一)

电子问卷调查(二)